Pit Golle

Freilaufende Kinder
Chronik eines Pionierprojekts

Pit Golle

Freilaufende Kinder

Chronik eines Pionierprojekts

Rediroma-Verlag

Bibliografische Information der Deutschen Nationalbibliothek:
Die Deutsche Nationalbibliothek verzeichnet diese Publikation in der Deutschen Nationalbibliografie; detaillierte bibliografische Daten sind im Internet über http://portal.dnb.de abrufbar.

ISBN 978-3-98885-201-4

www.rediroma-verlag.de
18,95 Euro (D)

Inhalt

Wozu dieses Buch?

Seit 2012 begleitet Pit Golle den Ebersberger Waldhort. Mal nur als WORD-Anwender, der auch vor mehrspaltigem Fließtext, Fußnoten und Seitenformatwechseln nicht zurückschreckt, mal als Mitdenker bei der Gestaltung von Formularen und mal als Designer der ersten Homepage. Oder als Entwickler des Verwaltungsprogramms, der legendären Toolbox – legendär allerdings nur in Waldhort-Kreisen –, als Kollege bei der Hausaufgabenbegleitung, draußen mit den Kindern oder als ehrenamtlicher Kassenwart.

Abgesehen von der pädagogischen Verantwortung und der Personalführung hat er mehr oder weniger in alles hineingeschnuppert, was die Ebersberger Bildungsstätte für Schulkinder ausmacht.

Mit 71 Jahren sagte er sich: Nu is gut, ick bün denn ma wech.

Damit schied er aus dem Alltag des Waldhorts aus und zog sich 200 Meter entfernt vom Waldhort-Gebäude in sein Arbeitszimmer zurück, um so etwas wie die Waldhort-Biografie zu schreiben. Mit Biografien hat er sich schon einmal beschäftigt (Geschichten vom Stadtrand, 2020), es sollte also nichts schiefgehen.

Das vorliegende Buch erfüllt vielleicht auch den Zweck, andere zu ermutigen, selbst einen Waldhort zu gründen. Natürlich ist es auch ein Nachschlagewerk, wenn man/frau wissen will, was bei einem solchen Projekt auf eine*n zukommt. Oder es macht den direkt Betroffenen – Eltern – Kolleg*innen – (ehemaligen) Kindern Spaß, die Geschichten noch einmal erzählt zu bekommen. Schließlich hat sich der Autor unter den Kindern einen Namen als Geschichtenerzähler gemacht.

Mein tiefer und mindestens tausendfacher Dank gilt Karen, meiner unermüdlichen Lektorin, die Vergessenes wieder ins Gedächtnis rief bzw. geraderückte, lange Sätze in kurze zerlegte, geschraubte Formulierungen in humorvolle verwandelte und überhaupt viel Geduld mit dem Autor und Ehemann aufbrachte.

Ich bedanke mich bei Basketballerin Radi, die als pädagogische

Laiin bei einem zweitägigen Besuch als Lektorin „beschäftigt" war, bei meiner Schwester Claudia, gelernte Erzieherin und bei meinem Freund Klaus, der als staatlich geprüfter Germanist Unmengen an Korrektur-Vorschlägen unterbreitete.

Ebersberg, Februar 2024

Was ist bitte ein Waldhort?

Ein Überblick für Ungeduldige

Steht schon in der Feuerzangenbowle: Da stelle mer uns mal janz dumm und saachen:

Ein Waldhort bietet Schulkindern ein Dach über dem Kopf, um im Trockenen und/oder im Kalten gemütlich Mittag zu essen, die Hausaufgaben zu erledigen und anschließend das Freispiel in der Natur zu genießen.

Was macht nun den Freien Waldhort Ebersberg im Besonderen aus?

Diese Frage richtete die Sozialforscherin Julia Klimczak eigentlich an Karen, die „Mutter" des Waldhorts. Die gab die Frage weiter an den Autor, weil sie wusste, dass der sich mit dem Thema bereits befasst hat. Und das kam dabei heraus:

1. Der Waldhort entstand 2012 als Erzieherinnen-Eltern-Initiative.
2. Basis unserer Arbeit ist die Natur-Pädagogik: Draußen bei (fast) jedem Wetter geht es mit dem Bollerwagen, mit Schnitzmessern, Klappsägen, Handbohrern, Hämmern, Zangen, Schutzbrillen, Lupen und Sitzunterlagen in den Wald, es werden Tipis gebaut, gefällte Baumstämme zu Wippen umfunktioniert u.v.m. Mehrmals im Jahr sammeln wir als Müllpaten der Stadt Ebersberg Abfall, der in der Natur gelandet ist.
3. Partizipation wird gelebt: Die Kinder wählen den Wochenplatz für den Nachmittag, sie schaffen sich Regeln für das Zusammenleben, entscheiden über besondere Ausflüge, planen die Umgestaltung des Gruppenraumes und kleinere Anschaffungen, haben Spaß beim pädagogischen Kochen und Backen.
4. Unser Beschwerdemanagement wird von den Kindern ernsthaft genutzt.
5. Wir schreiben (oft mit den Kindern) fast täglich in unseren „Tagesnachrichten", was los war und verschicken sie wöchentlich an die Eltern.

6. Digitalisierung: Seit mehreren Monaten lesen einige Kinder die Tagesnachrichten vor und wir zeichnen sie mit einem Tablet auf. Dadurch können 1.-Klass-Kinder sie draußen anhören.
7. Das Lichterfest sowie Geburtstage und auch Abschiede feiern wir draußen.
8. Wir bieten den Kindern alle zwei Jahre einen Selbstbehauptungskurs an.
9. Bei den Hausaufgaben helfen sich die Kinder auch untereinander, sei es, dass sie etwas erklären, was in der Schule nicht verstanden wurde, sei es, dass sie schon mal die Hausaufgaben der Freunde korrigieren.
10. Wir besuchen regelmäßig die Stadtbücherei.
11. An jedem Freitag, dem 13., treffen sich alle Waldhort-Familien zu einem gemeinsamen Familienpicknick.
12. Eltern übernehmen Jobs wie Eventmanagement, Elternsprecher*innen, Sommer-Putz, Gartenteam und Snackeinkauf.
13. Einmal jährlich führen wir mit allen Familien ein Entwicklungsgespräch.
14. Wir bilden Fach- und Ergänzungskräfte aus, weil wir unser Konzept weitergeben wollen.
15. Wir beraten gründungswillige Initiativen und unterstützen bestehende Waldhorte.
16. Unsere 2-stündigen Teamsitzungen finden wöchentlich statt, alle 6 Wochen unterstützt uns eine Supervisorin.
17. Wir profitieren seit Jahren von der Pädagogischen Qualitätsbegleitung (PQB) des Instituts für Frühpädagogik (IFP).
18. Wir unterziehe uns einer kritischen Qualitäts-Selbst-prüfung und dürfen das BAGE-Qualitätssiegel (Bundesarbeitsgemeinschaft der Elterninitiativen) tragen.
19. Wir sind Mitglied in der Landesarbeitsgemeinschaft der Elterninitiativen (LAGE in Bayern), arbeiten im erweiterten Vorstand des Bundesverbandes der Natur- und Waldkindergärten (BvNW)

und haben den Waldhort als Mitglied des Children- and Nature-Networks (CN&N) 2016 in St. Paul, Minnesota, vorgestellt.

Weitere Details finden die Leser*innen auf https://waldhort-ebe.de/.

Vorgeschichten

Für die Gründung des Waldhorts in Ebersberg galten eine Reihe von Bedingungen, die erfüllt sein mussten:

Erste notwendige Bedingung: Unzufriedenheit.

Zweite notwendige Bedingung: Eine Perspektive ohne Unzufriedenheit.

Das bedeutet: Der Waldhort entstand in den Köpfen mehrerer Menschen, die ein gemeinsames Ziel einte. Da hilft als dritte Bedingung nur der Zufall.

Vierte notwendige Bedingung: Ausdauer und das konsequente Verfolgen dieses Ziels.

Fünfte notwendige Bedingung: Passende äußere Umstände wie örtliche Gegebenheiten, gesetzlicher Rahmen, politischer Wille, und sei es nur geboren aus der Not der politischen Entscheider.

Vier Pädagog*innen, versammelt als Team im Kinderhaus einer oberbayerischen Kleinstadt, stellen im Laufe ihrer Arbeit fest, dass die vom Träger geschaffenen Rahmenbedingungen mit der Berufsethik der Gruppe kollidieren. Jan zieht als Erster die Konsequenz und kündigt, nicht ohne seinen drei Team-Mitgliedern zu signalisieren, dass er mit diesem Schritt nicht alleinsteht. Wenige Wochen später tun es ihm die anderen Drei gleich. So viel zur zweiten notwendigen Bedingung.

Die Unzufriedenheit, die zum gemeinsamen Ausstieg führt, lässt sich am besten in einer Publikation nachlesen, die kurz nach Jans Kündigung in einem sehr kleinen Kreis die Runde macht: die erste Ausgabe des Oberbayerischen Tagblatts.

Oberbayerisches Tagblatt

Klimawandel – die Zauberburg stürmt voran

Um Missverständnissen vorzubeugen:

Das **Oberbayerische Tagblatt** erscheint in Pits Eigenverlag in einer Auflage von 5 Exemplaren. Das **Tagblatt** taugt aus diesem Grund nicht als Partner der Werbewirtschaft, es führt nicht einmal eine Rubrik für Kleinanzeigen.

Die neue Leitung, mit der das **fiktive** Interview geführt wird, vertritt die Politik des Kinderhausträgers in der von ihm gewünschten Weise.

Zum Zeitpunkt des Erscheinens arbeiten drei der später zur „Viererbande" avancierten Erzieher*innen noch im Kinderhaus. Sie berichten der Redaktion des **Tagblatts** wiederholt vom atmosphärischen Wandel in ihrer Arbeitsstätte.

Sämtliche Namen wurden ersetzt und sind der Redaktion bekannt.

Es folgt der vollständige Wortlaut.

Kostenlos und nur für Insider Oberbayern, 18.03.2010

Oberbayerisches Tagblatt

Klimawandel – die Zauberburg stürmt voran

Gespräch mit der neuen Leitung des Unterdinger Kinderhauses

Es rappelt in der Burg – zum 1. März hat die Leitung gewechselt: Die nach eigener Einschätzung sehr erfahrene Hera S. (25) möchte das bisher herrschende „Chaos“ beenden und besonders den Kinderpflegerinnen wieder Halt geben. Das bis dato gültige Konzept der Offenen Gruppen scheint damit hinfällig.

Frau S., Sie sprechen vom Chaos, wenn Sie den Betrieb des Kinderhauses Zauberburg während der ersten sechs Monate des laufenden Kindergartenjahres betrachten.

Oh ja! Feste Gruppen wurden einfach aufgelöst – ohne Sinn und Verstand. Die Kinder irren seither durchs Haus, wir müssen immer wieder hinterher sein, damit keines das Haus verlässt und verloren geht.

*Sie sagen, das Konzept der Offenen Gruppen sei ohne Sinn und Verstand eingeführt worden. Haben Sie mit Ihren Mitarbeiter*innen darüber gesprochen?*

Nein. Ich hatte auch noch keine Zeit, das Konzept, das die bisherige Belegschaft erarbeitet und nach dem sie angeblich gearbeitet hat, zu lesen. Ich halte das auch nicht für notwendig. Alle Kindergärten werden mit festen Gruppen geführt – das war schon immer so. Wir sind ja hier nicht auf der Experimenta!

Die Kinderpflegerinnen sind mir jedenfalls sehr dankbar, dass nun wieder Voraussetzungen geschaffen sind, Disziplin und Ordnung zu vermitteln.

Wurde das Konzept der Offenen Gruppen nicht für das ganze Kindergartenjahr angelegt?

Das mag schon sein. Aber wenn das nur ins Chaos führt und die Disziplin auf der Strecke bleibt, ist Gefahr im Verzug. Da muss gehandelt werden.

Wir haben den Eindruck, dass Sie viel Wert auf die Unterstützung der Kinderpflegerinnen legen.

Allerdings. Die Gruppe der Erzieher*innen scheint mir weniger geeignet, den Kindern mein Menschenbild zu vermitteln. Das sehen Sie schon daran, dass die Erzieher*innen sich im Gegensatz zu den Kinderpflegerinnen – und natürlich auch im Gegensatz zu mir – im Gespräch mit den Kindern zu diesen herunterbeugen. Oder: Sie fördern die Individualität, indem sie die Kinder befähigen Entscheidungen darüber zu treffen, wie sie den Tag verbringen wollen. Ich meine: Wo soll denn das hinführen? Kinder müssen lernen zu funktionieren! Da bin ich froh, dass ich mich auf meine Kinderpflegerinnen stützen kann, die z.B. auch im Umgang mit den eigenen Kindern ihre pädagogische Kompetenz immer wieder *schlagend* unter Beweis stellen.

Können Sie uns dafür ein Beispiel nennen?

Natürlich. Neulich auf dem Rückweg von der Bücherei geht ein Kind um ein parkendes Auto herum, statt in Reih und Glied zu bleiben. Ich habe es unüberhörbar zurückgerufen. Manche aus der Erzieher*innen-Gruppe fanden den Tonfall und die Lautstärke nicht angemessen, die Kinderpflegerinnen hingegen zeigten volles Verständnis. Ja, soll ich denn warten, bis das Kind unter die Räder kommt? Bedenken Sie bitte, ich habe meinen Weiterbildungsschwerpunkt auf diesem Gebiet gesetzt und mich als Sicherheitsbeauftragte qualifiziert.

Uns fällt auf, dass es die Holzwerkstatt nicht mehr gibt.

Ja, deren Funktion war wohl nicht sonderlich durchdacht. Die Kinder konnten hier einfach ihrem Streben nachgehen, kreativ etwas in die Welt zu setzen. Ich habe – übrigens im Einklang mit den Kinderpflegerinnen – hier ein wertvolles Informationsangebot platziert. Die zur Zeit hier installierte Buchausstellung zeugt von unserer Erwartung, dass Lesen den aktiven Umgang mit der deutschen Sprache fördert. Und das ist dringend erforderlich.

Auch das Musikzimmer finden wir nicht mehr.

Richtig. Das wurde ja sowieso nur von wenigen Kindern benutzt, und dafür gibt es ja schließlich das Angebot in den Gruppen. Dort wird gemeinsam und zu festen Zeiten musiziert, was das Gemeinschaftsgefühl fördert. Bei Kindern, die alleine Musik machen, hat man den Lernerfolg einfach nicht so gut unter Kontrolle. Deshalb habe ich hier mein Büro eingerichtet.

Hatten Sie das mit dem Team abgesprochen? Diese zwei Funktionsräume werden ja nun nicht mehr angeboten.

Die Kinderpflegerinnen waren sehr zufrieden mit meiner zügig getroffenen Entscheidung. Und Sie werden doch wohl nicht erwarten, dass ich mit meinen Mitarbeitern darüber diskutiere, wo ich mein Büro einrichte!

*Halten Sie es für möglich, dass die Erzieher*innen durch Ihren rasanten Richtungswechsel aus der Kurve getragen werden und die Zauberburg verlassen?*

Nein, das halte ich für völlig ausgeschlossen. Und selbst wenn: Reisende soll man nicht aufhalten! Dann herrscht hier im Team endlich wieder Einigkeit und Ruhe. Und die Kinder haben wieder eine klare Orientierung – auch akustisch.

Können Sie das erläutern?

Gern. Kinder brauchen klare Strukturen. Die vermitteln wir ihnen, indem wir alle geschlossen auf die Toilette gehen, unabhängig davon, ob das eine oder andere Kind wirklich muss. Einordnen in die Gemeinschaft – wie wichtig ist dieses Erziehungsziel! Die Älteren unter uns erinnern sich sicherlich noch daran.

Kinder wollen deutliche Anweisungen, die sie dann ausführen können. Sehen Sie, zum Beispiel hier: Alle Kinder – wirklich alle, da tanzt keiner aus der Reihe - schneiden Hasen aus nach einer kindgerechten Schablone. Das fördert diese Anpassungsbereitschaft, auf die wir hier großen Wert legen. Darauf konnte man in der alten Zauberburg lange warten!

Aus gut unterrichteten Kreisen hören wir, dass Ihr Führungsstil auch kritisch betrachtet wird. Manche sprechen von Zerren statt von Führen.

Sicher! Die sanfte Tour mit ewigen Abstimmungen über pädagogische Fragen gehört der Vergangenheit an. Da wir ja jetzt – zumindest im Team der Kinderpflegerinnen – auch die Kinder wieder fester an die Hand nehmen, übertrage ich das auch auf die Mitarbeiter. Ich nenne das Hierarchie-übergreifende Konsequenz.

Auch Eltern erleben den neuen Stil.

Ja, und das gehört zur Hierarchieübergreifenden Konsequenz. Sehen Sie, neulich stammelt eine Mutter im Foyer des Kindergartens etwas an mich hin. Ich habe sie schlicht nicht verstanden, weil sie offenbar nicht mal richtig deutsch kann. Ich habe ihr dann Bescheid gegeben, sie solle sich doch nicht an mich wenden, wenn sie nicht in der Lage ist sich klar auszudrücken. Ich meine: Wo leben wir denn?

Wie hat sie reagiert?

Keine Ahnung, sie war dann einfach verschwunden.

Was hat die Veränderungen aus Sicht des Trägers notwendig erscheinen lassen? Haben sich Eltern beklagt? Gab es weniger Anmeldungen? Wurden gar –wenn ich Sie vorhin richtig verstanden habe – Kinder abgemeldet?

Klagen der Eltern gab es in der Tat. Die Kinder wurden gezwungen, einen Vormittag in der freien Natur zu verbringen, selbst wenn sie gesundheitlich zart besaitet waren.

Verloren gegangen ist Gott sei Dank noch kein Kind. Obwohl das bei dem früher hier herrschenden Chaos wirklich zu befürchten war. Manchmal finden wir das eine oder andere Kind schluchzend in der Toilette, wenn die klaren Anweisungen der Kinderpflegerinnen nicht immer sofort verstanden werden. Aber das wird sich geben, Kinder sind da flexibel.

Zu den Anmeldezahlen kann ich mich nicht äußern. Warum in der Vergangenheit die Zauberburg immer ausgebucht war, erklärt sich einfach daraus, dass die Eltern keine Ahnung hatten, was sich hier abspielte oder es war ihnen egal. Wenn ich den Elternbeirat betrachte, dann kann ich mir Letzteres gut vorstellen: Niemand aus dem Rat hat mich, als ich am 1. März meinen Dienst hier begann, aufgesucht und sich mir vorgestellt. Da fehlt es offenbar schon bei den Eltern an der Kinderstube.

Vor Ihrem Eintritt in dieses Team konnten die Kleinen ihre Geschwisterkinder hin und wieder besuchen. Dadurch hatten sie Gelegenheit zu erleben, womit sich der Bruder oder die Schwester beschäftigte und schon mal einen Blick in die eigene Zukunft werfen.

Das geht ja nun überhaupt nicht! Die Kinder haben in ihren Gruppen zu verbleiben. Wie soll denn sonst Kontrolle durchführbar sein. Ich sagte ja bereits: Die Offenen Gruppen gehören der Vergangenheit an. Darüber diskutiere ich nicht.

Es war – das wissen wir von dankbaren Eltern – auch möglich, dass ein Hortkind, wenn es die Liefermenge der Mittagessen zuließ, an der Mittagsspeisung teilnahm.

Ja, das mag sein, das hat die frühere Leitung wohl unter der Hand gestattet. Aber Sie werden von mir nicht erwarten, dass ich Gelder veruntreue.

Das Konzept des Kinderhauses findet sich ja in der Betreuung auch von Schulkindern wieder. Sind die Hortkinder auch künftig Teil des sozialen Gefüges der Zauberburg?

Ich werde mich bemühen, dieser Randgruppe so schnell wie möglich einen geeigneteren Platz in Unterding anzubieten. Besonders die Kinderpflegerinnen beklagen sich immer wieder über die Unruhe, die im Rahmen der Hortbetreuung entsteht.

Ein Frage zum Abschluss: Veränderungen kann man – bildlich gesprochen – mit dem Boschhammer durchführen. Manche Menschen bevorzugen den Handbohrer. Sie scheinen eher die Abrissbirne einzusetzen.

Ja, das sehen Sie schon ganz richtig. Beim Ausmisten eines Saustalls muss man die Samthandschuhe im Schrank lassen.

Und verstehen Sie mich doch: Auch ich bin nur ein kleines Rädchen.

Um bei Ihrem Bild zu bleiben: Der Maschinist, der die Abrissbirne bedient, sitzt in Ebersberg.

Frau S., wir bedanken uns für das Gespräch. Wir hoffen, dass die Kleinen in Unterding nie auf Ihre Arbeit angewiesen sind.

Das Interview führte unsere Mitarbeiterin Jacky Indekiste.

Hundert Tage später entwickelt sich die Zauberburg offenkundig in dieselbe Richtung. Das Tagblatt bringt ein weiteres, **fiktives** Interview mit der neuen Leitung. Zu diesem Zeitpunkt haben alle Mitglieder der Viererbande ihren Dienst bereits quittiert.

Umsonst, doch nicht vergebens Oberbayern, 10.06.2010

Oberbayerisches Tagblatt

Wertewandel in der Zauberburg

Gespräch mit der Leitung des Unterdinger Kinderhauses

Frau S., 100 Tage sind seit Ihrem Amtsantritt im März dieses Jahres vergangen. Wir möchten Ihnen heute einige Fragen zum Erfolg Ihres Erneuerungskurses stellen. Konnten Sie im Team den Wertewandel verankern?

Nun, damit habe ich bei den Kinderpflegerinnen offene Türen eingerannt. Bei den Erzieher*innen im Team muss ich wohl auch nicht mehr den Druck ausüben, der nach meiner Erfahrung zum Erfolg führt.

War der Wertewandel in der Zauberburg Thema in den Teamsitzungen?

Nein, dort werden nun wirklich wichtigere Dinge geregelt, z. B. welche Gruppe wann die Toilette aufsucht. Diskussionen gehören auch nicht zu meinem Führungsstil, wie Sie wissen. Sie erinnern sich an mein Konzept der Hierarchieübergreifenden Konsequenz? Ich habe es während der letzten Monate weiterentwickelt zur Kompetenzüberschreitenden Hierarchie, kurz KüH. Frau Z., eine der Quertreiberinnen aus dem Alten Denken, hätte mit Sicherheit den Wertewandel im Team diskutieren wollen. Mit dem Konzept KüH ist es mir auf organisatorische Weise gelungen, sie von den Teamsitzungen fernzuhalten. Ich habe den Sitzungstermin einfach auf einen Tag verlegt, an dem sie keine Zeit hat. Bedauerlicherweise hatten meine Vorgesetzten für diese einfache Lösung wenig Verständnis.

Wie hat sich das geäußert?

Ich sollte den Termin auf einen anderen Tag verlegen, damit alle Teammitglieder Gelegenheit zur Teilnahme haben. Das ließ sich erfreulicherweise nicht sofort umsetzen, weshalb Frau Z. seit gut zwei Monate den Sitzungen fernbleibt. Das hat erheblich zur Konsolidierung der Atmosphäre in der Zauberburg beigetragen. Ich denke, die Leitung in der Ebersberger Zentrale wird das letztendlich zu schätzen wissen.

Im Übrigen hat Frau Z. es vorgezogen, sich beruflich anders zu orientieren.

Bedauern Sie das?

Ach, manche sagen mir nach, ich sei sogar erleichtert. Und ich sagte ja bereits während unseres ersten Gesprächs, dass man Reisende nicht aufhalten soll.

Sie sprechen in der Mehrzahl?

Ja, selbstverständlich. Mit Frau Z. hat die letzte Kraft aus der Zeit der Chaos-Pädagogik die Konsequenzen gezogen. Herr S. hat am selben Tag wie Frau Z. seine beruflichen Weichen neu gestellt. Frau A. hat diesen Schritt schon vor zwei Monaten getan und ist nur noch kurze Zeit bei uns. Damit können wir das kommende Kindergartenjahr harmonisch starten und den Kindern glasklare Orientierung auf den Weg geben.

Herr S. fiel wegen gesundheitlicher Probleme zeitweise aus?

Das ist richtig, aber nicht tragisch. Sehen Sie, Herrn S. zähle ich zu den Menschen, die mit meinem Stil nicht konform gehen. Er scheint sich viele Dinge, die ich seit März neu geregelt habe, einfach zu sehr zu Herzen, ja geradezu persönlich zu nehmen. Das kann bei derart Übersensiblen schon zu Burnout-Erscheinungen führen. Meine Kinderpflegerinnen sind da schon aus anderem Holz geschnitzt.

Die Kinderpflegerinnen haben wohl weniger ein Problem mit Ihrem Stil, wie Sie es nennen.

Das stimmt, und durch die personellen Veränderungen treten auch die künftig geltenden pädagogischen Prioritäten im Team klar zutage und werden eindeutig. Weniger Störelemente erleichtern meine Führungsaufgabe.

Hat Sie der Schritt von Frau Z. überrascht?

Nun ja, ein wenig schon. Schließlich gab es Bemühungen von Seiten des Trägers, ihre diesbezüglichen Pläne möglichst früh kennenzulernen. Leider erfolglos.

Hat man Frau Z. danach gefragt?

Nein, wo denken Sie hin? Das machen wir sehr diskret.

Können Sie das erläutern?

Wir lassen dann z.B. eine der Kinderpflegerinnen im vier-Augen-Gespräch fragen, ob Frau Z. auf der Suche nach einer anderen Stelle ist. In diesem Gespräch hat Frau Z. das verneint. Oder wir haben die Leitung des Sozialbereichs gebeten, sich doch mal mit der ehemaligen pädagogischen Beraterin, Frau H. in Aachen, in Verbindung zu setzen. Das hat sie bereitwilligst getan, wenn auch nur telefonisch, da die Dame seit einem Jahr nicht mehr für das RKB arbeitet und eben auch nicht mehr vor Ort lebt.

Und Frau H. ließ sich so einfach ausfragen?

Nun, zumindest konnten wir erfahren, dass die ehemalige Mitarbeiterin von Frau Z.s Plänen nichts wusste. Aber nun lassen wir das doch. Frau Z. hat gekündigt – und gut.

Herrn S. wurde die Kündigung wohl eher nahegelegt.

Und da kann er froh sein. Schließlich hat er sich während eines Elternabends geradezu abfällig über seine Vorgesetzte geäußert.

Ging es da um die Abschaffung der Rezeption?

Ja, das war eine meiner Initial-Aktionen, mit denen ich deutlich gemacht habe, dass die Zeit für Experimente in der Zauberburg ab sofort beendet ist. Eine Rezeption in einem Kindergarten – ich bitte Sie! Ja, soll ich mich da jeden Morgen hinstellen und Eltern und Kinder persönlich begrüßen, so von Angesicht zu Angesicht? Ich stelle mich doch nicht auf eine Bühne! Wenn das die alte Leitung nötig hatte, um ihr Ego aufzupolieren, bitte, dann soll sie das tun. Aber nicht unter meiner Regie. Als das während des Elternabends von einigen Eltern angesprochen wurde, ist mir Herr S. in den Rücken gefallen, anstatt mich gegen eine Horde von Eltern in Schutz zu nehmen, die mir offenkundig nicht wohl gesonnen ist. Er hatte tatsächlich die Stirn, die Abschaffung der Rezeption vor allen Eltern zu bedauern.

Das hatte ein Nachspiel?

Das können Sie sich vorstellen! Nicht genug, dass er mich nicht aktiv unterstützt vor versammelter Mannschaft, wie es seine Pflicht gewesen wäre. Nein, er widersprach sogar. Zum Glück war der pädagogische Berater zugegen. Der hat dann auch veranlasst, dass man ihn nach Ebersberg einbestellt. Er wurde in einem Gespräch auf höchster Ebene, zu dem ich ebenfalls hinzugezogen wurde, um eine Stellungnahme gebeten. Das schuldet selbst das RKB dem Arbeitsrecht. Diese Chance hat er allerdings verstreichen lassen. Dabei wäre es so einfach gewesen, Reue zu zeigen. Doch sein Vertrauen in die Gesprächsteilnehmer war offenbar nicht sehr groß, er hatte sich sogar Verstärkung in Gestalt von Frau Z. mitgebracht. Als ob er sich nicht alleine gegen uns vier verteidigen könnte! – Entsprechend fiel das längst geplante Schreiben an ihn aus.

Aber ein derartiger Vorfall reicht kaum für eine Abmahnung.

Nein. Ich habe noch etwas eingebracht: Für einen gewissen Zeitraum habe ich mir notiert, wann Herr S. zum Dienst erschien. Und diese Liste ging dann an die Zentrale.

Haben Sie auch festgehalten, wann er ging?

Nein, das geht ja nicht. Da bin ich ja schon längst nicht mehr im Haus.

Aber wann er Mittagspause machte, stand sicher auch in der Liste. Die Kinderpflegerinnen nehmen dieses Recht vermutlich auch in Anspruch.

Nein, auf die Mittagspausen verzichtet er. Aber morgens unpünktlich beginnen, das ist einfach nicht hinnehmbar, selbst wenn ich dazu anfangs möglicherweise mein Einverständnis gegeben habe. – Jedenfalls habe ich diese Zeiten gemeldet. Das hat ja dann seine Wirkung auch nicht verfehlt.

In unserem Gespräch im März erwähnten Sie, dass nicht in der Zauberburg angemeldete Kinder vom Mittagessen ausgeschlossen werden, selbst wenn vom Essen ein paar Portionen übrig sind.

Das ist nach wie vor so. Etwas ganz Anderes ist jedoch, dass das eine oder andere Kind hin und wieder für kurze Zeit bei uns unterkommt, besonders wenn es sich um das Kind einer Kinderpflegerin handelt.

Dieses Kind hat unter der alten Leitung seinerzeit sein Aufenthaltsrecht verwirkt, weil es gegen andere Kinder tätlich wurde.

Das mag sein. Jedenfalls hat dieses Kind versprochen, das nicht mehr zu tun. Das reicht mir. Und schließlich handelt es sich um das Kind einer ausgebildeten pädagogischen Fachkraft.

Ist das Kind weiterhin als Gast willkommen?

Nein. – Nun ja, außer dass man ihm bei den Hausaufgaben zur Hand geht.

Mittagessen?

Ja, aber nur selten. Und der Junge bekommt auch nur eine kleine Portion.

Frau A. ist nur noch wenige Tage hier tätig. Sie haben den Eltern garantiert, dass für eine Nachfolgerin gesorgt wird.

Da werden auch Himmel und Hölle in Bewegung gesetzt. Nur: Der Markt ist leergefegt, es gibt zur Zeit keine Erzieherinnen.

*Ändert sich das denn zum neuen Kindergartenjahr fundamental? Wird es dann ein ausreichendes Angebot an Erzieher*innen geben?*

Ach, wissen Sie, das spielt eigentlich keine Rolle. Ich habe ja nur eine Nachfolge zugesagt. Der Ausbildungsstand wurde von den Eltern nie benannt. Diesen Tatbestand kann sich das RKB zu Nutze machen. Man wird z.B. eine Praktikantin auf die Stelle setzen. Sie sehen ja, ich komme hier in der Zauberburg bestens mit Kinderpflegerinnen aus. Hinzu kommt: Praktikant*innen sind günstiger zu haben.

Könnte das zu Qualitätseinbußen führen?

Wie das? Ich verstehe nicht, was Sie meinen. Gerade die Kinderpflegerinnen haben in letzter Zeit bewiesen, dass sie die Arbeit an der Disziplin der Kinder hocheffizient leisten. Hin und wieder müssen manche Kinder eben auch körperlich an die Einhaltung von Regeln erinnert werden. Es hat noch keinem Kind geschadet, wenn es im Bedarfsfall so richtig auf den Hosenboden gesetzt wird.

Führt so etwas auch zu Übelkeit?

Das ist mir nicht bekannt. Doch Sie wissen ja selbst: Kinder neigen schnell dazu sich zu übergeben. Wie soll da eine Kinderpflegerin beurteilen, ob das Kind nur zu viel Schokolade gegessen hat oder ob es sich etwas am Kopf gestoßen hat.

Frau S., danke, dass Sie sich Zeit für dieses klärende Gespräch genommen haben. Eine Frage zum Schluss: Diese fröhliche Runde dort draußen im Hof, die seit einer Stunde zusammensitzt, intensiv im Gespräch, selten von Kindern unterbrochen – nicht wahr, das sind Ihre nimmermüden Kinderpflegerinnen.

Sie sagen es. Engagiert, vorbildlich, immer entspannt und für die Kinder da.

Ach ja, die Kinder! Wo sind die eigentlich?

Na, drinnen in ihrem jeweiligen Gruppenraum beim Basteln. Dank der erzieherischen Arbeit meiner Kinderpflegerinnen bleiben sie auch dort.

Das Interview führte unsere erfahrene Mitarbeiterin Jacky Indekiste.

Da nicht nur die Viererbande leidet, sondern auch die Kinder, verleiht die Tagblatt-Redaktion dem kleinen **fiktiven** Jakob eine Stimme.

Jakob (5) ist das mittlere von drei Kindern und besucht seit zwei Jahren regelmäßig die Zauberburg. Seine Schwester Isi (8) war auch Zauberbürgerin und sein kleiner Bruder Tobias (fast 4) ist es seit diesem Jahr. – Jakob erzählt:

Jeden Morgen bringt Mama mich in die Zauberburg. Na ja, nicht jeden Morgen. Manchmal macht das auch Papa und ganz manchmal Oma. Die Zauberburg ist genau das, was mir Spaß macht. Nur in letzter Zeit ist das etwas anders. Ich weiß auch nicht. Da bekommt der Spaß ein Loch. Das sagt Papa. Der sagt manchmal so komische Sachen.

Morgens bin ich immer noch ein bisschen müde. Deshalb bringt Mama mich auch immer bis zur Garderobe, damit ich nicht aus Versehen durch die Zauberburg irre und Hera sich aufregen muss.

Hera ist neu. Also, nicht ganz. Aber für mich schon, weil sie ganz anders ist als die anderen Erzieher*innen. Sie hat ganz viel neu gemacht, zum Beispiel hat sie ein tolles Büro. Dafür hatten wir auf einmal kein Musikzimmer mehr. Die Hera ist also so etwas wie eine Zauberin. Oder eine Hexe, wie Mama sagt.

Hera ist die neue Chefin. Ich sehe sie eigentlich nie, weil es zu unserem Gruppenraum soo viele Stufen sind. Sagt sie. Und wenn ich mal unten bin, ist sie meistens in ihrem Büro.

Mama kennt Hera noch nicht. Morgens, wenn Mama mich bringt, ist Hera nämlich unsichtbar. Sie ist eben eine Zauberin. Oder eine Hexe. Mama hält sie für menschenscheu – oder besser Elternscheu. Vielleicht will Hera ihr auch nur nicht die Hand geben. Das kann ich verstehen. Wahrscheinlich schläft Heras Hand auch noch – wie meine.

Wieso meine Hand morgens schläft? Also, das muss ich Euch erklären. Morgens trotten wir in den Hof der Zauberburg, Mama drückt auf den Klingelknopf und ich darf die Tür aufmachen. Manchmal steht Margret im Vorraum, um mich zu begrüßen. Margret arbeitet mit Hera in einer Gruppe. Auch wenn ich noch zu müde bin um alles deutlich zu sehen: Dass das Margret ist, das merke ich sofort, weil dann immer ihr ausgestreckter Arm vor mein Gesicht saust und ich erschrecke. Aber nur ein bisschen. Sie ruft dazu laut „Guten Morgen!“ Das klingt eher wie ‘ne Drohung als wie ein freundlicher Wunsch. Ich glaube, sie möchte, dass ich ihr dann die Hand gebe. Wie gesagt, ich bin morgens noch müde und meine Hände wollen noch nicht aus den Jackentaschen.

Danach passiert erst mal nichts Besonders. Wir gehen in die Garderobe – eine richtig tolle Garderobe wird das mal. Das hat Mama auf dem Elternabend gehört. Doch das wird wohl noch etwas dauern. Und wenn meine Jacke hängt und ich meine Schuhe in die richtige Ecke gekickt habe, dann sage ich tschüss zu Mama und gehe nach oben zu Karen. Karen ist meine Erzieherin.

Oben treffe ich Inge und Paul. Inge und Paul sind meine besten Freunde. Sie erzählen mir, dass wir morgen einen Ausflug machen, alle zusammen. Ausflüge mag ich, da darf ich sicher auch mal bei Karen an der Hand gehen. Das wollen natürlich die meisten anderen Kinder in unserer Gruppe auch. Karen sorgt dafür, dass jeder eine Chance hat.

Hera hat unten etwas zu Karen gesagt – ich habe heimlich gelauscht. Die beiden reden sonst nicht viel miteinander. Karen ist mit uns immer oben, und Hera, wie gesagt, unten in ihrem tollen Büro. Wenn wir etwas von unten brauchen, dann kommt meistens Berta und bringt es uns. Manchmal kommt sie auch nicht. Sie ist ein bisschen vergesslich. Meistens macht sie so ein Gesicht wie meine große Schwester Isi, wenn sie in der Küche helfen soll. Ich glaube, sie ist nicht gerne hier oben wie ich. Also, ich glaube, rauf und runter und Geschirr und so Zeug – das nervt sie.

Karen erklärt uns, dass wir zwar den Ausflug machen. Aber sie darf nicht mit. Hera hat das gesagt. Hera sagt manchmal Sachen, und danach macht irgendwas nicht mehr so viel Spaß. Also, nicht immer. Hera sagt manchmal was, das klingt wie Papa, wenn er unbedingt will, dass ich was tue. Aufräumen oder so was. Und Margret sagt zum Beispiel: „Wir gehen jetzt alle aufs Klo!“ Auch, wenn ich gar nicht muss. Wenn ich dann aber muss und wir sind gerade nicht auf dem Klo, dann wird

Margret immer gleich sauer. Das merken wir alle sofort, weil sie dann rumschreit. Mama sagt, ich soll so was nicht sagen. Margret schreit nicht einfach, sie keift, sagt Mama. Sie glaubt auch, dass Margret uns Kinder nicht sehr mag, wenn wir nicht genau so sind, wie sie das will. Das ist schon blöd, wenn sie dann hier arbeitet. Vielleicht spielt sie aber auch gerne Chef. Das mag sie – Chef über die Kinder sein. Bloß ist sie dann immer so laut.

Manchmal haben wir auch Pause von Margret. Dann telefoniert sie. Am liebsten verhandelt sie. Das macht man, wenn man etwas haben will, ohne so viel dafür zu bezahlen zu müssen. Das dauerte schon mal ziemlich lange. Uns macht das aber nichts. Weil: wenn sie telefoniert, schreit sie uns nicht an.

Neulich war Margret wieder sauer und hat meinen Bruder Tobias auf die Fensterbank geknallt. Da saß er dann und hat geheult. Das macht er immer, wenn Margret keift. Aber er ist noch klein, und er wird sich schon an sie gewöhnen.

Hera will Karen nicht mitnehmen auf den Zauberburg-Ausflug. Das finde ich total doof. Dann kann niemand an ihrer Hand gehen. Bei den anderen Erzieher*innen mag ich nicht so gerne an der Hand gehen, weil die einen immer gleich rumzerren, wenn man mal trödelt. Wenn Karen nicht mitkommt, bleib ich auch hier. Das meint Inge auch. Und Paul. Eigentlich alle meine Freunde.

Überhaupt war alles viel gemütlicher vor Hera. Zwei von den Erzieher*innen waren sogar Männer. Und wir konnten nachdenken und sagen, was wir machen wollen. Hera will nicht, dass wir selber nachdenken und sagen, worauf wir Lust haben. Sie sagt, das gibt nur Chaos. Jetzt machen alle immer alles zusammen: Essen, Spielen, Pippi. Ich glaube, ich finde Chaos eigentlich interessanter.

Mein kleiner Bruder darf mich auch nicht mehr besuchen. Dabei konnte ich ihm dann immer zeigen, was wir schon alles können und er hat sich gefreut, dass er auch bald bei den Großen ist. Hera meint aber, dass er sich in der Zauberburg verläuft, wenn er zu mir möchte. Das glaube ich nicht. Denn er hat mich immer gefunden. Und jetzt weiß er ja genau, wo ich bin. Ich glaube auch nicht, dass Hera davor Angst hat. Vielleicht ist das nämlich auch Chaos, wenn Tobias mich besuchen kommt.

Meine große Schwester Isi darf auch nicht mehr mitessen, wenn Mama sie nicht von der Schule abholen kann, weil sie krank ist oder so. Mama findet das unpraktisch, und früher ist Isi einfach von der Schule hergekommen und hat mitgegessen. Klar, Mama musste dafür extra bezahlen. Aber jetzt muss Mama immer schon vorher sagen, dass sie morgen krank wird und Isi dann mittags nicht holen kann. So'n Quatsch!

Jetzt sagt Karen auf einmal, sie kommt doch mit zum Wildpark. Toll! Dann komm ich doch mit. Na ja, mal sehen, ob das wirklich stimmt. Wieso bleibt sie jetzt doch nicht hier? Hera hat das gesagt. Und was Hera sagt, wird gemacht. Auch, wenn's vor ein paar Stunden noch ganz anders war. Ich muss das aber nicht alles verstehen. Sagt meine Mama.

Vielleicht wird ja doch noch alles wieder gut. Mein Freund Robbi geht auch in den Kindergarten. Aber nicht in die Zauberburg.

Kann ich eigentlich woanders in den Kindergarten gehen?

Kann Karen woanders arbeiten?

Das fragt Jakob.

Damit sei das Kapitel Unzufriedenheit ausreichend beschrieben. Das hier zitierte Unterdinger Tagblatt erschien zwei Jahre vor Gründung des Waldhorts. Es wurde nur der Viererbande zugänglich gemacht, um Persönlichkeitsrechte nicht zu verletzen und auch arbeitsrechtlich keine Probleme heraufzubeschwören.

Allen Mitgliedern der Viererbande war klar, dass sie ihre berufsethischen Ideale nicht in einer Einrichtung eines großen Trägers verwirklichen konnten und beschlossen, eine Erzieher*innen-Initiative zu gründen.

Dazu bedurfte es zunächst einer Perspektive in Form eines Gebäudes. Die Vier schauten sich um: Waldnähe oder überhaupt ein naturnaher Standort sollte es sein; die Suche erwies sich jedoch als äußerst schwierig.

Zwar gab es durchaus passende Immobilien, die im Prinzip auch zu mieten waren. Doch die Suche scheiterte entweder an den notwendigen Umbauten, die der Vermieter nicht zulassen will oder an den fehlenden finanziellen Mitteln der Viererbande. Ein Gebäude lag so weit außerhalb, dass der Transport der Kinder ein Problem darstellte, ein Objekt lag ideal, aber die Vermieterin konnte den Nachbarn keine Kita zumuten usw. („lauter alte Herrschaften, die an ihrem Lebensabend ihre Ruhe habe wollen, und da kommt Kinderlärm nicht in Frage“) Zu den besichtigten Immobilien gehörte die heutige Casa Creativa neben dem Grafinger Kino, der ehemalige Königreichsaal der Zeugen Jehovas, in dem heute eine Kita untergebracht ist, ein Reihenendhaus, das von nur einer Person bewohnt, aber aus praktischen Überlegungen nicht weiterverfolgt wurde.

Die Kolleginnen brauchen nach ihrem Weggang aus der Zauberburg eine bezahlte Beschäftigung in einer Arbeitsstätte mit Betriebserlaubnis. Mit einem Angebot nur in den Köpfen wird es in dieser Berufssparte keine staatliche Förderung geben, anders als etwa bei Finanztransaktionen. Auch das Jahre später durchaus populäre Modell des "Homeoffice" scheidet schon wegen des zweiten Namensteils aus. Der nur 12-m^2-Unterrichtsraum im Untergeschoss von Karens Wohnhaus würde mit 25 Kindern wegen bedrohlicher Enge weder das OK der Kita-Aufsicht bekommen noch das Kolleg*. Es sei denn, das Team ließe sich auf die Betreuung von Aktenordnern ein.

Also begeben sich unsere vier Weisen auf die Suche nach einer Zwischenlösung.

Karen bewirbt sich in einem Bilingualen Kindergarten in München. Das Glück in Form der Zusage wird ihr auf Sylt von einer Möve angekündigt, die ihr auf die Schulter kackt – so jedenfalls will es der unverwüstliche Aberglauben der Nordfriesen.

Eine Stunde nach dem „Beschiss“ bekommt Karen eine Zusage der Elterninitiative. Erst einige Wochen später wird ihr zusätzlich die Leitung der Einrichtung angetragen, was sie zögernd annimmt. Schließlich kann sie nur mit einem Teilzeitvertrag ihre selbstorganisierten Englisch-Kindergruppen weiterführen. Außerdem liegt ihr die Leitungsaufgabe zu diesem Zeitpunkt nicht wirklich am Herzen.

Jan und Hein finden eine Elterninitiative im Nachbarlandkreis, was für beide kürzere Wege zur Arbeit bedeutet. Für Hein erweist es sich als vorteilhaft, dass Jan Heins kreativen Umgang mit dem Thema Arbeitsbeginn kennt, ihn aber gewähren lässt.

Birgit findet Lohn und Brot in ihrem Wohnort – einem Weiler im Oberland. Alle treffen sich in unregelmäßigen Abständen, um sich über ihren Werdegang und ihre Ideen zur gemeinsamen Arbeit mit Kindern auszutauschen.

Doch die Idee lebt weiter. Alle empfinden ihre jeweilige Zwischenlösung als genau das. Deshalb begeben sich einige von ihnen von Zeit zu Zeit auf Hospitation. Sie besuchen bestehende Horte, in deren Konzept Waldluft vorkommt. Die gibt es nicht in Massen, aber zum Glück in nächster Umgebung. Sowohl ein Hort in Hohenbrunn als auch die Naturindianer in Haar lassen die zwei Mitglieder der Viererbande Waldhort-Luft schnuppern. Auch ein Verein wird schon mal gegründet, der sich an der Pikler-Pädagogik[*)] orientiert.

Doch letztlich scheitert das eingeschworene Team bei der gemeinsamen Umsetzung seiner Ideen an der schnellen Gewöhnung an die jeweilige Zwischenlösung und am Dickkopf – im Falle von Karen, in Ebersberg einen Waldhort dann eben nur mit Hein auf die Beine zu stellen.

---

*) siehe hierzu https://de.wikipedia.org/wiki/Emmi_Pikler

Die Gründung

Aller guten Dinge sind vier. In unserer Geschichte sind das

1. eine Mutter, die ihr Kind im Waldkindergarten betreuen lässt, wünscht sich für die Schulzeit ebenfalls eine Einrichtung, in der sich ihr künftiges Schulkind in der Natur aufhalten kann.
2. ein Vater, für den in etwa das Gleiche gilt, der – wie diese Mutter –im Vorstand des eingetragenen Trägervereins des Waldkindergartens mitgearbeitet hat und
3. eine Pädagogin, die in einem solchen Hort arbeiten möchte, die den Vater (s. 2.) als Kundin aus dessen Buchladen kennt und mit ihm diese Idee schon mal ventiliert hat.
4. ein Pädagoge, der den Vater aus 2. schon seit vielen Jahren in anderen Zusammenhängen kennt.

Vater-2 bringt Mutter-1 und die Pädagog*innen 3 und 4 zusammen. Die ersten beiden haben bereits Erfahrungen im Vereinswesen. Sie zögern nicht, den nächsten Verein zu gründen. Jede*r schaut sich nach weiteren Interessent*innen für die erforderlichen sieben Gründungsmitglieder um.

Zum ersten konspirativen Treffen kommen am 20. September 2011 (Karens Geburtstag) alle bis auf Mutter-1 zusammen.

Am 2.2.2012 sitzen alle an einem Tisch, beschließen eine Satzung und leisten ihre Unterschrift. Übrigens, Hein aus dem Kinderhaus in Unterding wird Mitgründer, er erweitert die Fraktion der Pädagog*innen; auch Pit, Ehemann von Karen und pädagogischer Laie, schließt sich an. Von nun an sprechen die drei nur noch in der Wir-Form.

Zur Vereinsgründung und der damit verbundenen Betriebsgründung darf intensives Nachdenken über den Namen nicht fehlen. Der Schüler-Hort oder Schülerhort, wie er seinem Zweck nach heißen kann, klingt bürokratisch, lässt sich nicht gendern und ignoriert die Einmaligkeit der Idee der Gründer*innen. Auch der Zusatz, dass der

Verein seinen Sitz in Ebersberg hat, wirkt unpassend.

Der Waldhort will sich von den großen Trägern abgrenzen. Das schuldet er der gemeinsamen Vorgeschichte der beiden Erzieher*innen. Er ist frei von ideologischen Fesseln. Also firmiert er fortan als Freier Waldhort Ebersberg.

Ein Kind verbindet den Namen später mit seinem berechtigten Interesse: „Hier darf man machen, was man will. Schließlich ist das der FREIE Waldhort!“ So gesehen sollte er Anarchischer Waldhort heißen. Dieser Name wäre beim Registergericht an jeder juristischen Wand zerschellt.

Das unterschriebene Gründungsprotokoll geht zum Notar und von dort zum Registergericht in München.

Hm. Soweit, so gut. Aber es fehlt immer noch ein Gebäude, auch wenn ein Hort mit Wald entstehen soll. Das Mittagessen lässt sich ja noch in einem Bauwagen organisieren. Aber die Hausaufgaben? Braucht man dann zwei mobile Gebäude? Und wie ist das mit der Betriebsgenehmigung? Wer entscheidet nach welchen Kriterien darüber? Wieviel Personal wird benötigt? Wie viele Schüler*innen wollen wir betreuen? Ach ja: Und wie wird das Ganze finanziert? Wer schreibt die Konzeption? Betreuungsverträge – wie sieht sowas überhaupt aus? Welche Formulare kommen zum Einsatz? Was muss der Kita-Aufsicht berichtet werden?

Karen findet das Gebäude im Ebersberger Stadtmagazin. Natürlich nur die Anzeige mit der Information, dass es am Ende der Sportparkstraße, in der Karen wohnt, etwas zu mieten gibt, das vielleicht passt. Das liegt zwar am Rand eines Gewerbegebietes, aber der Wald ist nicht weit.

Der Kontakt mit dem Vermieter lässt alle Gründer*innenherzen höherschlagen. Die zu mietenden Räume haben die richtige Größe, der Preis passt, der Vermieter freut sich über einen sicheren Mieter, denn eine Kita wird immer gebraucht. Außerdem ist er begeistert von

Karens Tatendrang: „Endlich mal jemand, der nicht nur jammert und nörgelt und meint, man müsste doch und eigentlich, sondern etwas unternimmt!“

So, wie sich das Objekt der Begierde im März 2012 darbietet, ist es gegenüber der Kita-Aufsicht nicht vorzeigbar und auch über die Bürokratie-Kriterien hinaus als Hort für 20 Schulkinder „eher weniger“ geeignet.

Hier ein Blick in die heutige Leseecke, rechts die Tür zum Hausaufgabenraum, gesehen von der heutigen Küche aus.

Oha! Da musste doch noch einiges passieren.

Es ist ja erst Anfang Februar! Da haben wir noch Zeit bis zum 1.9.2012., einem Samstag. Na, dann kommen die ersten Kinder sowieso erst zwei Tage später, am Montag, dem 3.9.2012.

Für den Umbau wäre jemand praktisch, der von sowas eine Ahnung hat. Glücklicherweise läuft uns eine Architektin über den Weg. Das klingt vielversprechend und ist es dann tatsächlich:

Fabienne Tourneau ist mutig. Sie denkt: „Waldhort! Das ist was für meine Kinder.“ Und sie packt an.

Im Mai beauftragen die Gründer*innen Fabienne verbindlichdas Erdgeschoss in der Sportparkstraße 5 umzubauen. Zuvor kommen noch Gedanken auf, ins Obergeschoss zu ziehen, da muss vielleicht (!) weniger Aufwand getrieben werden als im Erdgeschoss. Nein! Da muss mindestens eine Feuerleiter und ein separater Notausgang geschaffen werden. Die Verordnung dafür ist neu und soll der Stahlbaubranche unter die Arme greifen. So eine Treppe kostet mehrere tausend Euro, außerdem muss das Dach brandschutztechnisch bearbeitet werden. Macht insgesamt so um die 25 T€.

Haben wir denn so viel Geld?

Der designierte Kassier Pit schüttelt traurig, aber bestimmt, das ökonomisch vernebelte Haupt. Damit ist das nächste Fass aufgemacht:

Bekommen wir denn so viel Geld?

Wieviel und von wem?

Wir wollen zwei Gemeinden zusammenbringen, um möglichst vielen Kindern einen Platz anbieten zu können. Da die Anzahl Kinder über die öffentliche Förderung entscheidet, ist dies ein Gedanke, den auch der Kassier unterstützt.

Termin gemacht – nicht der erste – beim Ebersberger Bürgermeister, ein ehemaliger Lehrer. Eigentlich war auch der Verwaltungschef von Grafing angefragt, aber Grafing ist schon immer klamm, da erübrigt sich eine Anfrage wegen finanzieller Unterstützung. Trotzdem: Beide Gemeinden haben sich in Vorgesprächen interessiert an einer neuen Schülerbetreuung für den Nachmittag erklärt. Ebersbergs Ersten Bürgermeister können wir mit dem Slogan locken: „Kinder brauchen den Wald – Ebersberg hat ihn." Walter Brilmayer ist uns wohlgesonnen. Immerhin würden wir der Kommune aus einem drohenden Angebotsdefizit helfen. Ein Gebäude hat der Waldhort schon gefunden, da muss die Kommune nicht erst für viele €s eins hinstellen. Oder gar eine Baugenehmigung einholen. Einen Platz für vielleicht zwei Bauwagen neben dem bereits seit 2010 existierenden Waldkindergarten schließt die Stadt aus.

Wir brauchen Geld zum Umbau des Mietobjekts, damit daraus eine gesetzeskonforme Kita wird.

Der Bürgermeister klärt uns auf: Wenn der Umbau über 100 T€ kostet, muss die Kommune Landesmittel beantragen. Das Verfahren dauert so um die 18 Monate. Da passt der Termin 1.9.2012 nicht rein.

Wenn das Vorhaben unter 100.000 € kostet, finanziert das die Kommune aus eigener Kraft und kann sofort zusagen.

Na, dann, liebe Fabienne: „Sieh mal zu, dass Du den Umbau so hinbekommst, dass wir im September an den Start gehen können. Bleib mit Deiner Planung (und der tatsächlichen Abrechnung) unter den magischen 100.000 Euro.“

Fabienne Tourneau legt sofort los und die entsprechende Planung vor. Grünes Licht: 98.694,51 €!

Die Bürgermeister von Ebersberg und Grafing geben ihr OK. Grafing braucht seit Menschengedenken jede Menge Hortplätze. Das weiß man auch in Ebersberg. Und so beschließen die beiden Kommunalchefs: „Jede Gemeinde zahlt ein Drittel der Umbaukosten, das letzte Drittel trägt der Verein.“

Ach so, der Verein soll das tragen. Hat ein gerade gegründeter Verein 33.000 €? Ist ein Verein kreditwürdig?[*)] Neuer Termin im Rathaus.

Die Lösung: Die Stadt Ebersberg gewährt dem Waldhort ein zinsloses Darlehen über die erforderliche Summe. Damit steht die Finanzierung.

---

*) Später einmal notwendige Nachfragen bei der Kreissparkasse ergeben: Im Prinzip nein, also aus Prinzip nein. Denn ein e.V. verfügt über Null Kapital, zumindest bei Gründung. Aber gut, wir wollen mal nicht so sein: bis zu 1.000 € darf der Verein sein Girokonto überziehen. In Worten: EIN tausend.

Ab Mai 2012 kann Fabienne Tourneau zeigen, was sie draufhat. D-Day ist der 1. September. Also der 1. September im Jahr 2012, nur zur Klarstellung.

Sie hält ihre Zusage. Womit sie den Handwerkern gedroht hat, was denen blüht, wenn sie nicht pünktlich liefern, entzieht sich unserer Kenntnis – und eigentlich auch unserem Interesse. Baulich ist das Waldhort-Gebäude jedenfalls zum 1.9. bezugsfertig, der Wald ist es sowieso.

In der Tat fehlt einzig der Geschirrspüler, als die ersten Kinder von Karen begrüßt wurden. Das Mobiliar – Regale, Schränke, Esstisch und Stühle – kommt aus Beständen des Vermieters (ohne Spendenquittung, wir ersparen ihm die Entsorgungskosten, so jedenfalls seine Sicht), Strom, Wasser und Heizung stehen bereit, Telefon auch, Internet wird bis Oktober angeschlossen. Die Schüler*innen-Stühle und Tische im Hausaufgabenraum verkauft uns die Grundschule Pfaffing. Die hat Karen im Herbst 2011 bereits für 100 € erworben und sie bei einem Freund eingelagert. Ob sie jemals zum Einsatz kommen würden, steht zu dem Zeitpunkt in den Sternen. Lampen sind installiert, Toiletten – auch die separate für Erwachsene – funktionieren, Papier für Popo und Hände wird rechtzeitig besorgt.

Seitdem wird immer wieder etwas Bleibendes angeschafft: Außenbänke, bereits 2014 gespendet und 2023 durch neue ersetzt (das Geld spendet die Sparkasse), ein kleiner Pavillon für Vereinsveranstaltungen, ein Basketballkorb am Nicht-Kletterbaum, Fallschutz aus DIN-genormtem Kiesel unter der Rotbuche, gespendet von der BayWa, ein Hochbeet samt Garten-Werkzeug, ebenfalls von der BayWa, den ersten Computer steuert Karens Sohn bei, Schneidemaschine, Kopiererschrank usw. trudeln im Laufe der Zeit aus verschiedensten Quellen ein.

Des Weiteren gehören im Laufe der Zeit drei der vier Tablets zur Spendenmasse. Die Finanzierung im Rahmen der Kampagne Startchance-Kita-Digital des Sozialministeriums zunächst zugesagt, muss sie jetzt wegen fehlender Mittel von den Eltern getragen werden.

Die Intensiv-Pflege des Fußbodens und die Erneuerung des Wandanstrichs ist fünf Jahre später dringend erforderlich und auch möglich durch Spenden – den Löwenanteil übernimmt die Stadt Ebersberg – und freundschaftliche Preisgestaltung. Selbst das Waldhort-Logo wird professionell erstellt, die Kosten trägt ein Grafikbüro.

Ohne diese vielfältige Unterstützung könnte der Waldhort den Kindern nicht das bieten, was er heute kann.

Doch zurück zur Waldhort-Gründerzeit: Das Wetter spielt am 19. Oktober 2012 mit, die Bürgermeister kommen zur Einweihung, um das rote Band zu zerschneiden und Pits a-cappella-Band liefert den musikalischen Rahmen zum Start.

Unser Vermieter, der bereits im Vorfeld dem Waldhort die Miete in der Zeit zwischen Umbaubeginn und Inbetriebnahme nicht berechnete, legt noch eine Schippe drauf und überreicht einen Scheck über satte 2.000 €, was mehr als zwei Monatsmieten entspricht. Diese Geste wird er übrigens über etliche Jahre pflegen, sodass er mit Abstand zum großzügigsten privaten Unterstützer des Waldhort avanciert.

Dem Betrieb vorausgegangen sind förderrelevante Arbeiten. Karen schafft in wochenlanger

Abend- und Nachtarbeit die erste Fassung der Konzeption[*)]. Da sie sich diese Arbeit nicht nur macht, weil sie zwingend für die Betriebserlaubnis ist, fließt in dieses Dokument eine Menge Herzblut. Denn sie will das, was dort häufig nur der „Abteilung Schöne-Worte“ entspringt, auch tatsächlich leben. Manches sucht sie sich im Netz zusammen, die Gliederung dient als Leitfaden, Pit besorgt die Formatierung.

Noch vor den ersten Betriebswochen entstehen Formulare für zu dokumentierende Prozesse wie Anmeldung, Mittagessen, Abrechnung der Elternbeiträge und wahrlich vieles andere mehr. Pit stellt fest, dass das putzige Excel-Sheet des Sozialministeriums vielleicht zur Finanzplanung der Staatsregierung ausreicht, es deckt aber nicht mehr als zwei Prozent des Erforderlichen für eine Kita-Genehmigung ab. So entsteht an Pits PC die erste Waldhort-Datenbank (die spätere Toolbox). Noch ahnt er nicht, wieviel Appetit auf immer mehr Features so ein Prototyp bei der Anwenderin wecken kann: Geburtstagsliste oder Anwesenheitsprotokoll, eine Liste mit Telefonnummern der Eltern, Mailverteiler, später die Arbeitszeiterfassung und die Buchung aller Anschaffungen und Zahlungseingänge samt Vorkontierung.

Eine Familie schenkt dem Waldhort einen Briefkasten, gekauft werden Stempel und Drucker, Töpfe und Pfannen für gelegentliches pädagogisches Kochen kommen aus Karens Hausbestand, ergänzt von den beiden Bürgermeistern, Werkzeug für den Bollerwagen und Werkzeug für Kleinreparaturen werden noch in der ersten Betriebswoche angeschafft. Wen es interessiert: die Inventarliste findet ebenfalls Eingang in die Toolbox. Für den Freistellungsbescheid[**)] kann die Liste ebenfalls verwendet werden, die das

---

*) ein laufend überarbeitetes Werk mit rund 30 Seiten, ergänzt um einen später erstellten 10-seitigen Leitfaden für Eltern.

**) den was, bitte? Und wie bekommt man wo etwas?

Finanzamt für dessen Ausstellung zwingend anfordert.

Dank Pits Privat-PC steht der Weiterentwicklung der Toolbox zumindest technisch nichts entgegen. Die Einrichtung von Postfächern und passender Bearbeitungssoftware lässt Emails an Eltern oder Landratsamt versenden. Pit bastelt die Waldhort-Homepage, die viel Lob wegen der Vollständigkeit an Informationen erntet und erst knapp 10 Jahre später von einigen Waldhorteltern auf moderne und endlich auch „einbruchsichere Füße" gestellt wird.

Zu Weihnachten kommt die Vitrine für die gesammelten Fund- und Schnitzstücke in die Garderobe, Bilder zeigen Kunst im Bau, Karen spendiert die erste Digital-Kamera, Duden und Lexikon halten Einzug.

Rechtzeitig zum Wintereinbruch werden die Popo-Rutscher geliefert, im Hausaufgabenraum spielt ein Kassettenrecorder kleine Hörspiele, wenn dort gerade nicht gearbeitet wird.

Die Inventarliste umfasst im ersten Waldhortjahres 134 Positionen im Wert von 65.000 Euro.

Ein Schuljahr vergeht. Während des Nachmittags halten sich Pädagog*innen und Kinder nahezu jeden Tag draußen auf. Doch zum Mittagessen und bis alle mit den Hausaufgaben fertig sind, gehen viele Kinder in den Hof zum Spielen oder beschäftigen sich im Gruppenraum. Da merkt das Team nach wenigen Wochen: Wir müssen etwas tun gegen den Lärm. Von Mundpflastern für Kinder steht nix in der Konzeption, andere Lärmquellen verstummen ebenso wenig. Schallschutz muss her. Man holt Angebote ein, die den Kassier auf Distanz gehen lassen: Von 15.000 €, mal kurz drunter, mal drüber, ist die Rede. Zum Glück kennt irgendjemand irgendjemanden, der Schallschutz hat montieren lassen, der erschwinglich war. Taugt der denn auch was, also der Schallschutz? Pit gibt die Parole „3.000 Euro" aus und – trara! – der Fisch beißt an.

Mit Beginn des zweiten Waldhortjahres kleben Kunststoff-Platten an der Decke im Gruppenraum und sorgen für trockenere Akustik. Das

Team ist zufrieden, der Kassier auch. Manche, die später zum Team stoßen, kennen den Ur-Laut-Zustand nicht und bemängeln den hohen Lärmpegel. Das kann nicht am Schallschutz liegen. Wahre Pädagog*innen wissen, was zu tun ist, wenn Kinder (für erwachsene Ohren) zu laut werden …

Es wird ernst

Die ersten Kinder treffen im Waldhort auf die ersten Erzieher*innen, die mit ihnen die ersten Erfahrungen sammeln.

Die ersten Kinder

Pünktlich zum 3. September 2012, einem Montag während der letzten Sommerferienwoche, öffnet der Waldhort seine Tore. Und da stehen sie tatsächlich in der Garderobe und werden von Karen begrüßt: Lauter Schulkinder, manche begleitet von ihren kleineren, nicht minder gespannten Geschwistern.

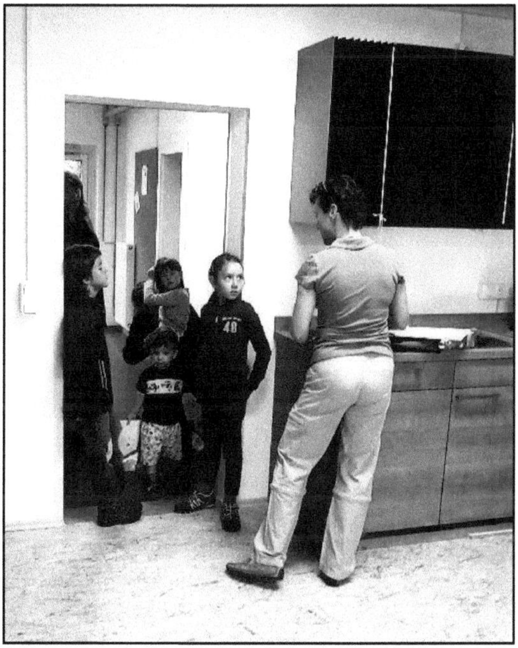

Mit den Eltern von 15 Kindern hat der Waldhort einen Betreuungsvertrag geschlossen, heute kommen fünf dieser Kinder.

Da sind zwei Brüder – vormals Zauberburg-Kids –, Kinder unserer später noch wichtigen Rechtsanwältin; ein Kind, das sich sein zu Hause mit sagenhaften neun Geschwistern teilt; das Kind der Vereins-Vorstandsvorsitzenden und ein Kind, das uns zum Ende des Schuljahrs bereits wieder verlässt.

Die Garderobe bietet Platz für 20 Kinder, passend zur Betriebserlaubnis, die bis dahin auch vorliegt.

Der Geschirrspüler läuft noch nicht, doch Mittagessen gibt es selbstverständlich schon. Da die Schule erst in der folgenden Woche startet, erkunden wir an diesem Vormittag den nahegelegenen Wald am „Schnuppernachmittagsplatz“.

Für diese (noch) Ferienwoche ist ein Ausflug angesagt, nach Poing in den Wildpark. Der bietet die erste Gelegenheit, das selten gewünschte Spiel „uns fehlt ein Kind!“ auszuprobieren. Das geht so: Alle Kinder machen Pause auf dem großen Spielplatz in Poing. Sie verteilen sich und alle sind zufrieden. Am selben Tag hat ein großer Veranstalter zu einer Falkner-Schau eingeladen. Das ist immer eine tolle Sache für Kinder, zumal in den Ferien kann man mit ausreichend Publikum rechnen, das in großer Zahl auch den Spielplatz bevölkert.

Die Pause mit Brezen, Karotten und Getränken geht irgendwann zu Ende und wir rufen alle Kinder zusammen, um unseren Weg durch den Park fortzusetzen. Alle kommen, nur Alexander nicht. Hat er unseren Ruf nicht vernommen? Die zwei Erwachsenen schwärmen aus, bedeuten den Kindern an der Pausenbank, nur ja zusammen und sitzen zu bleiben. Das Team kehrt zurück und stellt fest: Alexander bleibt verschwunden.

Bei gefühlten 15.000 Besucher*innen hilft lautes Rufen nicht wirklich. Wer weiß, wie viele Alexanders wir dabei angesprochen hätten. Wir wollen nur den Einen, der uns fehlt.

Ein bisschen Panik kommt bei Pit auf, dem ja die Erfahrung als Pädagoge fehlt und damit der in diesem Beruf jederzeit und zwingend aktivierbare Optimismus. Karen schlägt – zumindest äußerlich gelassen – vor, zum Ausgang zu gehen.

Natürlich geht das kleine Erzieher*innen-Team als Sieger aus dem Spiel hervor. Alexander ist von anderen Wildpark-Besuchern am Eingang abgegeben worden, nachdem ein Vater den weinenden Jungen umherirrend aufgelesen hat. Die einfühlsame Kassiererin tröstet ihn mit einem Eis und er darf bei ihr im Kassenhäuschen bleiben, bis die restliche Waldhorttruppe eintrifft.

Wegen Erleichterung und aus Gründen der Fairness bekommen alle Kinder ein Eis, der verlorene Sohn sogar sein zweites.

Nach dieser emotionalen Schilderung noch ein wenig Statistik zum Thema: Im Normalbetrieb während der Schulzeit sind 2012 täglich zwischen 11 und 15 Kinder angemeldet, von denen geht nur eines in die erste Klasse. Mit der zeigt sich: Manche Eltern haben den Waldhort schlicht aus der Not heraus gewählt, weil es keinen anderen Betreuungsplatz gab; deshalb sind die meisten Kinder schon älter.

Ungewöhnlich im Vergleich zu den folgenden Jahren besuchen zwei Kinder die Montessori- bzw. die Freie Schule Glonntal. Das wiederum lässt auf eine bewusste Wahl des Hortplatzes durch die Eltern schließen. Die meisten besuchen die Grundschule in Ebersberg, die Grafinger sind in den ersten Jahren unterrepräsentiert.

Ein Junge kommt mit 11 Jahren zum Waldhort, er ist 1 ½ Jahre lang der Älteste und kennt alle Tricks zum Aushebeln von Passwörtern am PC, die man als Kind braucht. Bereitwillig gibt er sein Wissen weiter und genießt es sichtlich, wenn die Kleinen mit offenen Mündern seine Fertigkeiten bestaunen. Dabei steht er immer etwas abseits, damit die Erwachsenen nicht gleich alles mitbekommen, wovon er spricht. Tiberius geht bereits aufs Gymnasium, seine berufstätigen Eltern kennen ihren Sohn sehr gut und wollen ihn wenigstens an drei Schultagen der Woche, wenn kein Nachmittagsunterricht stattfindet, unter erwachsener Aufsicht wissen. Denn wer alle Zugänge zum WWW öffnen kann, nun ja . . .

Stefan und Isolde bilden zusammen mit Karen das erste Waldhort-Team.

Isolde ist staatlich geprüfte Lehrerin und bringt ihre Tochter gleich mit. So eine Konstellation ist grundsätzlich mit Vorsicht zu genießen, da Kinder in der Regel mit Erzieher*innen pfleglicher umgehen als mit leiblichen Eltern. Mit Eleonore konnte das Waldhort-Team diese Regel bestätigen.

Zwei befreundete Mädchen erweitern das Casting um das Klischee von den siamesischen Zwillingen: Unzertrennlich bis hin zu den gemeinsam gefühlten Bauchschmerzen, immer schick gekleidet und deshalb dem Tragen von Regenhosen und Gummistiefeln definitiv abgeneigt. Sie starten ihre Waldhortzeit gemeinsam und beenden sie nach zwei Jahren zusammen. Mit Wald und Draußensein können sie wenig anfangen, aber Mama hat sie nun mal angemeldet.

Norbert ist schon 8 Jahre, hat starke Muskeln und einen ebenso starken Willen. Er gehört zu den Kindern, an die sich das Team, also die Alteingesessenen Karen und Pit, auch nach Jahren erinnern. Manch eine Auseinandersetzung zwischen Kindern, an denen er beteiligt ist, erfordert das beherzte Eingreifen der Erwachsenen zuzüglich ihrer ganzen Muskelkraft und Körperbeherrschung. Noch lange nach seiner Waldhortzeit kommt er immer mal wieder an Karens Haus vorbei auf dem Weg zum Fußballtraining und hält mit ihr das eine oder andere Schwätzchen auf der Terrasse. Als höchstes Lob für die Arbeit im Waldhort deutet Karen, dass er sich als Siebtklässler den Waldhort für sein Kurzzeit-Praktikum aussucht.

Rebecca ist das älteste von drei Mädchen mit einer auf Hochleistung und Anpassung getrimmten und trimmenden Mutter. Ihre beiden Schwestern besuchen den Waldhort, sobald sie zur Schule kommen. Rebecca widersetzt sich mehr oder weniger erfolgreich dem Druck ihrer Mutter, wenn es um schulische Anforderungen geht. Dafür ist sie kreativ, spielt Theater wie ein Kinderstar, übernimmt in der Gruppe stets Führungsaufgaben – kurz: ein begabtes Kind – nur eben für die bayerische Regelschule und ihre Mutter einfach nicht gemacht. Tatsächlich bleibt sie fünf Jahre lang ein Waldhortkind.

Im ersten Betriebsjahr meldet eine Mutter ihr Kind im Waldhort aus der Ferne an. Noch lebt sie mit ihrem Sohn ganz hoch im Norden der Republik. Sie möchte Ende des Sommers nach Bayern in die Nähe von Ebersberg ziehen. Karen telefoniert mit ihr und vereinbart ein Treffen, denn die Schließtage im Sommer will Karen auf Sylt verbringen, wo die Mutter arbeitet.

Während des Treffens erzählt Karen vom Waldhort, schildert ihn natürlich in den glühendsten Farben und gewinnt im Urlaub mit der Mutter neue Kundschaft: „Genau sowas braucht mein Patrick!“

Das erste Team

Stefan ist noch im Urlaub und Katinka vom Waldkindergarten in Ebersberg springt für ein paar Tage ein. Sie hat ihre Stelle als Leiterin des Kindergartens gekündigt und beginnt ein Studium der Sozialpädagogik. Für die Arbeit im Waldhort hat sie die nötige Qualifikation einschließlich des unverzichtbaren, erweiterten Führungszeugnisses und kennt zudem alle Schleichwege im Ebersberger Stadtwald.

Karen, die pädagogische Leitung, kann auf umfangreiche Erfahrung mit Hortkindern zurückblicken. Sie hat bereits zehn Jahre in einem Hort in Hamburg gearbeitet und sehnt sich nach mehrjähriger Tätigkeit mit Vorschulkindern in Grafing und München nach Schulkindern, denn „man mit denen kann man schon ganz anders reden als mit 3- bis 5-Jährigen." Durch ihre Arbeit als Leiterin in der Münchner Elterninitiative ist sie gut gerüstet für Verwaltungskram, gesetzliche Vorschriften und Tücken des Alltags mit Kindern und Eltern. Ihr Mann Pit ist der letzte, der glaubt, dass sie mit einer Arbeitszeit von 39 Wochenstunden zurechtkommt. Papierlisten für die Anwesenheit der Schulkinder, die Abrechnung des Mittagessens (siehe unten), die Ferienplanung und vieles mehr führt sie in ihrem Arbeitszimmer, da im Waldhortgebäude dafür der Platz fehlt.

Isolde ist gelernte Lehrerin, also keine Pädagogin im Sinne der Bayerischen Gesetze für Kindertagesstätten. Sie muss von der Kita-Aufsicht mit einer Ausnahmegenehmigung qualifiziert werden, zählt damit zu den Ergänzungskräften und kann auf den Betreuungsschlüssel[*)] angerechnet werden.

---

*) Wenn für 10 Kinder, die täglich im Durchschnitt 4 Stunden im Waldhort sind (also 20 Stunden in der Woche), 1 Fachkraft beschäftigt ist, die auch 20 Wochenstunden arbeitet, dann ergibt sich daraus ein Betreuungsschlüssel von 1:10. Ein Betreuungsschlüssel von 1:11 gilt als Mindestanforderung, damit staatliche Mittel fließen.

Da sie ihre Tochter im Waldhort betreuen lässt, muss sie selber wenigstens so viel verdienen, wie die Betreuung samt Verpflegung kostet. Das schaffen wir. Die anfangs sehr knappen Mittel des Waldhort reichen aus, um sie geringfügig i.S. des Arbeitsrechts zu bezahlen. Ihr Beitrag zur Hortarbeit ist jedoch alles andere als geringfügig.

Sie ist – als Lehrerin – für die Hausaufgaben zuständig, aber nicht glücklich damit. Ein Grund, dass Karen und später Pit die Arbeit im Hausaufgabenraum übernehmen.

Stefan startet mit Beginn des Schulbetriebes. Seine Bezahlung muss sich den finanziellen Möglichkeiten des Waldhorts beugen. Vormittags arbeitet er in Christians Kindergarten, mittags fährt er nach Ebersberg und leistet dort seine pädagogische Arbeit bis zum Abholen der Kinder. So sind drei aus der Viererbande gemeinsam tätig, wenn auch an zwei Orten, die nicht in unmittelbarer Nachbarschaft liegen.

Pit verbringt die ersten Monate der Waldhort-Ära noch bei seinem alten Arbeitgeber, der ihn im März 2013 in den passiven Teil der ATZ, der Altersteilzeit, entlässt. Kurze Einsätze für Ausflüge kann er gut unterbringen, die Vollzeit-Tätigkeit beginnt erst im April 2013. Von da an ist von passiv im Sinne der ATZ nicht mehr die Rede.

Doch ihm kann als Oldie im Team nicht Besseres passieren als mit Kindern zu arbeiten und ständig Neues von seiner Chefin lernen zu müssen. Als gelernter Wirtschafts- und Sozialwissenschaftler hat er zwar Erfahrung in der Erwachsenenbildung[*)] sammeln können, aber 6- bis 10-Jährige sind eine andere Klientel und lernen auch anders als die Großen. Dank einer Ausnahmegenehmigung wird auch er von der Kita-Aufsicht nachqualifiziert, muss damit aber bis 2016 warten. Ihm

---

*) in den 80-ern hat er Sozialpädagog*innen in Soziologie unterrichtet und seit 1985 Fimenseminare für Office-Software konzipiert und durchgeführt.

kommt zugute, dass er während des Studiums mehrere hundert Stunden Psychologie gehört hat, wenn auch überwiegend Werbe- und Marktpsychologie und sowie betriebswirtschaftliche Themen zur Personalführung. Was Letzteres angeht, lebt ihm seine Chefin eine Menge Praxis vor. Fehlendes Rüstzeug erwirbt er in 80 Stunden Weiterbildung.

Weil Karen aus naheliegenden Gründen vom Waldhortkonzept überzeugt ist, liegt ihr sehr viel an dessen Verbreitung.

Dies geschieht wesentlich durch die Ausbildung von Erzieher*innen und Ergänzungskräften. Im Laufe der Jahre stellt der Waldhort entsprechend Kapazität für das Anerkennungsjahr[**)] und für SPS-Praktika zur Verfügung. Diese Mühe machen sich keineswegs alle Träger, weil das mit sehr viel Mühe verbunden ist: wöchentlich stattfindende Mentoren-Gespräche, Betreuung der Facharbeiten und mehrmals im Jahr fällige Angebotsvorbereitung samt Teilnahme an den Abschlussprüfungen.

**) Keyla scheut nicht den weiten Weg aus Equador

Die ersten Erfahrungen

Im Anfang waren die Listen, und die Listen waren voll oder unvollständig (1. Buch Waldhort, Kapitel 1, Vers 1).

Da gibt es Excel-Listen mit den Namen der Kinder, 31 Spalten für die Tage eines Monats und jeweils ein V bzw. ein X für die Verpflegung. Denn die wird taggenau mit den Eltern abgerechnet. Ein Aufwand, den erst 2017 ein Vorstandsbeschluss vereinfacht. Für ein Kind, das bis dahin wegen Krankheit nicht im Waldhort erscheint, oder gern und überraschend beim Opa bleibt, muss nichts bezahlt werden. Andererseits wird es bei der Bestellung beim Caterer zu Beginn der Vorwoche berücksichtigt. Wie viele Mahlzeiten berechnet werden, ergibt sich durch händische Addition. Das macht auf die Dauer keinen Spaß.

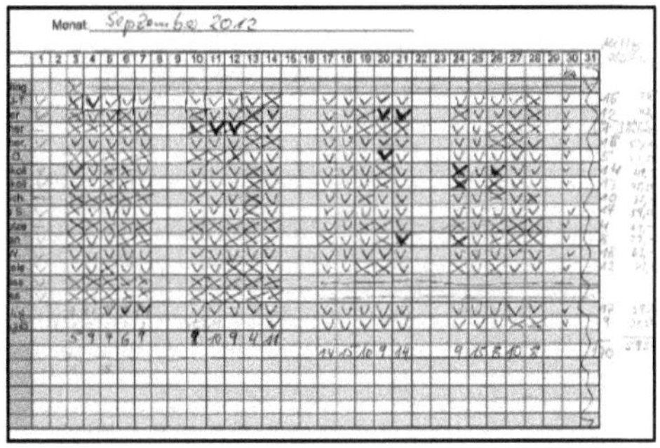

Zumal auch das Geld für Taxifahrten eingetrieben werden muss. Die Stadt Ebersberg organisiert für die Kinder, die nach der 4. Schulstunde in den Waldhort kommen, keinen Schulbus. Daher muss der Transport privat mit einem Taxiunternehmen organisiert werden. Das Unternehmen rechnet je Fahrt ab. Je mehr Kinder bei einer Fahrt transportiert wurden, desto günstiger wird die Fahrt je Kind. Deshalb spricht Karen Nicht-Waldhort-Familien in der Sportparkstraße an, ob sie ihr Kind vielleicht auch mit dem „Waldhort-Taxi“ fahren lassen wollen. Jede Zusage wirkt sich erfreulich auf die Einnahmenseite aus. Wenn da nicht so manch eine Lastschrift von der Bank zurückkäme, weil das Konto nicht gedeckt ist. In solchen Fällen muss der Kassier eingreifen. Die Details dazu erspart der Autor der Leserschaft – bis auf eine Episode im Abschnitt „Geld her! Die Kasse“.

Wichtig für die Fahrer*innen ist die Information, an welchem Tag wie viele und welche Kinder um 11:20 Uhr an der Schule in das Taxi steigen sollen. Wer nicht rechtzeitig vor der Schule steht, kommt nicht mit. Wird ein Schulkind zu spät aus dem Unterricht entlassen, hat es zunächst mal Pech gehabt. Es steht buchstäblich draußen vor der Tür und hält sehnsüchtig nach dem Fahrzeug Ausschau. Vereinbart ist, dass es nach einer gewissen Wartezeit und wenn keine weiteren Kinder auftauchen, in die Mittagsbetreuung (MiBe) begibt und dort Bescheid sagt, dass es das Taxi verpasst hat.

Bis dahin sind die pünktlichen Kinder meistens im Waldhort angekommen und können berichten, dass z.B. Alexander nicht im Taxi saß. Die Erwachsenen klären telefonisch mit der Mittagsbetreuung, ob das Kind dort aufgetaucht ist. Vielleicht ist es ja diesem Tag gar nicht in die Schule gegangen. Das können die anderen Waldhortkinder nicht wissen, wenn das fehlende Kind eine andere Klasse besucht.

Im besten Fall meldet sich die MiBe selber beim Waldhort und schickt das vermisste Kind mit dem später fahrenden Bus zum Waldhort. Im schlechtesten Fall müssen die Eltern angerufen werden. „Ach ja, entschuldigt, Alexander ging es heute Nacht nicht gut, er ist zu Hause geblieben, wir haben vergessen Euch Bescheid zu geben.“

Wenn zu Hause und am Handy niemand ans Telefon geht, muss im Schulsekretariat angefragt werden.

Bislang sind alle Kinder wieder aufgetaucht – Ausflüge eingeschlossen (siehe oben).

Als erstes, besonderes Ereignis geht Lichterfest in die Waldhort-Geschichte ein. Es findet kurz vor dem Ersten Advent statt. Im Wald wird die Geschichte vom Kartoffelkönig aufgeführt, zu der alle Schulkinder die größte Kartoffel mitbringen, die sie zu Hause finden. In diese (ausgehöhlte) Kartoffel wird ein Teelicht

versenkt und angezündet, sodass es fast wie ein Halloween-Kürbisgesicht leuchtet.

Karen lädt zum Buß- und Bettag*) ein:

Liebe Waldhort-Eltern,
am Mittwoch, den 21.11.2012, haben die Kinder ja schulfrei, da Buß- und Bettag ist. Bitte prüft einmal, ob Ihr für den Tag Betreuung im Waldhort benötigt. Ich habe noch kurzfristig einen Termin für uns in der Bäckerei vom Hasi-Bäcker in Grafing (Mühlenstraße) bekommen. Allerdings müssen wir schon um 9:15 dort sein. Wir fahren mit dem Bus 446 von der Anzinger Siedlung um 8:21 h los. Deshalb sollten die Kinder pünktlich um 8:00 h im Waldhort sein. Wir können leider nicht warten!
Nach der Führung durch die Bäckerei dürfen die Kinder selbst ihre Brezeln herstellen und natürlich auch essen. Wir fahren von Grafing zurück in den Waldhort und werden nach dem Mittagessen den Nachmittag im Wald verbringen.
Bitte denkt daran Euren Kindern das Fahrgeld von € 2,40 mitzugeben.
Liebe Grüße von Karen und dem Waldhort-Team

Seitdem sind die Ferienprogramme bei den Eltern sehr gefragt. Manche erkennen im Inhalt der Programme nicht den Bildungsauftrag des Waldhorts und möchten für ihre Kinder möglichst früh ganz bestimmte Tage buchen, die einen speziellen Hype bieten. Karens Credo: Eine Woche vor Ferienbeginn geht die Mail mit dem Wochen-

*) An diesem Tag sind in Bayern die Schulen geschlossen und die Horte übernehmen die Betreuung – ab 7:45 h bis 18 h. In kleinen Einrichtungen entfallen an diesem Tag Pausen für das Personal.

plan raus, buchen sollen die Eltern natürlich vorher. In den Ferien wird mehr Personal benötigt als während der Schulzeit und das muss geplant werden. Schließlich beginnt der Waldhort-Tag bereits um 7:45 Uhr anstelle von 11 Uhr, das bedeutet: Schichtdienst.

Der Kassier hat in diesem Vorgehen ebenfalls Interesse: Viel Buchung bringt viel Zuschuss. Dazu mehr im Kapitel Eltern- und Vereinsarbeit.

Tagesablauf während der Schulzeit

Es ist sinnvoll, die Schilderung der Tagesabläufe während der Schulzeit von denen während der Ferien zu trennen. Gibt es Unterricht, gibt es auch Hausaufgaben. Das zum einen. Zum anderen beginnt der Tag im Waldhort erst mittags. In den Ferien dauert er von morgens bis abends, Ausflüge sind angesagt und es werden andere Orte besucht. Schließlich kann in den Ferien mit den Kindern sogar gekocht und gebacken werden, überhaupt gibt es Gelegenheit für andere Erfahrungen und viel Neues und Ungewöhnliches zu erleben.

Ankommen

Der Schulbus hält täglich am Anfang der Sportparkstraße. Von dort gehen die Ebersberger Schulkinder rund 300 Meter bis zum Waldhort-Gebäude. Die Grafinger Schulkinder werden von ihrer Schule bis vor die Haustür gebracht. Erst hier beginnt die Verantwortung des Waldhort-Teams (außer ein Kind erscheint nicht und es muss nach seinem Verbleib geforscht werden).

Die Kinder werden in der Garderobe begrüßt. Die bietet entsprechend der ersten Betriebsgenehmigung Platz für die Schul- und Nachmittagskleidung der maximal 20 Kinder. Sie steht seit Beginn maßgefertigt eingebaut von einem Grafinger Tischler / Schreiner, den Karen noch aus ihrer Kinderhauszeit kennt.

Die Garderobe muss erweitert werden, als die Kinderzahl auf 25 steigt und die Betriebserlaubnis dafür erteilt ist.

Seit 2015 haben wir einen Betreuungsverträge für mehr als 25 Kinder. Obwohl nicht alle Kinder an jedem Wochentag kommen, brauchen alle Kinder einen Platz für ihre Bekleidung. Ein Vater hat das Know-how, vier Garderobenplätze in Körben einzurichten, die unter die Decke gezogen werden und baut die erforderlichen Seilwinden. Menschen aus Bergbau-Gegenden kennen solche Vorrichtungen von den Schwarzkauen.

Als im Herbst 2022 zwei Grafinger Kinder kurzfristig ihre zugesagte Nachmittags-Unterkunft verlieren, weil der Waldhort in Grafing nicht in die Pötte[*)] kommt, beantragt Karen bei der Kita-Aufsicht eine Ausnahmegenehmigung. Die Ausnahme wird genehmigt, da immer Kita-Plätze fehlen.

Um den zwei Ausnahme-Kindern einen für sie reservierten, regulären Garderobenplatz zu bieten, schafft der Waldhort eine kleine

*) anderes Wort für Puschen

Zusatzgarderobe an. Dafür ist im Garderobenraum kein Platz, nie und nimmer. Deshalb steht sie seitdem im Gruppenraum und versperrt den Zugang zum Putzmittelschrank. Manchmal wäre etwas mehr Platz wünschenswert.

Doch zurück zum Alltag.

Kaum sind die Kids im Haus, beginnen sie zu erzählen, was sie gerade auf dem Weg hierher oder im Bus aus Grafing erlebt haben. Da mehrere gleichzeitig auf z.B. Pit einreden, erfährt er in derselben Zeitspanne nicht mehr, sondern eindeutig zu wenig. Trotzdem leiht er ihnen gern sein Ohr und schickt die Kinder, die er gerade nicht versteht, zum Händewaschen.

Die Schulkinder entscheiden selbst, ob sie sofort mit den Hausaufgaben starten oder zunächst einmal spielen. Was es zu essen gibt, steht auf einer kleinen weißen Tafel in Augenhöhe der Kinder. Wer noch nicht lesen kann, fragt die anderen. Die manchmal rätselhaften Bezeichnungen des Mittagessens liegen häufig an krakeliger / unleserlicher Schrift oder der kindlichen Rechtschreibung.

Die Kinder, die nach der 6. Stunde kommen, holen sich entsprechend dem Essplatz-Muster am Eingang zum Gruppenraum Geschirr und Besteck und gehen zu Tisch. Sie sind in der Regel hungrig, daher muss nicht argumentiert werden. Für sie entfällt die Spielzeit, da sonst der Tagesablauf durcheinander gerät und wir zu spät in den Wald aufbrechen.

Diese Regelung ist einem gewissen Wandel unterworfen.

In den ersten Jahren versammeln sich alle Kinder der 4.- und 5.-Stunde zum ersten Mittagstisch, die später Kommenden zum zweiten. Alle sitzen an einem großen Tisch, wir beginnen mit einem mehr oder weniger originellen Spruch wie „Guten Appetit!“ und eine*r aus dem Team liest die Tagesnachrichten (s.u.) vor. Also denen, die zuhören wollen. Die anderen erschweren immer mal wieder das Zuhören. Näheres dazu weiter unten.

Das mit dem Händewaschen gleich nach dem Ankommen hat das Team – zugegeben – konsequent erst mit der Covid-Pandemie eingefordert. Karen war (Leitung – hallo!) dem Team voraus: Sie musste in den Teamsitzungen schon wegen ihrer sprichwörtlichen Konsequenz immer wieder diese kleine Pflicht einfordern, die Kinder auf das Händewaschen hinzuweisen.

Dann bringen die Kinder ihre backsteinschweren Schultaschen in den Hausiraum. Sind dort bereits Kinder bei der Arbeit, gibt es immer ein großes „Hallo!“, was wiederum die Disziplinierungsarbeit der dort aktiven Erwachsenen erfordert. Nicht autoritäres Gehabe, sondern ausschließlich handwerkliches Geschick hilft: Die Schulranzen werden seit 2020 in einem neuen Regal im Gruppenraum gelagert, bis sie zur Erledigung der Hausaufgaben im Hausiraum benötigt werden. Damit die Schulranzen auch wirklich IM Regal landen und nicht irgendwo an dessen Peripherie oder in der Umlaufbahn, dazu bedarf es allerdings pädagogischen Überblicks und ggf. Eingreifens. Denn selbst, wenn der oder die Nächste über einen kreativ gelandeten Schulranzen stolpert und fällt, bleibt der kreativ platzierte Ranzen, wo er gerade liegt, bis zum pädagogischen Eingreifen, also nach Möglichkeit ohne physisches Eingreifen bzw. Handanlegen.

Inhouse-Spiele, Raum der Räume

Waldhortkinder brauchen eigentlich keine Spiele oder Spielsachen. Das gilt uneingeschränkt für die Zeit, die sie draußen verbringen. Drinnen dagegen gelten dieselben Bedingungen wie in herkömmlichen Horten: Die Kinder wollen sich traditionell beschäftigen.

Das weiß Karen schon aus ihrer Hamburger Hortzeit. Deshalb sucht sie gleich nach dem Waldhort-Start 2012 in ihrem Keller nach geeignetem Material und bringt es ein paar Häuser weiter in den Waldhort.

So gibt es von Anfang an Brettspiele, sogar englischsprachige, die noch aus Karens USA-Zeit stammen oder sogar aus ihrer Jugend, und Kinderbücher aller Art. Selbst Sachbücher über Vögel oder Raubtiere und die auf Tastendruck kleine MP3-Dateien mit Tierlauten abspielen, fehlen seitdem nicht im Bücherregal.

Zu den Favoriten zählen Tic-Tac-Toe, für das ein separater Tisch eingerichtet ist, um als Angebot präsent zu sein. Beim Tic-Tac-Toe ziehen die Mädchen Pit regelmäßig ab. Das Schachspiel gibt es in mehreren Größen, eines sogar zum Draußenspielen. Immer wieder steht es fertig aufgebaut auf dem Weg vom Gruppenraum-Eingang zum Esstisch auf einem separaten Tisch. Nur zum Plätzchenbacken wird das Spiel verstaut; auch dies als stiller Impuls. Es wird gleichermaßen von Jungen und Mädchen angenommen und die Kinder machen sich gegenseitig mit den Regeln vertraut.

Überhaupt bestätigen Karen und Pit sich wiederholt, dass die Mär von der schwachen Mathematik-Begabung der Mädchen unhaltbar ist. Elli ist die Einzige, die in der dritten Klasse die Logeleiaufgaben bei den Hausis mit Bravour löst.

„Guck mal, Pit, was ich gebaut habe!“ Stolz präsentiert Martin seinen Turm aus Bauklötzen. Man bedenke: Ein Viertklässler, der zum Schuljahresende aufs Gymnasium wechselt, spielt intensiv mit quaderförmigen Holzklötzen, fordert die Statik heraus, wenn eine nahezu schwebende Verbindung, also eine Brücke in gut 40 cm Höhe, zum zweiten Turm angedockt werden muss. Martin ist natürlich fertig mit seinen Hausaufgaben, doch nun soll er gleich nach draußen.

„Könnt Ihr das stehenlassen? Ich bin erst übermorgen wieder im Waldhort."

Klar, machen wir.

„Ich mach ein Foto", sagt Pit, „das kommt in die Tagesnachrichten!"

Martin ist zufrieden. Er ist auch nicht der einzige Junge, dem das Spiel mit den Holzklötzen Vergnügen bereitet. Andererseits begeistert sich kaum ein Mädchen für dieses Hobby.

Und noch etwas:

Im ersten Waldhortjahr vermacht Karen dem Waldhort zwei mechanische Schreibmaschinen. Sogar die passenden Farbbänder kann sie im Netz bestellen.

Da sitzt nun Fridolin vor einem Exemplar dieser monitorfreien Textverarbeitungssysteme und verfolgt die Wirkung seines Fingers auf den Halbkreis aus Typenarmen. Er probiert die Großbuchstabentaste aus

und sieht, wie das anzuschlagende „P" sich auf den Weg zur Walze macht. Diese Erfahrung können sogar kleinste Geschwisterkinder im Waldhort machen, bevor sie später den Waldhort besuchen.

Die Leseecke ist in ihrer aktuellen Form erst nach der Umgestaltung des Gruppenraums entstanden. Diese Umgestaltung ist ein Paradebeispiel für Partizipation.

Im März 2019 sitzt Karen mit zwei Mädchen im Wald. Alle drei machen sich Gedanken über die Einrichtung des Gruppenraumes. Dazu gibt es einen maßstabsgetreuen Grundriss und ebenso maßstabsgetreue Pappeplättchen für frei bewegliche Tische, Regale und Schränke. Die drei designierten Innenarchitektinnen schieben hin und her, beraten die Folgen der Umgestaltung, verwerfen den Entwurf (sic!) und schieben zurück, denken nach.

Da wird der raumbeherrschende, tonnenschwere Esstisch – auf dem Papier – kurzerhand woanders hin gestellt, der Basteltisch von seinem Fensterplatz in Richtung Küchenzeile verlegt, der offene Schrank mit den Büchern . . . „Wo soll der jetzt hin?" – „Der muss da hin, wo das Sofa steht. Auf dem sitzen wir immer, wenn wir lesen."

Aber es gibt auch Unverrückbares, etwa der Platz mit dem PC und den Team-Ordner-Regalen. Das gibt allein schon die Verkabelung vor. „Der Geschirrschrank muss auch bleiben, der steht da sehr praktisch, genau auf unserem Weg zum Mittagstisch."

Angeregt wurde die Umgestaltung von Katrin, unserer PQB. Das ist unsere Pädagogische Qualitätsbegleitung. Aha!?

Auf einer Veranstaltung der LAGE in Bayern*) wurde ein Projekt zur Verbesserung der Qualität in Kitas angekündigt. Das Pilot-Projekt wurde vom Institut für Frühpädagogik (IFP) finanziert. Karen meldete sich sofort: „Da machen wir mit!"

Seitdem kommt Katrin alle sechs Wochen – mit einer Unterbrechung von einem Jahr – in den Waldhort, um das Team in diesem Sinne zu beraten: Eines Tages stellt sich beispielsweise heraus, dass wir mit der

*) Landesarbeitsgemeinschaft der Elterninitiativen (LAGE)

Funktionsaufteilung des Gruppenraumes nicht so recht zufrieden sind. Irgendwie passen die Verkehrs- nicht zu den Aufenthaltsflächen. Z. B. kommt der Basteltisch, an dem es manchmal hoch her geht, dem Büro einfach zu nahe.

Die Umsetzung der Pläne 2019 findet nicht die ungeteilte Zustimmung des Teams. Das Team muss eine Mehrheitsentscheidung treffen. Mit vereinten Kräften wandert der riesige Esstisch vor das Fenster im Gruppenraum. Fortan fällt die Arbeit am PC tatsächlich etwas leichter, jetzt ist diese Zone nur während des Mittagessens dicht bevölkert.

Doch die Umgestaltung – einzig konstant ist der Wandel – währt nicht lange. Ein Elternpaar spendet uns sechs Seminartische. Für ein hellblaues Sofa hat Karen zu Hause keine Verwendung mehr, ein schwarzer Futon und ein Couchtisch ziehen in den Waldhort. Auf dem kommen neue und alte Brettspiele zum Einsatz. Die einladende Lese- und Spielecke wird bestens angenommen.

Kurz darauf entdeckt Karen in ihrem unerschöpflichen Fundus ein Keyboard. Zugegeben, ein einfaches zwar, aber genau richtig für Kinder, die noch nicht Klavier spielen. Und das Kind, das sich das Klavierspielen gerade selbst beibringt, lässt auch mal den Flohwalzer ertönen, sogar „Für Elise“ wird im Waldhort gespielt.

Ein Terrassentisch, der ursprünglich nahe dem Eingang steht, bekommt eine neue Aufgabe in der Mitte des Gruppenraumes und übernimmt das Tik-Tak-Toe-Spiel.

Nachdem der erste, geschenkte Kickertisch nicht einmal mehr Mindestanforderungen genügt, schafft der Waldhort zu Weihnachten 2021 einen stabileren an. Den packen die Kinder wie ein Geschenk aus.

Einer der Seminartische steht meistens mitten auf der Verkehrsfläche (!) und beherbergt wahlweise ein Schachbrett oder ein Kuchenblech, wenn Plätzchenbacken angesagt war. Er steht da wie ein stummer Impuls.

Seit 2015 bewahren wir die Brettspiele in Fächern unter der Küchentheke auf. So finden die Kinder schnell, was sie suchen, wenn es mal (noch) nicht nach draußen geht. – Allerdings finden die Spiele nach Benutzung nicht immer vollständig zurück.

Durch die Unterfütterung der Theke mit IKEA-Material sind von da an Obst, Knäckebrot, H-Milch, Säfte, Plastikteller und die Snackbox aufgeräumt.

Zum Schuljahr 2021/22 wird eine Kühl-Gefrier-Kombination in den Waldhort geliefert. Das einfache Gefrierfach im alten Kühlschrank kann gerade mal die Kühlpacks beherbergen, echtes Gefriergut lagert seit Jahren in Karens Gefriertruhe zu Hause.

Kurz vor Weihnachten 2022 findet Karen ein Angebot für einen Geschirrspüler (s. Kapitel Mittagessen), das sie und der Kassier nicht ablehnen können. Den Einbau übernehmen muss die Waldhort-Vorsitzende mit ihrem Sohn und dem Kassier, weil der Vater fürs Handwerkliche kurzfristig wegen Krankheit ausfällt.

Mittagessen

Das Mittagessen liefern von Beginn an ein bzw. zwei Catering-Betrieben. Der erste Caterer nennt sich nach seinem Speiseplan „Vegetaria“.

Der ersten Lieferung jeder Woche liegt ein Vordruck bei, auf dem das Essen auf einer Skala von 1 bis 5 bewertet werden soll – unterschieden nach Vor-, Haupt- und Nachspeise. Die Kinder fällen die Urteile und die sind nicht immer schmeichelhaft. Sei es, dass der Wunsch nach Fleisch unerfüllt bleibt, sei es, dass es einfach nicht schmeckt – was immer das konkret bedeutet.

Die Eltern erfahren meist sofort, wenn das Essen nicht schmeckt. Manche nehmen „Proben“ mit nach Hause. Die Erwachsenen schließen sich in der Regel dem Urteil ihrer Kinder an. Sie erwarten wohl einen höheren Standard – für € 4 am Tag incl. Vor- und Nachspeise.

Das Waldhort-Team beendet die Benotung des Mittagessens nach drei Jahren.

In der Tat ist das Essen unterschiedlich, außer montags, da gibt es immer Teigwaren. Dann weiß jede*r, das Wochenende ist vorbei.

Die Pädagog*innen kennen das Herum-Mäkeln am Essen, es ist wohl weltweit zu hören. Wechselt der Waldhort-Vorstand bei ausreichend Mäkeln den Caterer, dann mäkeln eben andere Kinder und deren Eltern. Dagegen helfen nicht einmal Vorstands-Neuwahlen.

Sitzen erstmal alle, soll immer ein Kind sich einen Tischspruch aussuchen. Etwa diesen:

„Jede/r isst so viel er/sie kann, nur nicht seinen Nebenmann.
Und wir nehmens ganz genau: auch nicht seine Nebenfrau.“

Sehr viel Spaß bereitet das Lied

„Wir haben Hunger , Hunger, Hunger
haben Hunger, Hunger, Hunger (wiederholt)
haben Durst

Wenn wir nix kriegen, kriegen, kriegen
ess'n wir Fliegen, Fliegen, Fliegen
von der Wand

Wenn die nicht schmecken, schmecken, schmecken
ess'n wir Schnecken, Schnecken, Schnecken

aus'm Wald

Wenn die nicht reichen, reichen, reichen
ess'n wir Leichen, Leichen, Leichen
aus'm Grab."

Von Anfang an mit leichtem Crescendo, begleitet von rhythmischem Klopfen auf den Tisch, läuft alles auf die letzte Strophe hinaus. Die ist natürlich der Knüller, bei dem wirklich alle mitmachen.

Kinder, die sich für Fingerspiele begeisterten, wählen

„Die Räuber schimpfen sehr: die Teller sind noch leer!
Erstmal mit den Fingern kratzen, kräftig mit dem Popo wackeln
Liebevoll die Bäuche streicheln, über Kreuz die Hände reichen
Zicke, zacke zunger, wir haben großen Hunger!"

Anschließend werden die Tagesnachrichten (s.u.) verlesen.

Es dauert also immer eine ganze Weile, bis man sich endlich nach den Schüsseln strecken kann, um sich Suppe oder Püree, Nudeln etc. auf den Teller zu füllen.

Ein wesentliches Element der Esskultur ist die Selbständigkeit der Schulkinder. Der Anspruch: „Nur, was ich selbst getan habe, habe ich auch gelernt," sehr frei nach Maria Montessori, ist schon immer Basis der pädagogischen Arbeit im Waldhort. So auch beim Mittagessen.

Jedes Kind nimmt sich selbst seine Portion aus den Schüsseln bzw. von den Servier-Tellern, die auf dem Esstisch verteilt sind. Es lernt, seinen Hunger mit der gewählten Portion abzugleichen, würzt vielleicht selbst mit Salz und Pfeffer nach, probiert „ein Löffelchen" von dem, was es nicht kennt oder glaubt, nicht zu mögen. Niemand muss essen. Wer nichts vom Angebot möchte, wird angehalten, die eigene Brotzeitdose nach Brauchbarem zu durchforsten oder steigt auf Knäcke- oder Roggenbrot mit Frischkäse o.ä. um.

Zur Esskultur gehören auch Tischsets und Papierservietten. Manchmal stehen auch ein kleiner Blumentopf und gebastelter Tischschmuck bereit.

Die Esstischstühle überleben nicht lange. Sie weichen praktischeren, weil schmaleren Modellen. Der große Esstisch haucht im Schuljahr 2019/20 sein Leben unter dem Kreischen einer Kreissäge aus und wird ersetzt durch kleine, gespendete Einzeltische und -stühle. Flexibel aufstellbar oder zu einer Tafel für 10 Kinder zusammengestellt, verbessert sich während des Essens die Kommunikation unter den Schulkindern.

Die neue Tischordnung erzwingt eine flexible Bereitstellung der Speisen: Die Kinder kommen zu Tisch, wenn sie es möchten[*)]. Das bedeutet für die unterstützenden Erwachsenen: Sie befüllen möglichst kleine Schüsseln aus den Containern in kurzen Abständen, damit das Essen immer warm auf die Kinderteller gelangt. Da kommt das eigene Mitessen eher zu kurz.

„Ich hab‘ aber keinen Hunger!“ – „Dann komm trotzdem an den Tisch. Wir sitzen mittags zusammen.“ Kurz darauf sitzt das nicht-hungrige Kind und unterhält sich intensiv mit einem anderen. Dann steht es auf, holt sich Teller und Besteck, nimmt sich Kartoffelpüree aus der Schüssel und isst. Die Erwachsenen müssen nichts weiter tun.

Zum Mittagsritual gehört die Frage nach dem Wetter.

Die Werte werden unmittelbar vor dem Mittagessen im Netz abgerufen und auf kleinen Papp-Skalen am Fenster im Gruppenraum notiert. Die Autorin der Tagesnachrichten überträgt sie später in die elektronische Vorlage.

Teller, Besteck und Trinkgefäße bringen die Kinder immer selbst aus der Küche und dem Geschirrschrank zum Tisch, sie versorgen sich mit Wasser, Tee oder – je nach Jahreszeit – Fichtenspitzensirup oder Apfelsaft u.ä. Sollte beim Essen oder Trinken mal was danebengehen, steht ein Eimer mit Spülwasser und Putzlappen bereit.

Nach dem Essen räumt das Kind sein Geschirr und Besteck in den Geschirrspüler. Die Reste auf den Tellern schiebt es selber in den kleinen Eimer für die Küchenabfälle. Das alles sind Aufgaben, die Zuhause nicht immer gelehrt werden. Es dauert in jedem Jahr viele

---

[*)] Ok, nicht ganz. Warten auf einen Freund, der erst nach der nächsten Schulstunde kommt, geht in Ordnung

Wochen, bis die neuen Kinder wissen, wie das geht und es auch tun.

Der erste Geschirrspüler im Waldhort ist ein Sensibelchen. Hat er einmal mit seiner Arbeit begonnen, darf man ihn nicht unterbrechen, um z.B. eine säumige Gabel nachzuladen. Störungen dieser Art quittiert er mit Arbeitsverweigerung. Da er sich nicht auf das Streikrecht berufen kann, wird ihm im Februar 2016 gekündigt. Dreieinhalb Jahre hatten wir Geduld mit ihm.

Weitere sechseinhalb Jahre später muss auch sein Nachfolger, der SN45M539EU, weichen. Er hat sich seinen Wasserversorgungsarm irreparabel gebrochen.

Das neueste Modell hat keinen Besteckkorb mehr, sondern eine Schublade. Die fordert von den Kindern viel Disziplin beim Beschicken. Mal sehen, wie lange die Erwachsenen Lust haben, nachzuräumen.

Obst und Gemüse steht immer in einer Schale nahe dem Esstisch bereit. Das scharfe Messer zum Zerlegen eines Apfels muss sich jedes Kind aus der Besteckschublade holen. Die meisten Kinder wissen nicht mehr, wie man ungeschnittene Äpfel isst.

Nüsse knacken macht Spaß und die Schalen gehören eigentlich in die Abfallschale neben der Nüsseschale. Doch nicht alle Kinder entwickeln Basketball-Talent . . .

Eine Meinung des Vorstands soll nicht verschwiegen werden. Sie wird der pädagogischen Leitung schriftlich mitgeteilt, denn die ist verantwortlich für die Essensbestellung:

> Hallo Karen,
> habe immer wieder das Mittagessen gekostet und euch Rückmeldung gegeben, (gut oder schlecht).
> Ehrlich, wir sind keine Feinschmecker, aber es ist oft wirklich nicht gut. Bio hin oder her, es gibt ständig gefrorene Erbsen oder Mais, der Reis ist kein Vollkornreis, sondern immer normaler, weißer Reis.

> Es gibt keine Auswahl an Süßspeisen wie z.B. Rohrnudeln, Hirseaufläufe etc., sondern, wenn ich eine Süßspeise probiert habe, total versüßter Milchreis mit Kirschen aus dem Glas.
> Nudeln und Tomatensoße am Montag ist ausgereizt, auch die Gemüselasagne mit wieder Erbsen und Mais als Standard überholt..........
> Gestern, Di, ungenießbar: Kartoffelstampf mit Mais, Karotten und Erbsen. Habe auch meinen Mann kosten lassen.
> Heute Mi, wieder weißer Reis, statt Vollkornprodukt.
> Leander ist nicht verwöhnt, aber ich/wir wollen nicht 4 Euro zahlen und am Abend nochmal warm kochen, weil er total hungrig ist. Er probiert ja auch tapfer.
> Wegen uns muss es nicht Bio sein, aber wenn, dann sollten wir einen anderen Anbieter suchen.
> Würde das Thema gerne nochmal ansprechen mit euch und den Eltern.

Nachschlag gibt es von ihr auch:

> Hallo Karen,
> habe heute auch wieder probiert:
> grauenhaft, Tiefkühlspinat statt frischem Spinat, Kartoffelbrei schrecklich und ungewürzt (Packung??) Da pfeif ich, ehrlich gesagt, auf Bio. Gab es wenigstens Eier dazu?
> Ich probiere weiter und möchte diesen Punkt unbedingt auf dem Elternabend ansprechen. Das Essen war keine 1,50 Euro wert.

Nun ja, wenn schon nicht die Eltern so ist das Kind der Vorständinnen durchaus Feinschmecker, nachzulesen im Abschnitt Knatsch 4.

Wahl des Nachmittagsplatzes

Getreu dem Prinzip „Partizipation“ wählen die Schulkinder den Platz, an dem sie den Nachmittag verbringen, in geheimer und allgemeiner Wahl.

Das ist immer schon so. Naja, ein bisschen anders als heute.

„Hast Du schon den Platz gewählt? Nein? Hier ist Dein Muggelstein, kannste gleich nachholen.“ Gewählt wird täglich. Jedes Kind versenkt einen Muggelstein in einem der drei Schuhkartons mit Deckel und Urnenschlitz. Zur Veranschaulichung liegt auf jedem Deckel ein Foto von einem der acht Draußenplätze.

„Nimm das Hügelwäldchen, das habe ich auch genommen.“ Hansi dreht sich nach Klaus um. „Ne, da waren wir erst vorletzte Woche.“ Seine Hand mit dem Muggelstein bewegt sich zum Karton mit dem Foto vom Sonnenplatz. „Nein! Hier, das Hügelwäldchen! Mach schon! Wir wollen doch zusammen das Lager bauen.“

Nachdem alle Entscheidungen entweder selbst getroffen oder der eigene ursprüngliche Wunsch dem gemeinsamen Spiel geopfert ist und alle Steinchen in den Kartons verteilt sind, zählt ein Kind oder ein Mitglied des Waldhort-Teams aus.

„Du, Pit, schau mal, hier sind ganz viele Muggelsteine drin. Ich zähl mal.“ Ungläubig fischt Isolde die Steinchen aus den Boxen. „Hey, 22 Steine beim Hügelwäldchen! So viele Kinder sind doch heute gar nicht gekommen.“ Der Fall ist selten, das Ergebnis einfach unglaubwürdig.

Um nun keine Wähler*innenverzeichnis anlegen zu müssen, integriert das Team Wahlschein und Stimmzettel: Auf jedem der Muggelsteine klebt ein kleiner Streifen mit dem Namen eines Kindes, die Steine sind personalisiert. Jedes Kind hat genau eine Stimme. Hat ein Kind seine Wahl getroffen – egal, ob mit oder ohne Einflüsterung, also wie im erwachsenen Leben – und seinen Stein versenkt, ist der Wahlvorgang abgeschlossen.

Nächstes Thema: Es stehen nicht nur Plätze im Wald oder am Waldrand zur Wahl. Der Favorit einiger Jungen und Mädchen ist in den ersten Jahren unangefochten der Fußballplatz. Gehört der zu den drei vorausgewählten, ist klar, worauf die Wahl fällt, zumal unter Berücksichtigung der oben geschilderten Wahlwerbung.

Ins Team gelangt der Vorschlag: „Der Fußballplatz wird zum Sonderfall. Das Kind, das am aktuellen Tag seinen Geburtstag feiert[*)], sucht während des Mittagessens den Tagesplatz aus." Einstimmig angenommen.

Das hat zur Folge, dass die Abstimmung nicht an der Wahlurne, sondern vom Esstisch aus beeinflusst wird. Sind im Waldhort 30 Kinder angemeldet und feiern 30 Kinder im Laufe des Jahres ihren Geburtstag, gehen es im Schnitt jede Woche einmal zum Bolzplatz.

„Das müssen wir ändern. Wir sind kein Fußballhort!" Schön, das

---

*) Dem Kind backt einer der Erwachsenen dem berühmten Schokostreusel-Ameisenkuchen. Den Gugelhupf nimmt das Kind mit nach Hause. Er ist dekoriert mit einer Serviette, die aus dem Mittelloch ragt, darin steckt ein Tütchen Gummibärchen und ein Schweizer Messer – aus Schokolade.

Team will an den Bedingungen drehen. „Und wenn wir die Kinder fragen? Ihr erinnert Euch: Partizipation! Außerdem hat von uns sowieso keiner eine plausible Idee.“

„Kommt mal zusammen. Wir müssen über den Fußballplatz reden.“ – „???“ – „Wir brauchen Eure Ideen!“.

Die Kinder denken darüber nach, wie der Auftrag zu lösen wäre.

Martin präsentiert schließlich seine Idee, die fast einstimmig angenommen wird: „Bei Vollmond gehen wir auf den Fußballplatz.“- „Und wenn das ein Sonntag ist? Was dann?“ – „Dann gehen wir am Montag hin.“

In den Ferien wird nicht gewählt, sondern mit den Erwachsenen gemeinsam dem Ferienplan entsprechend entscheiden. So fällt im August auf jeden Fall ein Fußball-Tag aus, in den anderen Ferien vielleicht noch der eine oder andere. So kann der Waldhort sein Image retten und die Kinder verbringen mehr Zeit in der Natur und nur selten auf Kunstrasen. „So machen wir das!“

„Gestern haben drei Kinder angefangen, eine große Hütte zu bauen. Sie sind aber nicht fertig geworden. Die wollen heute wieder zur Blätterwelt und weitermachen.“

Wieder wird das Verfahren verfeinert: „Dann ist eben der tägliche Platzwechsel spielpraktisch unpraktisch.

„Aber sind denn heute dieselben Kinder hier, die gestern mit dem Bauen angefangen haben?“ – „Ist das wichtig? Dann müssen die heutigen Bauer*innen eben neue Kräfte hinzuziehen. Die haben bestimmt auch Ideen.“

Ab 2020 gehen wir dazu über, Plätze für eine ganze Woche wählen zu lassen.

Die Wahl findet an zwei Tagen statt, am Montag und am Dienstag. Kinder, die am Montag nicht kommen und deshalb nicht wählen können, holen dies am Dienstag nach.

Ein Zwischenergebnis wird nicht bekanntgegeben. Ok, einzelne

Kinder, die schon mal den Trend erkennen wollen, werfen mehr oder weniger heimlich einen Blick in die Boxen.

Am Dienstag fragen einige: „Wo gehen wir heute hin?“ – „Susanne muss erst auszählen.“ Die hat gefragt, ob sie das übernehmen soll.“ Macht sie auch und checkt anhand der übrig gebliebenen Muggelsteine in der kleinen Box nach Namen von anwesenden Kindern. Denen muss das Wahlrecht nachgetragen werden.

„Diese Woche hat der Sonnenplatz gewonnen!“ Das teilt sie (oder einer der Erwachsenen) den Pädagog*innen draußen im Hof und im Hausiraum mit*). Ein Teil der Gruppe kann sich nun für den Wald fertigmachen und schon mal in den Hof gehen. Wer mit den Hausis noch nicht fertig ist, kommt nach.

Um Wiederholungen zu vermeiden, wird das Bild des gerade gewählten Platzes an eine Leiste über dem Bechertablett gehängt. Der Rest kommt zurück ins Sortiment und steht für die kommende Woche zur Wahl. Immer drei Fotos wählen die Kinder am Montags-Mittagstisch aus. Klingt wie der Vorwahlkampf in USA, ist aber nicht so**).

Die Plätze werden der Rettungsleitstelle gemeldet, natürlich nicht nur mit den Namen, die die Kinder ihnen gegeben haben, sondern mit den dazugehörigen GPS-Koordinaten. Damit wird sichergestellt, dass die Sanitäter*innen uns im Bedarfsfall schnell orten und hoffentlich finden.

---

*) Von Dienstag bis zum darauffolgenden Montag spielen die Kinder am Sonnenplatz. Am Montag wird wieder gewählt für die nächsten fünf Waldhort-Tage.

**) siehe auch den Abschnitt Der Waldhort als Forschungsgegenstand

Hausaufgaben

„Karen! Ich versteh die Aufgabe nicht." – „Ich komme gleich zu Dir. Lies sie erst noch mal in Ruhe durch." Kurze Pause, dann: „Ok, hab' ich jetzt doch schon verstanden. Brauchst nicht zu kommen."

Nach dem Mittagessen geht es montags bis donnerstags direkt zu den Hausaufgaben*). Das gilt nur für alle Kinder, die nach der 6. Schulstunde zum Waldhort gekommen sind. Denn rund eine Stunde später wollen wir nach draußen. Wer früher kommt, kann noch mal spielen, nimmt sich eine Sanduhr, die 15 oder 20 Minuten läuft und hat die Uhr dann auch im Auge. Einige Kinder haben schnell raus, wie man den Sandfluss unterbrechen kann – doch das wissen die Erwachsenen auch. Ist die Zeit verronnen, beginnt eine Stunde Schul-Arbeit im Hausiraum.

Das erste Mobiliar stammt noch aus der Grundschule in Pfaffing, würde jedem Museum zur Ehre gereichen, sieht benutzt aus und ist es auch, wenn auch nicht nur fürs Schreiben und Rechnen, Kaugummis kleben unter der Tischplatte.

Immerhin stehen Tische und Stühle in den erforderlichen, der Körpergröße angepassten Höhen im Hausiraum. Ein paar Jahre später wird es ausgetauscht gegen nicht mehr nur aus Holz gefertigtes Material, ausgemustert aus der Ebersberger Realschule. Das sucht der Hausmeister gegen eine kleine Spende in die Kaffeekasse aus seinem Lager und hilft Pit beim Verladen.

Nachdem Rebecca in die Realschule gewechselt hat, erkennt sie die Möbel sofort, stellt aber auch fest, dass die in ihrem Klassenzimmer weniger Schrammen aufweisen. „Die im Waldhort sind ja auch schon älter."

---

*) freitags werden im Waldhort keine Hausaufgaben betreut. Jedes Kind entscheidet selber, ob es sie an diesem Tag oder am Wochenende zu Hause erledigt. Dadurch kann die Gruppe früher als sonst nach draußen gehen.

Zunächst hängt im Hausiraum eine Menge Deko-Material an den Wänden. Karen bemerkt bald die ablenkende Wirkung und es wird umdekoriert. Die kleinen Girlanden mit dem Alphabet bleiben als Fresko, vier Waldfotos in Plakatgröße kommen an die Wände. Die Fenster zum Hof werden mit Blick- und Sichtschutzfolie beklebt. Wer nämlich mit den Hausaufgaben fertig ist, geht schon mal nach draußen und spielt unter der Blutbuche oder auf dem kleinen Parkplatz im Hof und schaut immer mal wieder durchs Fenster in den Hausaufgaben-, nein, den Lern- und Übungsraum[*)], ob der Freund nicht auch endlich mal kommt.

In den ersten zwei Jahren geht es immer mal wieder rund während der Hausaufgaben. Das liegt sicherlich an der Zusammensetzung des Publikums, also einzelnen Kindern, die nicht nur beim Betreten des Raumes ihren Auftritt zelebrierten, aber auch am Repertoire der Dompteur*sen. Karen sorgt dafür, dass sich die erwachsene Begleiterin effizientere Methoden aneignet als die aus der eigenen Kindheit bekannten, sprich Stimmeinsatz bis zum Fortissimo oder auch Platzverweise.

Seit Karen sich zur Regisseurin der Hausaufgaben erklärt – zur Erleichterung der Kolleg*innen – , ist es deutlich ruhiger, die Kinder arbeiten sehr konzentriert (also 90 %) und es gibt keine Klagen der Eltern mehr wegen unzureichender Akkuratesse in den Heften.

Zu den eher unwirksamen Ermahnungen gehört das Einfordern des „ordentlichen Sitzens“ während des Schreibens.

Die Fortbildung „Keine Macht für niemand“ öffnet besonders Pit die Augen für das übliche erwachsene Argument zur Durchsetzung von Disziplin: „Weil ich das will“. Mehr bleibt meist nicht bei selbstkriti-

*) So nannten wir ihn nach einer Fortbildung, die uns mit vielen Tipps half, den Horror der Kinder vor den Hausis zum dämpfen. Die Umbenennung setzte sich aber nicht durch.

scher Sicht auf das eigene pädagogische Handeln; das Argument ist einfach zu schwach.

Wir stellen fest, dass die Schrift einfacher zu lesen ist, wenn Kinder irgendwie auf dem Stuhl sitzen, knien oder hocken. Klar: Sie müssen sich dann nicht mehr aufs Sitzen konzentrieren, sondern nur noch aufs Schreiben. Den Beweis, dass das Erledigen der Hausaufgaben nicht an eine bestimmte Körperhaltung gebunden ist, hält Karen wiederholt im Bild fest.

Die vermutete Nachfrage nach Stehpulten führt zum Kauf von drei Exemplaren. Um die reißen sich die Kinder im Jahr der Anschaffung geradezu. Das Interesse lässt im Laufe eines Jahres nach, sodass Karen ein Pult für ihre eigene Arbeit im Hausiraum belegen kann.

Seitdem achtet das Team nur noch am Mittagstisch auf „korrektes“ Sitzen. Das verhindert vehementen, körperunterstützten Informationsaustausch unter den Kindern und sogar manches kleine Malheur mit Löffel und Gabel.

Übrigens können Waldhortkinder nahezu überall sogar schriftliche Hausaufgaben erledigen. In wenigen Fällen bedarf es dazu eines Baumstumpfes in brauchbarer Höhe, damit sich das Kind bequem davor hinknien kann. Eine Bank wie oben ist natürlich Luxus pur.

Pädagogische Ziele der Hausaufgaben-Begleitung sind Eigenverantwortung und Selbständigkeit. Unterstützt werden diese Ziele durch eine vier-, später nur noch dreistufige Einschätzungs-Ampel, gebildet aus großen Smileys. Jedes Kind bekommt eine kleine Wäscheklammer mit seinem Namen und heftet sie nach Arbeitsschluss an den zum aktuellen Geschehen passenden Smiley ☺ 😐 ☹. Ist es richtig toll gelaufen mit den Hausis, gibt es zusätzlich einen Super-Stern, den das Kind mit seiner Klammer am 1-er-Smiley ☺ klemmt.

Das Verfahren wird – natürlich – laufend verfeinert. Schnell ist die Willkür der Selbsteinschätzung erkennbar, wenn sie nicht selbst gefundenen Kriterien gegenübergestellt wird.

„Ich habe heute meinen Platz gut vorbereitet, zügig und konzentriert gearbeitet. Hat sogar Spaß gemacht. Es war nämlich alles richtig, also bis auf die eine Rechenaufgabe. Ich musste nicht einmal jemanden fragen."

Wow! Alle fünf Kriterien werden nur selten erfüllt. Bewertet das Kind auch nur vier als erreicht, ist die Vergabe des Super-Sterns gerechtfertigt.

Das System bleibt natürlich nicht, was es einmal ist. Nach etwa 1 ½ Jahren sitzt das Waldhort-Team mal wieder zusammen und beschließt, das Kollektiv einzubeziehen, sodass alle von der gelungenen Hausaufgabe profitieren:

Sind 99 Sterne im Laufe der Zeit vergeben, entscheidet die Gruppe über eine besondere Belohnung für alle Waldhortkinder. Das kann ein

Kinobesuch sein, Baden im Klostersee, Eis-Essen oder Ähnliches. Die Sterne werden an der Innenseite der Tür zum Hausiraum angeheftet, sodass alle täglich sehen können, wie weit es noch bis zum Ziel der 99 Sterne ist.

Zusätzlich kommt ein Formular zum Einsatz, auf dem von den Erwachsenen im Wesentlichen vermerkt wird, wie viel Zeit ein Kind für die Erledigung der Hausaufgaben aufwendet und wie es sich an dem jeweiligen Tag selber einschätzt.

Hausi-Zeit wird in Bayern von Seiten der Schule mit einer Stunde täglich angesetzt. Das gilt angeblich nicht für die erste Jahrgangsstufe. In der Praxis fallen manchmal 10 Minuten, manchmal 90 an. Das hängt nicht allein von der Menge der Aufgaben oder der kindlichen Begabung ab. Die Tagesform der Kinder spielt eine Rolle, manchmal auch das fehlende Verständnis der gestellten Aufgabe bei den Erwachsenen. Nach maximal 1½ Stunden ist jedenfalls Schluss, dann muss der Rest entweder zu Hause erledigt oder der Lehrkraft entsprechend gemeldet werden, dass es zu viel bzw. zu schwer war.

Es gib Tage, da muss gerade Pit sich über die Arbeit der Lehrkraft echauffieren. Das tut Pit ja ganz gern. Das passiert immer dann, wenn er ein Arbeitsblatt in die Finger kriegt, das die Lehrerin*) erstellt (kopiert) hat und dafür eigentlich kein Gehalt beziehen darf.

Im unten dokumentierten Fall sollen die Kinder Geldbeträge anhand von Münz-Bildern zusammenzählen. Das sieht im Jahr 2017 dann so aus:

 =

 =

*) Lehrer gibt es bis 2023 in der Ebersberger Grundschule nicht

Die Kopie ist selbstverständlich nicht so gut lesbar wie hier zu sehen, denn das ist ja eine Kopie einer Kopie einer Kopie.

Doch es ist eindeutig ersichtlich, dass es sich um eine Fremdwährung handelt. Entsprechend fragen die Kinder Pit, aus welchem Land denn das Geld kommt.

Nur kurz ins Grübeln kommen die Kinder, wenn sie auf den Schwarz-Weiß-Kopien die „blauen Wörter einkreisen und die roten unterstreichen" sollen. Dafür tippen sie sich an die Stirn.

Ein Mathe-Arbeitsblatt stört sogar mehrfach den abendlichen Familienfrieden. Pit teilt den Eltern beim Abholen mit, dass nicht nur das Kind, sondern auch er bei einer Aufgabe gescheitert ist. Daraufhin wächst der Ehrgeiz der Eltern nach dem Abendessen und endet in Frustration. Die Aufgabe erweist sich durch einen Zahlendreher als nicht lösbar. Das Blatt ist seit sieben Jahren im Einsatz.

Bei derartigen Anforderungen helfen keine Abakusse, weder große bis 10x10 Kugeln noch kleine für den Zahlenraum bis 20. Karen entdeckt geometrische, dreidimensionale Figuren (Kegel, Zylinder etc.) im Netz und besorgt sie zur Freude – besser wohl: Erleichterung – der Drittklässler*innen für den Waldhort.

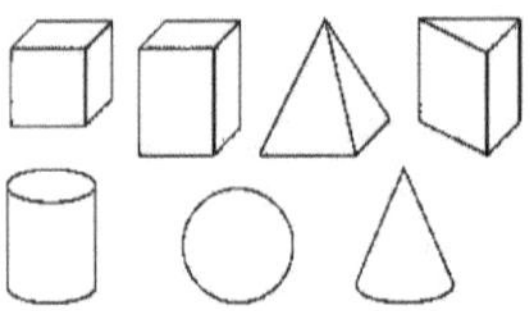

Die Anschaffung zahlt sich bei allen Beteiligten bis ins hohe Erwachsenenalter aus, wenn es gilt, solche Zeichnungen zu entschlüsseln bzw. die Elemente mehrreihiger Würfelstapel auszuzählen. Da helfen übrigens auch DUPLO-Steine von Karens Sohn, auch wenn sie schon über 30 Jahre nicht in Betriebs sind.

Der Waldhort als kleine Einrichtung fast von der Größe einer Familie eint unter seinem Dach Kinder aus mehreren Schulen und Altersstufen. Das ist Voraussetzung, dass im Laufe der Jahre Kinder (nicht nur) bei den Hausaufgaben andere Kinder unterstützten.

Ist ein Kind fertig, übernimmt es häufig die Erstkorrektur der Hausaufgaben z.B. einer Freundin. Kann Pit eine Aufgabe nicht erklären, erklärt eben ein Kind – oder es sagt: „Lass Dir das von Karen erklären, Pit kann das nicht so gut."

Im Rahmen eines Philosophischen Kreises bemerkt ein Kind zum Unterschied zwischen Waldhort und Schule: „Wenn ich etwas in der Schule nicht verstanden habe, brauch ich die Lehrerin gar nicht erst zu fragen. Die hat keine Zeit. Im Waldhort kann ich nachfragen und Karen erklärt es mir."

Hausaufgaben sind auch im Waldhort immer wieder ein Anlass zu Klagen: „Ich habe keine Lust mehr." – „Ich brauche eine Pause." Was sich über die Jahre ändert, ist der Zeitraum, innerhalb dessen die Kinder den Spaß am Lernen einbüßen. „Jetzt schafft es die Schule, dass die Kinder bereits nach sechs Wochen sagen: ‚Schule ist doof.' ‚Schule ist langweilig.' Dazu benötigten die Lehrkräfte vor ein paar Jahren noch bis zum Ende der ersten Klasse. Heute bekommen sie das viel schneller hin. Ist das ihre Kernkompetenz?

Während einige Kinder ihre Hausaufgaben erledigen, halten sich andere draußen oder im Gruppenraum auf. Ein*e Erwachsene*r räumt nach dem Mittagessen in der Küche, so sind die Kinder drinnen immer unter Aufsicht.

Manchmal wird es im Gruppenraum zu laut. Dann geht die Tür vom Hausiraum auf und es tönt: „Hallo!!! Es ist zu laut! Die Kinder hier beschweren sich!"

Damit die Kinder den Lärm weitgehend selber in den Griff bekommen, schafft Karen eine Lärmampel an. Die gibt Töne von sich, wenn z.B. die Begeisterung beim Kickerspiel überhandnimmt. Kurz nach ihrer Einführung geht die Geschichte erstmal nach hinten los, denn den Pieps-Alarm auszulösen hat ja auch seinen Reiz.

Wenn es denn trotz allem zu wild im Gruppenraum wird, läutet der

Küchendienst die große Kuhglocke und fordert alle auf, sich für den Wald anzuziehen und im Waldhort-Hof weiterzuspielen. Da gibt es Luft und Raum und man darf auch rennen, klettern, schreien, na, was Kinder eben brauchen.

Nicht nur im Hausiraum gelten Regeln. Auch für den Kletterbaum gilt eine Regel, an deren Entstehung die Kinder nicht beteiligt werden, deren Umsetzung sie trotzdem wechselseitig immer wieder einklagen: Die Drei-Meter-Grenze. Höher als drei Meter (Fuß über Boden) darf nicht geklettert werden.

Diese Grenze stammt aus Versicherungskreisen. Sie widerspricht der psychologischen Erkenntnis, dass jeder Mensch seine individuelle Risikobereitschaft entwickelt. Aufs Klettern bezogen: Kein Kind wagt sich über den Ich-fühle-mich-sicher-Punkt hinaus. Darüber wird u.a. im Buch „Risikospiel“ berichtet.

Waldhortkinder kennen ihre Risikogrenze vermutlich sehr genau, besser als Kinder, die selten Gelegenheit zum Risikospiel haben, wenn sie im Haus betreut werden.

Andererseits konkurrieren Schulkinder, besonders Jungen. Da kommt es vielleicht auch mal zu Situationen, in denen Klaus unbedingt höher als Gustav klettern will.

Ehrlich gesagt und empirisch belegt: Jene Kinder, die die drei-Meter-Grenze überschreiten, werden sofort von den anderen zurückgepfiffen. Sie wehren sich gegen die Abmahnung, fügen sich aber grummelnd, sobald eines der Kinder einen Erwachsenen zu Hilfe holt.

An der Blutbuche kennen die Kinder den Ast, der drei Meter über dem Boden vom Stamm abzweigt. Um die Grenze auch im Wald einhalten zu können, liegt im Erwachsenen-Rucksack immer ein drei-Meter-Seil bereit, mit dem die Höhe gemessen werden kann. Leider gibt es im Wald wenige Bäume, die einen mindestens hüftbreiten Stamm und Äste in Kletter-Starthöhe aufweisen.

Nach draußen

Gonnnng! Gonnnng! „Letzte Gelegenheit, auf die Toilette zu gehen!“ So schallt Pit über den Waldhorthof.

Die Klangschale und Pits Ruf hören auch die Kinder im Gruppenraum.

Das erste Anschlagen – Gonnnng! – soll nur signalisieren, dass sich die Kinder mental darauf einstimmen, sich waldfertig umzuziehen und demnächst in den Wald zu gehen. „Wohin gehen wir heute?“ – „Diese Woche sind wir am Hügelwäldchen, haben wir doch abgestimmt.“ – „Bäh, das ist doof.“ – „Naja, waren eben mehr Kinder dafür.“ – „Ich wollte auf den Fußballplatz.“ – „Aber es ist doch gar nicht Vollmond!“ – „Trotzdem.“

Der zweite Gong ertönt. Auf den Toilettengang verzichten jene Kinder, die ausreichend Erfahrung mit dem Pieseln ohne Toilette haben.

Ungefähr fünf Minuten später der dritte Gong: Gonnnng! Gonnnng! Gonnnng!

Beim dritten Glockenschlag bilden alle Kinder im Hof einen Kreis. Der genügt selten den geometrischen Idealvorstellungen und nicht alle Kinder haben die Aufforderung vernommen (bzw. erinnern sich nicht, ob es nicht doch erst zwei Schläge waren). Der Aufruf erfüllt nach wenigen „Ermahnungen“ seinen Zweck: Wir müssen feststellen, wie viele Kinder heute in den Wald gehen und welche davon in einer ersten Runde das Material tragen bzw. ziehen: Den Bollerwagen, den Keeper, die Wasser- und Teekannen, die Snackbox.

Haben sich endlich alle Kinder versammelt und unterbrechen die Rangeleien in ihren Reihen, geht ein künstlerisch verzierter Zählstab von Hand zu Hand. Immer wenn ein Kind den Zählstab übernimmt, sagt es laut eine Zahl in die Runde: „1!“ – „2!“ – . . . – „15!“. Das klappt in der Regel. Nur wenn die Rangeleien noch andauern, geht ein Zählelement verloren. In diesem Fall ermahnen die Kinder einander, also jene, die endlich in den Wald wollen: „Manno! Pass doch auf! Wir wollen los!“ Es startet ein neuer Versuch.

Um das Verfahren, das ja eigentlich lästig ist, zu beschleunigen, setzt Pit ein paar Mal sein Handy ein, nachdem er erkannt hat, dass sein Handy eine Stoppuhrfunktion hat. Die Losung: „Schaffen wir es heute, mit 15 Kindern in 12 Sekunden durchzuzählen?“ Angesagter Wettbewerb stoppt (in der Regel) alle Rangeleien und Unaufmerksamkeiten.

Dass es zu Beginn eines Schuljahres Erstklässler*innen gibt, die beim Zählen unter Stress geraten, muss Karen ihrem Mitarbeiter erstmal aufs Radar schicken.

Ist die Anzahl der Kinder festgestellt, werden die Transportaufgaben verteilt. „Wer übernimmt den Bollerwagen?“ Karla und Mechthild melden sich. „Den Keeper?“ Das ist ein Hackenporsche, in dem das Wasser zum Händewaschen, die Lavaerde (pulverige Naturseife) und die Papierhandtücher befördert werden. Die Meldung kommt mal zäh, mal schnell. Es gibt Kinder, denen geht das alles zu langsam. Klaus: „Dann übernehm‘ ich eben den Keeper.“ Ist das häufig der Fall, lernt die sich ausschweigende Mehrheit daraus, dass Klaus sowieso den Bollerwagen nimmt. So ist das aber im pädagogischen Konzept nicht vorgesehen, deshalb greifen die Erwachsenen lenkend ein.

„Ist alles verteilt? Dann los! Nächster Halt: Stromhäuschen!“ Der Lindwurm verlässt sowohl rennend als auch schleppend, je nach Temperament und Gesprächsintensität den Waldhort-Hof.

„Hannes, Du brauchst noch ein Cappie!“ – „Ich hab‘ doch ’ne Jacke mit Kapuze!“ Eigentlich hätte diese Aufforderung schon im Zählkreis fallen müssen. Da war Pits Aufmerksamkeit wohl zu sehr bei der Stoppuhr. „Ist ok."

Am Stromhäuschen zieht sich der Lindwurm wieder zusammen und kommt zum Stehen.

„Können wir weiter?" – Maggy schaut auf die Fahrbahn, erst nach rechts, dann nach links, noch mal nach rechts. Manchmal wirkt diese kleine Verkehrsübung wie heftiges Kopfschütteln. „Es geht los! Nächster Halt: Friedrich Jahn!" – „Ihr wisst ja: Jede und jeder schaut selber noch mal nach den Autos!" Aber da sind die meisten schon auf der anderen Seite der kleinen Straße.

Unter der bärtigen Büste des Turnvaters versammeln sich noch einmal alle. „Da hinten kommen Elli und Silke!" Die beiden Mädchen sind fertig mit den Hausis und kommen über den Parkplatz gerannt zum Friedrich Jahn.

„Ich will wechseln! Nimm Du die Teekanne!" – „Ok!"

„Haben alle gewechselt? Können wir weiter?" – „Ich will nicht wechseln. Ich zieh den Keeper bis oben, dann muss ich auf dem Rückweg nichts mehr tragen." Ulli kennt die Trage-Regeln.

„Nächster Halt: Waldkindergarten!"

„Ich gehe den Geheimweg!" – „Ich auch!" Dafür verlassen die Kinder die Straße und klettern den Hang hinauf bis zu den (sehr) alten Tennisplätzen. Dort gehen sie im Gänsemarsch zwischen Zaun und Gestrüpp entlang in Richtung Sportpark.

Am Ende des Geheimwegs lauert Pit auf der anderen Straßenseite und gibt den Verkehrspolizisten, der sie ermahnt, „zuerst nach rechts und dann nach links zu schauen, bevor sie die Straße überqueren."

Vorbei an den Sportanlagen rennen und trotten die Kinder bis zum Waldrand. Hier teilen sich die Wegstrecken zu den Nachmittagsplätzen, wir sind im Wald.

Draußen

Die Waldhort-Nachmittags-Plätze liegen nicht direkt vor der Haustür, bis auf einen. Um den Lagerplatz zu erreichen, müssen wir nicht einmal zum Stromhäuschen, nur einfach die Sackgasse, an deren Ende der Waldhort sein festes Gebäude hat, überqueren. Doch da stellt sich schon 2013 heraus, dass die Eigentumsverhältnisse nicht passen. Wir haben von der Stadt Ebersberg und der untere Naturschutzbehörde grundsätzlich die Erlaubnis, den Gemeindewald für unsere Zwecke zu nutzen. Wenn wir uns gewerbsmäßig wiederholt und nicht nur zum Durchqueren eines Waldstücks in Privatbesitz aufhalten, müssen wir das mit den Waldbesitzern abklären.

Nun haben alle Waldbesitzer*innen ein ökonomisches Nutzungsinteresse, jedoch wenig Bock darauf, ständig Bedrohungen durch herabfallendes Totholz zu sichten und zu beseitigen. Die schlichte Wahrscheinlichkeit, dass uns etwas auf den Kopf fällt, wenn wir mehrere Stunden und eine ganze Woche an ein und demselben Platz verbringen, ist ungleich höher als wenn wir nur gelegentlich mal durchlaufen. Solche Risiken sind von der Waldbesitzer-Versicherung gedeckt, nicht aber unser Aufenthaltsverhalten (tolles Wort).

Ein weiterer Platz, dessen fantastischer Kletterbaum dem Areal seinen Namen gab, meiden wir inzwischen, weil diese riesige Pflanze schon ins hohe Rentenalter gekommen ist. Die Gefahr, dass der Buche mal eben und blitzschnell ein Ast bricht und die darauf kletternden Kinder zu Schaden kommen, kann uns in Teufels Küche bringen. Denn wir wissen um die Gefahr, das ist nicht zu leugnen: 2018 hat uns ein Profi von „Gesetze der Natur“ belehrt. Er lief mit uns über alle Nachmittagsplätze und begutachtete die Waldsicherheit.

Der Moosplatz im Privatwald wird genau aus diesen Gründen nur zum Feiern des Lichterfestes angesteuert, denn das findet höchstens einmal jährlich dort statt.

Der mit einfachen Liegen und einer größeren Liegefläche ausgestattete Meditationsplatz verliert an Reiz, weil die Meditationsobjekte nach wenigen Jahren von der Gemeinde wegen Holzverfalls (altersbedingt) abgebaut wurden.

Die Plätze mit Namen Blättergitter, Fischerbrücke und Jägerhütte werden von den Kindern umgetauft, nachdem die namengebenden Bauten[*)] entfernt sind. Seitdem gehen wir zur Blätterwelt, denn das Gitter gibt es nicht mehr. Doch nach wie vor stehen dort viele Laub- und wenige Nadelbäume. Den Baumumfallplatz wählen die Kinder zum Hüttenbau.

Die Jägerhütte ist dem Vergessen anheimgegeben, die Erinnerung wächst buchstäblich mit dem Altern der Waldhortkinder aus dem kollektiven Gedächtnis raus.

Zu allen offiziellen Plätzen gehen wir zwischen 10 und 20 Minuten, davon die meiste Zeit durch den Wald, aber eben auch eine kurze Strecke auf einer von eiligen Eltern von Fußballvereinskindern befahrenen Straße ohne Gehweg. Das stärkt bislang täglich unser Verkehrssicherheitsbewusstsein (schon so wieder ein Wortlindwurm) und lässt uns das „wir gehen immer auf der linken Seite“ [der Fahrbahn] fest in die Hirne der Kinder hämmern. Frische Waldhortkinder widersprechen dieser sinnvollen und StVO-konformen Anweisung unter Berufung auf die Lehrerin oder die Eltern.

Allen Plätzen gemeinsam ist die mehr oder weniger lange Anreise. Die wird zum miteinander Quatschen genutzt. Besonders die älteren Mädchen genießen es, für die Besprechung ihrer Themen auf Abstand zur Gruppe zu gehen. Das ist nachvollziehbar, aber eigentlich müssen an den Halte- und Wechsel-

*) als da sind: ein Gitter, in dem Blätter über Jahre gesammelt wurden, um den Verfallsprozess sichtbar zu machen; eine kleine morsche Brücke auf einem Wanderweg, die beseitigt wurde, nachdem der Wanderweg durch gefällte Bäume gesperrt wurde und eine für uns günstige Schutzhütte, deren Tragpfeiler nicht mehr trugen.

punkten immer alle zusammenkommen.

„Ich will wechseln!“ Kinder, die eine Transportaufgabe übernommen haben, können an den Wechselpunkten ein anderes Kind auffordern, die Last zu übernehmen. Grundsätzlich gibt es da kein Verweigerungsrecht. Nur wer selber gerade erst z.B. die Snackbox oder die Wasserkanne abgegeben hat, genießt eine Auszeit.

Friderike und Susanne gehören zu den Großen. Sie sind gut befreundet und haben eine Menge zu bereden. Und sie bilden immer das Schlusslicht. Dadurch übernehmen sie sehr selten Transportaufgaben. „Da ist unfair! Die müssen nie was tragen!“ findet Robert. Die Beschwerde ist nicht von der Hand zu weisen. Was tun?

„Wir brauchen bessere Regeln für das Tragen!“ Die Kinder bemühen sich gleich vor Ort, es entspinnt sich eine sehr rege Debatte, aber leider ohne tragfähige Lösung - auch eine wichtige Erfahrung im Rahmen der Demokratie-Erziehung.

„Wer räumt die Werkzeugtasche aus?“ Aufgabenverteilung nach der Transportarbeit: Auf einer gelben Wachsdecke sieht man die Umrisse der einzelnen Werkzeuge, die in der schwarzen Hebammentasche verstaut sind: Ein Kind verteilt die Sägen, Raspeln, Lupen, Hämmer, Schäufelchen, Schutzbrillen und Zangen auf ihre Plätze auf der Decke. Daneben stellt es das schwarze Kästchen mit den Karteikarten. Die

Fotos auf den Karteikarten darin zeigen jedes Werkzeug.

„Ich brauch eine Klappsäge!“ Annegret schnappt sich die Säge von der gelben Matte und will damit losziehen.

„Halt!“ Das kommt (natürlich) von Karen. „Erst eintragen!“

„Aber ich brauch sie nur kurz!“ erwidert Annegret.

„Wenn Du hier direkt am Bollerwagen bleibst, ist das ok. Wenn Du weiter weg gehst, musst Du Dich eintragen. Ist eine Waldhortregel.“

Diese Regel wird – wie eigentlich alle im Waldhort – gemeinsam mit den Kindern entwickelt. Sie wird notwendig, nachdem immer wieder Werkzeug im Wald bleibt, weil, nun ja …

„Such das Foto von der Säge, schreib auf die Rückseite Deinen Namen und leg die Karte in das durchsichtige Kästchen.“ Wenig begeistert holt Annegret den dicken Buntstift aus dem zweiten Karteikästchen. Nachdem die Pflicht erfüllt ist, zieht sie los.

Der Rest der Gruppe verstreut sich in alle Himmelsrichtungen. Laura spricht von ihrer Vermutung, dass die Plätze erstaunlich unterschiedliche Aktivitäten bei den Schulkindern provozieren.

Das ist zweifellos der Fall. Für den Hüttenbau braucht man Bruchholz, das vorwiegend von Laubbäumen geliefert wird. Das funktioniert bestens an der Blätterwelt.

Die Hexenhütte samt Toteisloch lädt ein, die Gummistiefel auf ihre Wassertauglichkeit zu checken, die Hütte selber zum Verstecken und Erschrecken oder als Schutzmal beim Fangsti-Spielen.

Beim Baumwäldchen und am oberen Teil des Schlittenberges zerfällt die Gruppe immer in genau die zwei Teile, die die Natur vorgibt. Das Hügelwäldchen bietet den schnitzenden Kindern eine Sitzrunde aus Baumstümpfen, die Turner*innen gehen zu den Reckstangen und die Fangsti-Kinder genießen die Weitläufigkeit und den lockeren Baumbestand.

Die Kletter-Begeisterten genießen den Hang mit den gefällten Baumriesen am Baumumfallplatz und die Turner*innen die Schaukelringe.

Der Schlittenberg wird ab der ersten Schneeflocke gewählt, auch wenn noch kein Schlitten vor der Tür steht. Doch der Waldhort bietet ja eine ausreichende Zahl an Popo-Rutschern.

Am Sonnenplatz genießen die Erwachsenen den Blick auf das Alpenpanorama, die Kinder bevorzugen Schafe und eine einsame Ziege auf der Weide unten am Hang, einen kleinen Kletterbaum und ein Büsche-Dickicht, in dem man sein Lager errichten kann oder eine Sitzbank für nicht fertiggestellte Hausaufgaben (s.o.) und einen tiefen Waldrand zum Verstecken.

Bleibt noch das Matschloch. Nun, da spricht der Name für sich.

Besondere Bedeutung erlangt dieser Platz jeweils am 29. Juni, dem International Mud Day. Dieser Tag ist ein Festtag für den Waldhort: Die Bäume bekommen Matschgesichter, die Kinder kehren mit matschigen Haaren zum Waldhort-Gebäude zurück und selbst Pits Gesicht ist nicht wiederzuerkennen: Er sieht nicht aus wie ein Waldschrat, er ist einer!

„Haben wir die Schnitzmesser dabei?“ Am häufigsten beschäftigen sich die Kinder im Sitzkreis des Waldkindergartens*) nicht mit dem Wolfsgeheul, sondern sitzen stillversunken irgendwo und schnitzen. Bis sie ihren Schnitzmesser-Führerschein erworben haben, besitzen die Kids noch kein eigenes Opinel-Messer, also eines mit ihren Initialen beschriftetes. Bis dahin können sie sich eines der zwei Waldhort-Schnitzmesser leihen. Da es nur zwei gibt, sind die meisten Kinder motiviert, den Führerschein sehr früh zu erwerben.

Die Prüfung besteht aus zwei Teilen. Zunächst muss ein kleiner Ast mit dem Waldhort-Schnitzmesser so gestaltet werden, dass er dem Aussehen eines Schnitzmesser ähnelt. Ist diese Aufgabe erfüllt, sind ein paar Fragen zu beantworten, die sich auf wichtige Regeln beim Schnitzen beziehen, also die Schnitzmesserbenutzungsordnung, kurz SmBO. Der Fragebogen umfasst u.a. eine kleine Baum-Materialkunde, damit klar ist, welches Holz geeignet ist, von Kinderhänden mit Opinel-Messern bearbeitet zu werden.

Nach bestandener Prüfung wird der Führerschein samt Lichtbild, Stempel und Unterschrift ausgestellt, das Wunsch-Farbe-Opinel überreicht und der Führerschein mit dem Gesellenstück im Waldhort-Gruppenraum an der Deckenlampe aufgehängt. „Mittlerweile baumeln da mindestens 50 Exemplare mitten im Raum. Jedes Mal, wenn Pit von der Küche zur

*) Der Waldkindergarten schließt gegen 14:30 h. Vorher kommen wir selten dort vorbei und dürfen deshalb den Sitzkreis und bei Starkregen auch die Schutzplane vor dem Bauwagen nutzen.

Leseecke oder zum Tik-Tak-Toe-Tisch geht, rennt er dagegen. „Müssen die genau in meinem Laufweg hängen?“ Pit meinte neulich, das sei ja fast ein Kündigungsgrund für alle Menschen über einsachtzig*). Eine weitere Falle für den Kopf großer Menschen: Für jedes Kind mit direktem oder indirektem Migrationshintergrund hängt eine Karteikarte mit der passenden Nationalflagge von der Decke. Auf der Rückseite steht der Name des Kindes.

Der Name jedes Kindes, das selbst nicht in Deutschland geboren wurde, wird auf seiner Nationalflagge notiert. Indirekter Migrationshintergrund ist gemeint, wenn Eltern oder Großeltern nicht in Deutschland geboren sind.

Inzwischen müssen wir nur selten eine Flagge hinzufügen, auf vielen Karten steht schon mehr als ein Name**).

Am Nachmittag gibt es während der letzten Draußen-Stunde den Snack. Zu dieser kleinen Zwischenmalzeit trafen sich ursprünglich alle Kinder, setzen sich mit ihren Sitzkissen auf den Waldboden und knabbern Karotten, Apfel-Schiffchen, Knäckebrot oder Maiswaffeln, Paprika oder Kohlrabi. Im dritten Jahr gab es Überlegungen im Team, ob denn immer alle Kinder kommen müssen. Nicht alle Kinder haben Appetit, wenn die Erwachsenen zum „Snack gibt’s!!!“ riefen. Manche sind noch ins Spiel vertieft.

---

*) Dies war nicht der Grund, weshalb er 2023 ausschied.

**) Eigentlich sollte dort auch die deutsche Fahne hängen, wenn neben den Staatsgrenzen die Entfernung von Ebersberg ein Migrations-Kriterium bildet: Zwischen Ebersberg und Hamburg, wo Karen und Pit aufgewachsen sind, liegen 650 km (Luftlinie). Lassen wir die Luftlinie um Ebersberg kreisen, reicht die Spitze der Linie bis Brüssel, Rom, Budapest, Bratislava, Sarajewo und Krakau. Bestreichen wir mit der Linie die Europäische Landkarte, sind die Schweiz, Liechtenstein und Luxemburg, Österreich, Tschechien, Slowenien und Kroatien auch nicht weiter entfernt.

Die Snackpflicht kann ja die Ursache für immer größere Unruhe sein, die von den Nicht-Snacklern ausgeht, wenn sie widerwillig im Kreis am Boden sitzen. Was wäre denn eigentlich zu befürchten, wenn die Teilnahme am Snack freiwillig wäre? „Da würde uns aber eine gemeinsame Zeit verloren gehen. Und gemeinsam eingenommene Mahlzeiten sind wichtig."

Diese Überlegungen finden statt, als es noch zwei fest-terminierte Mittagstische gibt, der Gedanke an gemeinsames Essen also durchaus lebendig.

„Aber wer hat denn ein Interesse daran, dass immer alle zum Snack kommen?" Da war es wieder: Das Thema „Keine Macht für niemand!".

Die Angelegenheit landet in der wöchentlichen Teamsitzung. „Nach eingehender Beratung ergeht folgender Beschluss[*)]": Snackteilnahme ist freiwillig. Ausnahme: Geburtstags- und Abschiedsfeiern.

Die Zwanglos-Regelung findet später auch Eingang in die letzte Strophe des Snacklieds (Melodie: Gemüseball):

Wenn es Snack gibt, heulen wir wie ein Rudel Wölfe.
Wer schnippelt denn die Paprika? Das wär' 'ne große Hilfe.
Tralala tralala wie ein Rudel Wölfe
Tralala tralala wär' 'ne große Hilfe.

Händewaschen müssen wir mit Wasser und mit Seife,
die Handtücher sind aus Papier, komm'n nachher in'n Beutel.

Zum Snack servier'n wir Früchtetee, dann Zwieback und Tomaten.
Was es heut' zum Nachtisch gibt? Ihr werdet's nicht erraten!

Wer nicht will, der kommt auch nicht. Keiner wird gezwungen,
kann mit den Freundin'n weiterbau'n. Das Tipi wird gelingen.

[*)] Sprachregelung in Protokollen von Stadtratssitzungen

Das Lied wird nicht immer gesungen, aber ganz bestimmt, wenn Pit dabei ist.

„Ich finde auch das laute Rufen zum Snack unpassend,“ sagt Karen eines Tages und bestellt eine Vogelpfeife. Das ist so etwas wie eine Hundepfeife, nur dass der Klang sich am Zwitschern orientiert*).

Die Pfeife kommt nur kurze Zeit zum Einsatz, denn entweder reicht der Schall nicht weit genug oder die Erwachsenen vergessen, sie mitzunehmen – und sie geht letztendlich verloren.

Was jetzt tun? Wieder brüllen?

Die Kinder erfinden das Wolfsgeheul. Ein Kinderrudel, gebildet aus den gerade anwesenden Kids, stimmt mit Laura ein beängstigend echt klingendes Heulen an, wenn die Zeit zum Snack gekommen ist. Das findet die Zustimmung aller Beteiligten. Es wird seitdem auch zum abendlichen Aufbruch geheult, wenn der Lindwurm in den Waldhort zurückkehrt.

„Wer räumt die Werkzeugtasche und den Bollerwagen ein?“ Pit kann keine Freiwilligen ausmachen.

Mit dieser Frage ergeht es Klaus ähnlich wie mit dem Tragen der Wasserkannen usw. Im Oktober 2021 landet sie über das Beanstandungsbuch im Team: „Die großen Kinder helfen selten beim Werkzeug-Aus- und Einräumen. Meistens müssen es jüngere Kinder machen.“. Sein Vorschlag: „Die Kinder besprechen das Problem und finden gemeinsam eine Lösung.“

Nachdem das während der ersten Jahre immer wieder der Fall ist und die Erwachsenen keine Lust haben, ein Kind zu bestimmen oder gar selber Hand anzulegen, kommt von den Kindern die Idee mit den Muggelsteinen auf. Muggelsteine kennen die Kinder bereits von der Wahl der Nachmittagsplätze.

---

*) ok, eine Hundepfeife bellt auch nicht.

Seitdem reist eine kleine Metalldose mit namentlich gekennzeichneten Glassteinchen im Bollerwagen mit. Luis fischt aus dieser Dose „Augen zu!“ unter Aufsicht einen Stein und ruft den Namen des Kindes, dass den Einräumjob übernehmen soll: „Daniela!“ – „Die ist heute nicht da!“ Luis fischt den nächsten: „Hans!“ Hans geht zur gelben Matte, schaut in das transparente Karteikästchen, nimmt die einzige Karte heraus, dreht sie um und ruft: „Annegret! Du hast noch die Säge!“ – „Nein, die hab‘ ich Lenny gegeben.“ Das ist Hans egal: „Dein Name steht auf der Karte. Also musst Du die Säge bringen.“ Zum Glück meldet Lenny sich: „Oh, die liegt noch da hinten. Ich hol‘ sie.“ Geht, holt die Säge und legt sie auf die gelbe Wachsdecke. Jetzt ist die Decke vollständig mit Werkzeug belegt. „Was ist mit der Karteikarte?“ Annegret kommt, nimmt die Karte, löscht mit ihrem Daumen reibend über die Rückseite und legt die Karte zurück. „Hey! Die Karte gehört in das schwarze Kästchen!“ – „Keine Lust.“

Hans ist kooperativ und nimmt ihr diesen letzten Prozessschritt ab.[*)] Er will zurück zum Waldhort, das dauert ihm eigentlich alles schon zu lange.

Auch auf dem Rückweg werden wieder die Transportaufträge verteilt, ganz nach den Regeln, die sich die Kinder dafür gegeben haben. Allerdings werden manche Kinder heute schon früher abgeholt oder sind vorzeitig runter zum Sportplatz zum Fußballtraining gegangen. Dadurch stehen weniger helfende Hände zur Verfügung. Doch nein! „Friderike und Susanne! Ihr habt auf dem Hinweg nichts getragen. Ihr nehmt den Keeper“, ruft Hans. Na also, geht doch.

[*)] So läuft das im Idealfall. Wenn die Pädagog*innen das Systems für die Neuen einführen, „dürfen“ die Alten auch zuhören. Der Prozess wird noch mal ins Gedächtnis gerufen. Sie kennen den. Doch jetzt hilft es nichts, zu sagen „Hab‘ ich vergessen.“ – Auch das ist ein Idealfall.

Erlebnisse draußen gibt es viele. Doch an dieser Stelle ist von einem Unikat zu berichten.

Wir sind mal wieder an der Fischerbrücke, als es die kleine Brücke noch gibt. Wir schreiben den 9. Februar 2017. Alle für diesen Tag angemeldeten Kinder sind im Waldhort, die meisten kommen mit zur Fischerbrücke, nur wenige werden noch im Waldhort-Gebäude vorzeitig abgeholt.

In unmittelbarer Nähe dieses Platzes gibt es eine geheimnisvolle gusseiserne Klappe kurz über dem Waldboden. Jeder Mensch kann sie öffnen, also auch jedes Waldhortkind. „Schau mal, da kann man reingucken!“ Die Kinder kennen das Spiel. Wenn man die schwere Eisenklappe zufallen lässt, tönt es dumpf und grollend. Ein bisschen unheimlich.

Hinter der Klappe im Berghang liegt das Wasserreservoir der Stadt. Das gespeicherte Wasser wird einmal im Jahr zum Reinigen des Tanks abgelassen und durch frisches ersetzt.

An diesem Tag wird das Wasser abgelassen. Die Klappe steht offen und ein dicker Wasserstrahl ergießt sich in die breite Rinne im Waldboden, die zur Fischerbrücke führt.

Wasser im Wald! Und nicht nur ein Tümpel wie das Toteisloch. Nein, fließendes Wasser!

Da müssen einige Kinder ausprobieren, wie tief der Bach ist. Wie man die Tiefe misst? Ja! Sie springen rein. Das Wasser steht ihnen bis zum Schritt, je nach Körpergröße etwas drunter, etwas drüber.

„Brrrr! Das ist ja eiskalt!!“

Die beiden Erwachsenen schießen noch ein paar Fotos, das Ganze gerät zur gut dokumentierten Mutprobe. Denn wir schreiben den 9. Februar.

Nachdem alle Mutigen ihre Probe abgeliefert haben, stellen die beiden Profis fest, dass sie für so viele Kinder keine Wechselwäsche dabeihaben. Ok, das haben sie nie für so viele Kinder.

„Wir gehen jetzt zurück!“ ruft das Personal. Die trockenen Kinder maulen. Die anderen klappern mit den Zähnen.

Zurück im Waldhort werden die nassen Sachen aufgehängt – wenn sie sich hängen lassen. Denn die Winterjacken stellt Karen draußen einfach auf den Boden und liest den beiden Pädagog*innen die Leviten.

In der Regel geht es draußen weniger dramatisch zu. Erwähnt sei – da es oben um Wasser ging – der Umgang mit Feuer. Also mit Feuer im Wald.

Zur Standardausstattung, die täglich im Bollerwagen mitgenommen wird, gehören Lupen. Die taugen natürlich bestens, um etwas genauer zu betrachten.

Sie sind ebenso dafür geeignet, den Umgang mit Feuer zu trainieren.

„Wo sind die Lupen?“ Franz beantwortet seine Frage selber und fischt sich das blaue Säckchen mit den Brenngläsern aus der

Werkzeugtasche.

„Bleib bitte hier bei mir, wenn Du Feuer machen möchtest."

Die Sonne scheint, wie es sich am Sonnenplatz gehört. Auf den schmalen Kiesweg legt Franz ein paar Herbstblätter zurecht, hockt sich dazu und hält die Lupe in Richtung Sonne, bis sich der kleine Lichtkreis auf dem Laub zu einem Punkt verengt.

„Leg bitte noch einen Kieselsteinekreis um Deine Feuerstelle und stell die Kanne mit dem Handwaschwasser dazu." Karen nimmt es genau, auch die zwingend einzuhaltende Regel, dass immer ein*e Erwachsene*r dabei ist, wird ja beachtet. – Nach kurzer Zeit schwebt ein dünnes Rauchfähnchen über der Feuerstelle.

„Hey, pass auf! Du machst mir Schatten. Geh hinter mir vorbei!"

Johanna dreht sich um, checkt die Situation und stellt interessiert fest: „Ich will auch Feuer machen!"

Ganz etwas anderes: Naturbeobachtung zählt zu den wichtigsten Elementen der Waldhort-Konzeption. Darin ist festgehalten, dass die Natur zur täglich erlebten Umgebung der Kinder gehört. Entsprechend haben sie einen geschulten Blick auf Dinge, die in die Natur gehören und auf die, die dort nichts zu suchen haben.

Mehrmals im Jahr schnappen sich die Kinder Müllsammelzangen und eine oder zwei große Tüten.

Die Ausrüstung stellt ihnen die Stadt Ebersberg. Die Kinder setzten sich vor Jahren für einen müllfreien Weg in den Wald und im Wald ein. Die gut gefüllten Müllsäcke werden der Presse präsentiert, ein Ergebnis, dass sich sehen lassen kann.

Seitdem ist der Waldhort offiziell Müll-Pate der Stadt.

„Ich will die silberne Zange!" – „Davon haben wir nur eine, tut mir leid. – Wer trägt die Mülltüte? Hmm. Ok, ich nehm' sie bis zum Stromhäuschen", sagt Pit und hängt die leere Tüte an seinen Fahrradlenker.

Bereits auf der kurzen Strecke bis zum ersten Haltepunkt füllen die

Kinder mit den Müll-Argus-Augen das Säckchen mit den abenteuerlichsten Abfallgütern. Der sich anschließende Parkplatz ist übersät mit Restmüll.

Süddeutsche Zeitung Nr. 231, Mittwoch, 8. Oktober 2014 LANDKREIS EBERSBERG

Kleine Vorbilder

Leere Dosen, Plastikflaschen, verknüllte Kaffeebecher – bis zu fünf Kilogramm Müll täglich sammelten die Schüler des Ebersberger Waldhortes im Forst. Mit ihrer viertägigen Müllsammelaktion beteiligten sie sich an der bundesweiten Kampagne „Trashbusters", die auf die Vermüllung der Natur aufmerksam macht. Denn Plastiktüten brauchen nicht nur Jahrhunderte, um zu zerfallen. Sie schaden auch Tieren, die Plastikteile mit der Nahrung aufnehmen und daran sterben können. FOTO: PRIVAT

Dieses Bild wurde mit einem entsprechenden Bericht sogar in der Zeitung veröffentlich.

Besonders während der Pandemie werden die Mülltüten schnell voll. Ganz in der Nähe hat ein Unternehmen eine große Covid-19-Test-Auswertungsstation eingerichtet mit vielen neuen Mitarbeiter*innen, die auf dem Weg in den Feierabend zwar ihre Autos mit nach Hause nehmen, nicht aber ihren Junk-Food-Abfall, Zigarettenschachteln und jede Menge Schutzmasken.

Es gab auch besondere Fundsachen: In der Vitrine in der Garderobe steht seit 2016 eine Limonadenflasche aus dem Jahr 1958.

Andere Fundstücke bekommen das Etikett Pfandflasche bzw. -dose. Die werden seit je her im Waldhort gesammelt. Mehrmals im Jahr ziehen die Kinder mit einem Erwachsenen zum benachbarten Getränkemarkt.

Dort liefern wir alles, was Pfand gibt, ab. Herr Streidl, der Besitzer, entlohnt die Kinder weit über den Pfandwert hinaus.

Einmal im Jahr nehmen wir das ganze Geld her und hauen es auf den Kopf. Naja, wir gehen runter zum Marienplatz zur Eisdiele, jedes Kind sucht sich sein Lieblingseis aus und dann setzen wir uns schleckend auf die Außentreppe zum benachbarten Restaurant.

Umgekehrt betrachtet der Waldhort die Stadt als seinen Müllpartner: Vor dem Waldhortgebäude stehen keine Abfalltonnen. Verpackungsmüll und Papier kommen in die Wertstoff-Station am anderen Ende der Straße, das erledigt das Team und seit 2021 Eltern.

Für den Restmüll hat die Stadt Ebersberg mit dem Waldhort zur Zeit der Gründung vereinbart, dass sie den nicht abfahren muss, wenn der Waldhort erklärt, dass der privat entsorgt wird. Das hat Karen bis 2021 getan, seitdem übernehmen das die Eltern.

Küchenabfälle landen im kleinen Komposteimer unter der Theke im Gruppenraum, später im Komposter neben den Hochbeeten.

Jungen und Mädchen verbringen ihre Waldhortzeit immer gemeinsam. Ja, wie denn sonst?

„Heute ist wieder Mädchen- und Jungentag“ verkündet Karen. Der findet immer donnerstags statt. Dieser traditionellen Trennung nach Geschlecht liegt die Erkenntnis zugrunde, dass in derart homogenisierten Gruppen andere Aktivitäten ablaufen bzw. in anderen Formen. Vereinfacht ausgedrückt: Die Mädchen lösen Konflikte auch mal eher körperlich und Jungen helfen untereinander beim Schuhe zubinden. – Ein Teammitglied weist 2021 darauf hin, dass diese Aufteilung nicht mehr zeitgemäß ist und wir überlegen uns eine Alternative.

Die ergibt sich aus dem Gemaule der Älteren: „Och, schon wieder so’n Babykram!“ und dem der Jüngeren: „Da haben wir keine Chance, die sind ja alle viel größer!“ der Gedanke, das Alter bzw. die Schulklassenstufe als Trennungslinie einzusetzen.

Daraus entstehen Füchse – Kinder aus der ersten und zweiten Klasse – und Wölfe – die Älteren.

Füchse und Wölfe widmen sich draußen tatsächlich unterschiedlichen Themen. Zum Beispiel beginnen die Wölfe aus heiterem Himmel ein philosophisches Gespräch. Die Füchse wollen mal wieder ein Lager an der Hexenhütte bauen oder Fangsti spielen.

Die Wahl für diesen besonderen Wochentag trifft das Team. Sie hängt weitgehend davon ab, ob ausreichend Kinder an dem Tag anwesend sind und nur wenige z.B. durch Fußballtraining oder Gitarrenunterricht die Draußenzeit verkürzen.

Sind wegen Fortbildung oder (seltener) Krankheit mal nur drei Erwachsene anwesend, bleiben die beiden Gruppen an benachbarten Plätzen. Ist das sowieso der Fall, treffen sie sich gegen Ende des Tages zum gemeinsamen Snack. Nun muss nur noch geklärt werden: „Braucht Ihr den Bollerwagen? Wir nehmen nur die Seile mit und spielen Capture-the-Flag.“ – „Ja, wir brauchen Sitzkissen und das Werkzeug zum Tipi-Bauen.“ Na, wunderbar, passt ja. Passt es mal nicht, müssen sich die Gruppen arrangieren.

Der Fußballplatz bietet immer neben kleinen und großen Toren ein paar Besonderheiten. Einige Schulkinder nehmen natürlich Fußbälle mit und bedürfen keiner Anregung, was sie dort spielen wollen. Andere ziehen mit den Hula Hoop reifen los.

Dort angekommen werden die metallenen Abgrenzungsstangen zu Barren und niedrigen Reck- und Balancierstangen, die Spielfeldlinien dienen dem Linien-Fangsti und die Hula Hoops sind Menschen-Kescher. In manchen Ecken sitzen zwei oder drei Kinder und quatschten ungestört, andere trainieren für eine Bodenturn-Vorführung oder ein selbsterdachtes Theater. Wieder andere ziehen sich in einen

Hundekäfig zurück.

Die Pädagog*innen wandern von einer Kleingruppe zur nächsten, verabreichen hier ein Pflaster, fragen dort nach dem Befinden, Pit zeigt, wie er seinen Hula Hoop-Reifen wegwirft und der anschließend wie ein Bumerang zu ihm zurückkehrt.

Laura wirft ihren Hula Hoop höher als alle Kinder in ihrer Nähe. Die lassen das nicht auf sich sitzen und schleudern ihren Reifen erneut in die Höhe, aber nicht so hoch wie Laura. Die erklärt den Kids ihre Technik und schleudert ihren Reifen hoch hinaus. Also sehr hoch. Und da blieb er dann. Ganz oben im Geäst. Keine Chance, ihn ohne Sturm wieder herunterzubekommen.

So zeigt selbst auf dem Fußballplatz die Natur, dass wir sie berücksichtigen müssen.

Ab 17 Uhr kehren alle in das Waldhortgebäude zurück. Es kann auch mal eine viertel Stunde später werden, wenn die Erwachsenen die Dauer des Rückwegs unterschätzt haben.

Dann herrscht in der Garderobe großes Gedränge. Damit wenigstens die Kinder, die den Bollerwagen oder den Keeper ziehen, ungestört durch die Garderobe zu den Inhouse-Parkplätzen der Wagen gelangen, genießen sie das Privileg des ersten Betretens. So etwas kann schon mal ein Ansporn ein, den Bollerwagen oder den Keeper auf dem Rückweg zu übernehmen.

Anschließend werden die nassen Kleidungsstücke auf den Wäscheständer gehängt. Das geht meistens nicht gut ohne die Begleitung durch die Erzieher*innen. In der dunklen Jahreszeit, wenn alle – Kinder und Erwachsene - für die Rückkehr Warnwesten tragen, drücken die Kinder ihre einer Erzieherin in die Hand, die hat dann die lästige Aufgabe, sie wieder in die Tasche für die Glühwürmchen zu packen, ohne dass sie total ineinander verknäult sind.

Inzwischen stehen schon einige Eltern vor der Tür oder in der Garderobe – sie sorgen dafür, dass alle Kinder lernen, mit noch mehr Enge zurechtzukommen, was nicht unter die definierten Lernziele des Sozialministeriums fällt.

Eltern, die zum ersten Mal ein Kind im Waldhort betreuen lassen, beginnen auch gleich ein Gespräch mit einer Erzieherin. Die besorgte Mutter: „Und? War Eli artig?“ – „Eli ist einzig-artig. Artige Kinder sind nicht im Waldhort.“

Ausflüge

Auch während der Schulzeit bietet der Waldhort Ausflugserlebnisse an.

„So, Ihr habt jetzt 99 Hausi-Sterne erarbeitet. Was wünscht Ihr Euch? Eure Vorschläge stehen hier an der Flipchart-Tafel. Jede/r bekommt jetzt drei Sticker.“ Die Kinder verteilen ihre Sticker auf die vier Vorschläge. Dabei können sie einem Vorschlag bis zu drei Stimmen geben.

Vorschläge sind häufig ein Film-Nachmittag im Waldhort, zum Eis-Essen in die Gelateria am Ebersberger Marienplatz, ein Wunschessen und im Sommer der Besuch des Natur-Freibades im Klostersee. Der Wunsch mit den meisten Stickern wird an einem Schultag erfüllt, an dem möglichst viele Kinder in den Waldhort kommen.

Unabhängig von Hausi-Sternen wandern wir manchmal ins Dorf runter, also ins Zentrum der Kreisstadt Ebersberg. Da gibt es die Stadtbücherei, die wir einmal monatlich heimsuchen[*)]. Unser Erscheinen findet nicht immer die ungeteilte Zustimmung des dortigen Personals. Besonders eine Dame hat sich diese Arbeit vermutlich nur deshalb ausgesucht, weil in Bibliotheken Ruhe angesagt ist. Die können wir mit den Kindern nicht immer garantieren.

Nachdem wir kein Hausverbot riskieren wollen und das Team erkennt, dass es einfacher ist, die Gruppe nach Neigung zu teilen, machen wir genau das: Wer keinen Bock auf Bücherei hat, geht mit Noah auf den benachbarten Schulhof. Seitdem sind alle zufrieden.

Die Literatur kommt trotzdem nicht zu kurz, weil draußen und im

---

*) Unser Weg führt durch eine beeindruckende Allee, an deren Baumstämmen kleine Schilder angebracht sind. Sie zeigen die Namen von Männern aus Ebersberg, die während des Ersten Weltkrieges „gefallen“, also ums Leben gekommen sind. Aus unerfindlichen Gründen heißt dieser den Kriegsopfern gewidmete Weg nicht Opfer- sondern „Heldenallee“.

Waldhort-Gruppenraum immer wieder Geschichten vorgelesen oder erzählt werden.

Einzig bei manchen Eltern sorgt der Besuch der Bücherei (z.Zt. an jedem letzten Dienstag im Monat) immer wieder für Umwege beim abendlichen Abholen. Da sie den vom Üblichen abweichenden Abholort nicht auf dem Radar haben, fahren sie abends zum Waldhort-Gebäude, stellen fest, dass dort alles dunkel und niemand zu finden ist, lesen das Schild an der Eingangstür: „Wir sind heute in der Bücherei“ und brechen wieder auf, um ihre Familie zu komplettieren.

Nicht ganz so weit wie der Weg zur Bücherei ist der Weg zum Freibad im Klostersee. Da es auch in Ebersberg im Sommer immer wärmer wird, kommt beim Erreichen der 99 Hausi-Sterne der Wunsch auf, zum Baden zu gehen.

So zuletzt geschehen am 20. Juli 2023, kurz vor den Sommerferien und einer der letzten Arbeitstage von Pit, der im August seinen Resturlaub nimmt und dann endlich so richtig in Rente geht.

Pit muss mit zum Klostersee, er ist der Einzige im Waldhort-Team, der als Rettungsschwimmer gilt, also offiziell. Den Schein hatte er mit 15 Jahren erworben, also 1967. Ob er aktuell tatsächlich als rettungstauglich gelten kann, will niemand ausprobieren.

Da sitzt er nun mit seiner Chefin auf dem langen Steg, von dem aus Groß und Klein gefahrlos in den See springen kann.

Plötzlich, es ist bereits eine halbe Stunde vor Dienstschluss, meint er, dass ein Kind sich da hinten unruhig im Wasser bewegt. Instinktiv springt er auf – sowas geht auch nicht mehr so flott wie 1967 – schaut in die Richtung der vermeintlichen drohenden Gefahr und springt – kopfüber und superelegant natürlich – ins lauwarme Nass.

Die Gefahr entpuppt sich als optische Täuschung.

Pit schwimmt zurück, klettert locker die Leiter zum Steg empor, fährt mit der Hand über sein Haar und stellt fest: Sein Hörgerät ist nicht an seinem Platz. Also das am linken Ohr schon, aber nicht das am rechten.

Da am Ebersberger Klostersee kein Froschkönig wohnt, muss er den Verlust des teuren „Körperersatzteils“ der Berufsgenossenschaft melden in der stillen Hoffnung, dass die sich seiner erbarmt. Bereits im Oktober erfüllt sich die Hoffnung.

Einen weiteren Ausflug organisiert Rita, eine Kollegin, die ihr Anerkennungsjahr im Waldhort absolviert. Sie zieht im Rahmen eines „Angebots“ mit den Kindern zum Einkaufen. Ziel: Man kann Lebensmittel verpackungsfrei einkaufen. Das Miniprojekt ist erfolgreich.

Allerdings muss bereits ein Jahr später der große Eimer mit Verpackungsmüll durch die Lebensmitteleinkäufe des Waldhorts nach wie vor wöchentlich geleert werden.

Zum Schlittschuhlaufen muss die Gruppe nicht zwangsläufig nach Grafing ins Eisstadion. Zum Klostersee ist es nicht annähernd so weit. Als der *einmal* zugefroren ist, haben die Kids dort ihren Spaß mit den Schlittschuhen.

Es gibt besondere Ausflüge, die nicht auf die Hausi-Sterne zurückgehen. Im folgenden Fall wird die Gruppe zu einem Konzert eingeladen. Dieser Ausflug hat es in sich, sodass von ihm in einer Sonderveröffentlichung der Waldhort-Rundschau im Dezember 2018 berichtet wird. Die Namen der beteiligten Kinder sind von der Redaktion frei zugeordnet, es werden keine Lizenzgebühren an den Ehapa-Verlag (Asterix und Obelix …) gezahlt.

Ebersberg, Dezember 2018 | Kostenlos, aber nicht umsonst

Waldhort-Rundschau

Friday On My Mind – oder ein 6-er im Lotto

Ein besonderer Ausflug

Wie das Waldhortteam einen Tag in der Adventszeit erlebt

Unsere Kollegin Rita singt im Chor der Münchner Sing- und Musikschule. Der Chor tritt am 7. Dezember in München im Dom zu Unserer Lieben Frau (die Marienkirche wird auch Frauenkirche genannt) im Rahmen des Adventskonzerts auf.

Rita schlug dem Team vor, mit den Waldhortkinder zu diesem Ereignis einen Ausflug machen. Karen ermuntert unsere künftige Erzieherin: „OK, mach! Du planst und organisierst. Wir kommen.“

Am 7.12. verlässt Rita den Waldhort gegen 12:30 Uhr, um zu ihrem Auftritt zu fahren. Erzieher Gabriel soll um 13:36 Uhr mit 14 Kindern im Bus zum S-Bahnhof sitzen. Karen hat 14 Schulranzen in den Camper geladen und wird den am Bahnhof abstellen. Anschließend holt sie zwei 4.-Klässler von der Schule ab, die sie direkt zum Bahnhof bringt. Dort wird sie eines der Waldhort-Mädchen treffen, das zu Fuß von der Realschule kommt. Wenn alles gut geht, fahren 17 Kinder mit 2 Erwachsenen mit der S-Bahn um 13:49 Uhr in die Münchener Innenstadt. Pit ist seit dem Morgen zu einem Termin nach München unterwegs. Bei der Gelegenheit hat er die Fahrkarten für die Gruppe aus dem Automaten gezogen und sie Karen schon mal mitgegeben. Die Gruppenfahrkarten bereits vorab zu kaufen ist immer ratsam, weil der MVV-S-Bahn-Anschluss nicht auf den MVV-Bus vom Waldhort wartet, der eigentlich nie pünktlich ist.

So auch heute. Der „gebuchte“ Regionalzug setzt sich gerade in Bewegung, als der Bus mit Gabriel und den 14 Kindern seine Türen zum Aussteigen öffnet. Zu spät. Und das, obwohl Karen den Zugführer überreden wollte, wenigstens ein paar

Sekunden zu warten – „Wir sind sowieso schon zu spät, ich darf nicht länger warten.“

Dadurch haben Karen und Gabriel eine halbe Stunde Zeit, um 17 Kinder in einer nicht alltäglichen Umgebung mit speziellen Verhaltensregeln vertraut zu machen und dafür zu sorgen, dass diese Regeln Beachtung finden. Pit (ist ja bereits in München) erfährt von der verspäteten Ankunft am Marienplatz per Telefon. Denn er ist teammäßig fest eingeplant und wird in der Innenstadt – es ist Freitagnachmittag und die Geschäfte in der Kaufinger Straße freuen sich auf massenhaft Kundschaft – als Ergänzungskraft gebraucht. Die Fahrt in die Stadt verläuft anstrengend, aber nicht chaotisch, manche Mädchen spielen „Tiere raten“, andere flechten aus Bast Freundschaftsbändchen, Lautes kommt aus den Reihen der Jungen, hält sich aber im Rahmen des Waldhort-Üblichen.

Auf dem Bahnsteig am Marienplatz wartet Pit und bekommt den Job des Leitwolfs. Die Herdentiere sollen sich Arche-Noah-gleich ein Partnertier suchen, sodass man „zu zweit“ (das kennen alle aus der Schule) losmarschieren kann, immer dem Pit nach. Nein, nicht vor, sondern hinter Pit her. Das muss den Jungen Troubadix und Asterix separat erläutert werden, weil die Aufmerksamkeit der beiden wohl anderweitig gebunden ist.

Im Shopping-Geschoss schlängelt sich der Waldhort-Lindwurm geschickt durch schlendernde Massen, immer mal wieder gebremst von unvermittelt Smartphone-fasziniert-Stehenbleibenden und Menschen, die konsequent nach rechts schauen, während sie nach links gehen. Die Rolltreppe zur Oberfläche ist für manche Waldhortkinder nicht breit genug, da sie zu mehreren nebeneinander andere überholen „müssen“.

Oben angekommen zählt Pit, der Leitwolf, seine Schäfchen und ist zufrieden. Der Waldhort-Lindwurm hat sich wieder zusammengezogen und bricht nun in die Kaufinger Straße auf, vorbei an romantischen Glühwein-Hütten, die auch Lebkuchen und Bratäpfel anbieten und die Kinder in Scharen fragen lassen, ob sie denn genau jetzt und schließlich nach einer so langen Fahrt endlich was kaufen dürfen[1].

Die Antwort kommt kurz, eindeutig und dem Umgebungslärm angepasst laut: „Nein!“

Pit schwenkt in die Gasse zur Frauenkirche. Hier ist es still, die Kinder können gar nicht verkehrt abbiegen und landen vor dem gewaltigen Kirchenschiff des Doms. Vor dem Eingang will Pit die Verhaltensregeln für ein Konzert und in einer Kirche wiederholen, doch Karen winkt ab: „Das haben wir schon in der S-Bahn erledigt, unter besonderer Berücksichtigung des Aufmerksamkeitsdefizits einiger Kinder, also Jungen.“ Na, dann lasst uns reingehen.

Drinnen sind alle Plätze besetzt. Schließlich treffen wir durch den verpassten Regionalzug locker 20 Minuten nach Beginn des Konzerts ein. Der rechte Gang ist frei bis zur Absperrung. Die Bedeutung der Absperrung zum Altarraum hin muss dem einen oder anderen Jungen noch mal ins Gedächtnis gerufen werden, das Niederknien auf dem eisernen Gitterrost über dem „Kellergeschoss“ geht als Neugierverhalten durch. Eine gigantische Projektionswand zeigt den Kinderchor, der gerade seinen Auftritt vor dem Altar mittschiffs absolviert. Unsere Verspätung erweist sich im Laufe der nächsten halben Stunde als mildernder Umstand. Trotzdem wird es einigen Kindern sooooo langweilig. Asterix und Destructivus geraten nämlich schon während der ersten fünf Minuten aneinander und verlassen mit Pit den Kirchenraum. Draußen nehmen die zwei neben der Eingangstreppe auf dem Sockel Platz. Die beiden Jungs verwickeln Pit in eine heiße Diskussion darüber, was denn der Anlass für ihre kurzfristige Disqualifizierung sei, es hätte doch nur einer geschlagen, der andere nur geschubst, um seinem Wunsch nach Ruhe Nachdruck zu verleihen. Fatalerweise lässt Pit sich zunächst auf die Talkshow ein. Doch als Destructivus feststellt, er habe schließlich für den Konzertbesuch

[1] „Dürfen“ ist ein Wort, dessen Gebrauch im Waldhort nach Möglichkeit vermieden wird. Zum Beispiel: „Du darfst jetzt Deinen Nachtisch holen“, ist als Satz verpönt, weil diese Vokabel grundsätzlich auf der Ausübung von Macht beruht. Das passt nun weiß Gott (!) nicht zum partizipatorischen Ansatz des Waldhorts.

bezahlt (!) und sitze nun völlig sinnlos draußen und verlange deshalb sein Geld zurück, beendet Pit die Beweisaufnahme. Destructivus hat ohnehin jedes Interesse am Konzert verloren.

Dann wird Idefix von Gabriel vor die Tür gebracht und löst den inzwischen wieder in die Kirche geschickten Asterix auf dem Kirchensockel ab. Nach wenigen Minuten

schlüpfen Idefix und Destructivus unter dem Geländer hindurch und unternehmen einen „Fluchtversuch". Der scheitert jedoch. Daraufhin beklagen beide „Gefangenen" die grausamen Regeln des Waldhorts und wünschen ihn jeweils hälftig nach Afrika und Asien, während sie sich murrend auf den Sockel zurückschieben.

Karen ist in der Zwischenzeit im Eiltempo, sofern dies unter den gegebenen jahreszeitlichen Umständen in der Kaufinger Straße möglich ist, zum Kaufhof aufgebrochen, um etwas zu Trinken und ein paar gesunde Kekse zu besorgen. In der E-mail an die Eltern stand nichts davon, dass die Kinder von zuhause entsprechend versorgt werden sollten.

Da die Jungs trotz Kulturangebot eine gewisse Unruhe umtreibt, setzt Karen ihr methodisches Geschick ein. Sie zeigt auf ein gigantisches Kruzifix in Richtung Altarraum und fragt sie: „Wer ist denn das eigentlich?" Die Mädchen (nicht die männliche Zielgruppe) springen sofort darauf an und Grienoline erklärt: „Na, das ist doch Jesus!" Was für eine Frage! „Hä? Das ist doch nicht Jesus!" widerspricht Oranschade entrüstet. „der da hat doch einen Hut auf! Und Jesus trägt doch keinen Hut." – Karen staunt: „Wo hat der, bitte, einen Hut auf?" „Na, siehste das nicht? Da oben auf dem Kopf! Ist das kein Hut???" verteidigt Oranschade ihr Jesusbild. „Nein, das ist kein Hut, das ist der Dornenkranz", weist Grienoline den Einwand ihrer Freundin zurück. „Nein, guck doch mal: Der Hut reicht bis auf die Schultern!" Oranschade hält an ihrer Vorstellung fest.

Grienoline, offenbar besser vertraut mit Kruzifix-Darstellungen, klärt auf: „Das sind seine Haare. Jesus hatte so lange Haare.“ – „Ne, das glaub‘ ich nicht. Und überhaupt, wieso hängt der da an einem Kreuz?“ Karen mischt wieder mit: „Das hat man damals mit Mördern so gemacht.“ – Nachdenkliches Schweigen. Dann das Friedensangebot: „Ok, dann ist das eben Jesus.“ Oranschade ist bereit, ihr Christus-Bild zu revidieren.

Gabriel löst den zum Vollzugsbeamten mutierten Pit ab, sodass dieser wenigstens einen kleinen Ausschnitt von Ritas Auftritt erhaschen kann. Der Ausschnitt umfasst den Refrain der letzten Strophe.

Karen ist natürlich längst vom Einkauf zurück und so brechen alle auf, um nun möglichst schnell die Kirche zu verlassen. Denn rund 1.000 Menschen werden sich in den nächsten drei Minuten durch die wenigen Türen nach draußen schieben, und wir müssen die S-Bahn um 16:12 Uhr ab Marienplatz erreichen!

Der Leitwolf bittet vor dem Portal zum Sammeln und dass wieder jede/r seine/n Partner/ in neben sich nehme. Das dauert etwas länger, denn die meisten Schafe mussten die letzten 45 Minuten ruhig stehen, sitzen oder versuchten dies zumindest. Die beiden wenig Interessierten sind auch hier und sowieso Partner und können bei der Gelegenheit ihre Klageschrift gegen den Waldhort weiterentwickeln.

Der Marsch zum Bahnsteig gelingt erstaunlich schmerzarm. Fürchtenix bricht zwar immer mal wieder aus dem Verband der kleinen Kolonne aus und tritt dem einen oder der anderen bei der Gelegenheit auf die Füße, doch das ist’s auch schon.

Große Freude, als die Kinder die Rolltreppe zum Bahnsteig benutzen können. Auch hier kommt es zu gewagten Überholmanövern einiger Jungen, aber die Rolltreppe ist erfreulicherweise zu kurz, um größeren Auseinandersetzungen Raum zu geben. Dafür ist auch keine Zeit, denn der Zug nach Ebersberg wartet schon.

Die Türen sind geöffnet, an zweien stehen jedoch Männer mit gelben Warnwesten. Die sind verglichen mit Pariser Verhältnissen sehr friedlich und erklären dem interessierten Publikum, dass man zwar einsteigen könne, jedoch würde der Zug nicht abfahren. Wie lange die Störung dauert, weiß niemand, auch keiner der Gelbwesten. Zum Ostbahnhof müssen wir also auf die U-Bahn ausweichen.

OK. Karen erläutert den Kindern, dass diese S-Bahn unbrauchbar ist und wir per U-Bahn weiterreisen müssen. Die U-Bahn fährt von einem anderen Stockwerk ab. Deshalb alle wieder in 2-er-Kolonne und auf zur U-Bahn, Leitwolf voran, denn diese Münchner Gegend kennt Pit noch ganz gut aus seinem früheren Berufsleben.

„Der Pit geht aber zur U-Bahn!“ protestieren Troubadix und Asterix. Ach nee. „Ja, das ist schon richtig so.“ – „Aber die S-Bahn steht doch hier!!“ – „Die fährt aber nicht.“ – „Warum nicht?“ – „Das erklär ich später noch mal für einen ausgesuchten Hörerkreis. Jetzt müssen wir uns beeilen.“

Treppen runter zum U-Bahngeschoss. Das sind feste Treppen, die sind breit genug zum Überholen und zum Klarstellen, wer hier vorne geht und wer die Stufen ganz schnell runtersausen kann. Unten angekommen muss Pit sich trotz seiner vieljährigen U-Bahn-Vergangenheit erstmal orientieren, welche Linie und in welche Richtung wir wählen müssen, um zum Odeonsplatz zu gelangen, damit wir dort umsteigen können in die U-Bahn zum Ostbahnhof. Die Orientierung gelingt erst im zweiten Anlauf, unser Waldhort-Lindwurm, Gabriel am Ende und Karen in der Mitte gehend, muss also einen U-Turn hinlegen und sich in die andere Bahnsteig-Röhre schlängeln. Zur Erinnerung: Es ist Freitagnachmittag, 16:15 Uhr, Adventszeit.

Um am Odeonsplatz eine möglichst kurze Strecke zum Umsteigen zu benötigen, müssen wir gleich hier, wo auch viele andere Menschen einsteigen wollen, durch die Wagontüren. „Wir fahren nur eine Station. Bitte bleibt zusammen, nicht hinsetzen!“ teilt Karen mit. Asterix und Troubadix setzen sich also schon mal hin, Fürchtenix, Verleihnix und Mirakulix wandern schnell weg von der Tür zum Drehgestell und vertiefen sich in ein Gespräch.

45 Sekunden später hält der Zug am Odeonsplatz. „Wir steigen hier aus. ALLE!“ Was Fürchtenix, Verleihnix und Mirakulix nicht sofort mitbekommen, denn sie sind wie gesagt ins Gespräch vertieft. Als wir jedoch auf dem Bahnsteig stehen, sind auch sie dabei – Gabriels Fürsorge sei Dank!

Wieder bildet der Waldhort seine Kolonne, inzwischen haben die Lindwurm-Glieder ja schon Übung. Vor den Rolltreppen nach unten entsteht ein kleiner Stau, Pit biegt nach links ab zur festen Treppe, denn da ist normalerweise wenig Gegenverkehr. Nun, das ist heute nicht so.

Deshalb kommt Pit auch nur langsam voran. Das ist aber gut so, denn Asterix und Troubadix sind sowieso nicht mit ihm abgebogen. Obwohl sie die Pole-Position unmittelbar hinter ihm hatten. Sie werden aber von Karen und Gabriel noch kurz vor der Rolltreppe eingefangen und am Lindwurm angedockt.

Am Odeonsplatz fahren zwei Linien, eine davon führt auf ihrer Strecke den Ostbahnhof. Der Zug, der als nächstes angekündigt ist, passt zu unserem Ziel. Da fällt mein Blick auf die Anzeigetafel: Auch U-Bahnen fahren gerade nicht planmäßig. Schön, aber was will man machen?

In diesem Fall betrifft uns die Störung nicht, dieser Zug fährt. Er ist gut gefüllt, wir müssen an mehreren Türen zusteigen. Das ist aber ok, denn die fahren ja alle in dieselbe Richtung. Der erfahrenen Basketballerin Karen zeige ich mit gestrecktem Arm, dass ich drei Kinder bei mir habe. Die anderen 14 sollten bei ihr und Gabriel sein.

Latraviata ist untröstlich, weil sie durch die diversen Verkehrsstörungen heute nicht mehr zur Ergo kommt. Sie bricht in hemmungsloses Schluchzen aus. Karen kramt die Tüte mit Keksen aus dem Kaufhof heraus. Die Tüte wird von kooperativen Fahrgästen an alle unsere Standorte im Wagen weitergereicht. Doch dieser Trostversuch scheitert bei Latraviata.

Die Schokoladenhände der Schulkinder landen glücklicherweise nur an der eigenen Kleidung und nicht an der der mitreisenden Fahrgäste.

Die U-Bahn-Rolltreppe am Ostbahnhof gehört zu den wirklich langen in München. Nachdem wir allen anderen Fahrgästen den Vortritt gelassen haben und bevor die nächste U-Bahn einrollt, machen wir uns auf den Weg nach oben. Asterix und Troubadix starten etwas verspätet, bestehen aber auf der Pole-Position gleich hinter Pit, dem Leitwolf, und ziehen gnadenlos an allen vor ihnen stehenden Kinder vorbei. Widerstand ist zwecklos.

Am S-Bahnsteig treffen wir den allen München-Pendlern vertrauten Hinweis über unseren Köpfen. Gut, die Botschaft kennen wir. Sie lautet sinngemäß: Vielleicht kommt ja eine S-Bahn, die nach Ebersberg fährt.

Karen ruft Pit zu: „Lass uns rüber auf den anderen Bahnsteig gehen. Da fährt der Regionalzug, vielleicht ist der schneller in Grafing. Dann kommen wir schon irgendwie weiter.“ Der Waldhort-Lindwurm macht sich auf den Weg zur zweiten Unterführung, als Gabriel ruft: „Da! Die S-Bahn fährt nach Ebersberg!“ Der Lindwurm stoppt, schwenkt nach links und stürmt den Zug. Der bietet überraschend viele Sitzplätze, alle Kinder sind aufgeräumt, wenn auch gut verteilt. Gabriel bleibt auf dem Bahnsteig zurück, er fährt zu seinen Eltern im Münchner Westen. Wenn er denn heute so weit kommt.

Latraviata hat sich in ihr Schicksal gefügt, heute keine Ergo. Die Tränen trocknen langsam.

Doch jetzt muss sie pieseln.

Das ist in der S-Bahn nicht vorgesehen. Und bis Ebersberg dauert die Fahrt noch 30 Minuten.

Dann hält der Zug zwischen Berg am Laim und Trudering. Kein Bahnsteig, dafür eine Durchsage: „Dieser Zug fährt nur bis Haar, weil Personenschaden. Ab Haar Schienenersatzverkehr bis Zorneding“.

Bis dahin hat Karen nur noch wenig Zeit, 14 Eltern telefonisch von der Verspätung zu informieren. „Alle Eltern“ heißt: Immer wieder Fragen zu beantworten nach der präzisen Ankunftszeit in Ebersberg, Bitten der Eltern zu hören von der Art wie: „Ruf mich unbedingt an, wenn Ihr Genaues wisst!“ (und das mindestens acht Mal) oder doch nicht nur die Kinder zu trösten, sondern auch die Eltern zu beruhigen.

Das Schicksal meint es gut mit Latraviata. Denn wenn wir sowieso in Haar aussteigen, kann sie ja dort zum Pieseln in die Botanik gehen.

Bis dahin sind es aber noch sechs Minuten.

Genug Zeit für Automatix, eine kleine Rauferei anzuzetteln. Das geht sehr einfach, indem er Miraculix die Mütze vom Kopf reißt. Karen jedoch sieht alles, schnappt sich den Initiator und verklickert ihm noch mal die Regeln im Waldhort.

Miraculix hat keine Mütze mehr auf, da kann Destructivus ihm nun direkt an den Haaren ziehen, was er auch sofort erkennt und die Gelegenheit nutzt. Das wiederum sieht Pit. Der schnappt sich Destructivus, der ja schon vor der Kirche unter den strengen Regeln des Waldhorts „leiden“ musste, und setzt ihn zu sich ins Abteil. „Aber ich hab‘ doch gar nichts gemacht!“ Pit hat keinen Bock mehr auf Diskussionen dieser Art. „Das machst Du nur, weil Du Asterix lieber hast als mich!“ Man sieht, das Repertoire ist breit gefächert, aber inzwischen sind die Waffen wirkungslos.

Karen verteilt die kleinen, leider abfallintensiven Apfelsafttüten aus dem Kaufhof. Das wirkt irgendwie beruhigend, es gibt nur wenige, kleine Sauereien, weil die Tüten zum Schluss beim Zusammendrücken den letzten Rest Saft ausspucken.

Troubadix hat noch einen unwesentlichen Rest Saft in seiner Tüte. Er wendet sich an seine Kollegen: „Ich kann nicht mehr. Wer möchte den Rest?“ Fürchtenix erklärt sich zur Übernahme bereit. Mit Blick auf einen Safttropfen auf Troubadix‘ Hose wirft Asterix ein: „Ist da nicht Dein letzter Samenerguss drin?“

Ein aufmerksamer Schüler setzt Inhalte des Sexualkundeunterrichts unmittelbar um!

Karen gibt zu bedenken: „Dafür seid Ihr doch selbst als Viertklässler noch ein wenig zu jung, oder?“ Großes Gelächter und anschließend bewundernd zustimmendes Nicken, dass Karen sich an diesem Fachgespräch beteiligt.

Der Zug hält in Haar, alle steigen aus. „Wieso steigen wir hier aus?“ Nach dreimaliger Ansage durch den Lautsprecher im Zug denkt Pit, dass auch Kinder den Inhalt mitbekommen. Aber die Wortwahl derartiger Ansagen richtet sich nach den bürokratischen Erfahrungen von Erwachsenen, und Kinder wissen, sie müssen bei so etwas nicht zuhören, den Job erledigen die Erwachsenen.

Der Bahnsteig in Haar ist gut besucht. Latraviata muss pieseln.

Auf dem Treppenabgang zur Unterführung herrscht Stillstand, hier kommt erstmal keiner weiter, der Gang zum Ausgang ist voller Menschen.

Latraviata muss pieseln.

Nach wenigen, aber endlos langen Augenblicken geht es nach unten, Karen bietet allen Betroffenen eine Pinkelpause. Ihr folgen sechs Mädchen auf die Sportplatzseite am Bahnhof Haar. Ein Kind schlägt vor: „Wir gehen da hinten zum Wald!“ Wie kann man bei dieser Dunkelheit den Wald sehen? Der ist außerdem viel zu weit weg. „Nein, hier an den Zaun mit Euch. Ich passe auf.“ –

„Da vorne ist ein Mann.“

Tatsächlich steht da ein älterer Mann, telefoniert und entfernt sich nur sehr langsam von der angespannt wartenden Pieselgruppe.

Dann endlich gibt es grünes Licht und alle können sich erleichtern.

In der Unterführung ist ein neues Spiel angesagt: Falbala hat drei Jungs um sich geschart, die ihr unbedingt einen Kuss geben wollen. Sie fühlt sich geschmeichelt, die Jungen probieren es und jubeln bei Erfolg, auch wenn der Kuss nur den

Oberarm erreicht. Pit steht daneben und überlegt, ob es Grund zum Einschreiten gibt. Da keine Verletzungen drohen und Falbala sichtlich Gefallen an der Geschichte findet, lässt er kurzfristig den „flotten Vierer“ gewähren.

Als die Erleichterten wieder den Anschluss an den Waldhort-Lindwurm gefunden haben, gehen alle zum Ausgang. Der Bahnhofs-Vorplatz bietet etwa 500 Menschen Platz, die alle nichts Besonderes vorhaben, sondern einfach nur nach Hause wollen. Wir warten gleich neben dem Kiosk, denn der bietet ein schmales Vordach, einen Hauch von Schutz gegen den einsetzenden Nieselregen.

Was tun? Alle zwei, drei Minuten kommt ein Taxi vorbei, um drei bis vier der 500 Gestrandeten zu retten. Mit jeder S-Bahn aus der Innenstadt kommt Nachschub. Busse sind offenbar nicht verfügbar. Tja, dann werden wir wohl noch 1 ½ Stunden hier verbringen. Mit einer sich immer mehr langweilenden Kinderschar. Was für eine Perspektive! Pit schlägt vor, alle Eltern der Reihe nach anzurufen, damit sie nach Haar kommen und Kinder, möglichst nicht nur die eigenen, nach Ebersberg bzw. nach Hause zu fahren.

Asterix hat sich in der Zwischenzeit einige Zeitungen aus dem Ständer vor dem Kiosk geholt und versteht die Welt nicht, als Karen ihm erläutert, dass sie keinen Wert auf eine Strafanzeige legt, wenn hier Zeitungen gestohlen werden und die Polizei auftaucht, um Ladendiebe zu verhaften.

Idefix, Automatix, Miraculix, Fürchtenix und Destructivus vertreiben sich die Zeit und Karen und Pit die Nerven mit dem Messen ihrer körperlichen Kräfte und ihrer Reaktionsgeschwindigkeit. Zwei der Beteiligten können die beiden Erwachsenen an die Hand nehmen, dadurch verliert das Kräftemessen an Anziehungskraft.

In der Zwischenzeit telefonieren Karen und Pit immer wieder mit Eltern, um sie um Unterstützung zu bitten. Ein Hilfstransport aus Ebersberg nach dem anderen sagt zu und macht sich auf den Weg.

Asterix ruft dazu auf, „Piff Paff Puff“ mit ihm zu spielen und schart alle Mädels um sich. Acht von 17 Kindern beschäftigen sich friedlich miteinander. Wow! Asterix ist immer für eine Überraschung gut!

Das erste Auto trifft nach etwas über einer halben Stunde ein. Nachdem wir uns telefonisch verständigen konnten, wo der Waldhort-Lindwurm steht, fährt das Auto auf unsere Höhe. Zwei der 500 Wartenden stürmen die Türen und müssen von mir erstmal unterrichtet werden, dass dies hier kein Taxi ist.

Pit zeigt der am Kiosk mit den Kindern wartenden Karen wieder die drei Finger, woraufhin fünf Kinder kommen. Er schickt zwei zurück, „Wieso ich? Ich war zuerst hier!“ Dann steigt er vereinbarungsgemäß selber ein. Er muss nämlich mit dem ersten Shuttle am S-Bahnhof in Ebersberg sein. Denn dort steht der Camper mit den Schulranzen der Kinder. Und die wollen alle unbedingt am Wochenende ihre Hausaufgaben erledigen.

Die Fahrt nach Ebersberg ist auch von Staus geprägt, gegen halb sieben landet Pit am Ziel. Kurz darauf kommen einige Eltern, um samt Kind ihre Ranzen in Empfang zu nehmen. – Ach ja: Pit muss pieseln.

Viertel nach sieben trifft auch Karen ein. Das letzte Kind übernimmt seinen Schulranzen. Die verbleibenden Ranzen fahren Pit und Karen noch in den Waldhort und benachrichtigen die Eltern, dass sie sie am Wochenende dort abholen können, weil die Horttür nicht zugesperrt wird.

Karen und Pit beschließen, den vom einsetzenden Sturm umgekippten Weihnachtsbaum vor dem Eingang zum Waldhort erst am nächsten Tag zu befestigen. Hoffentlich finden sie dann auch alle Christbaumkugeln wieder, die sich beim Umfallen verkrümelt haben.

Prompt rufen liebevolle Nachbarn am Samstagvormittag an und berichten vom erneut umgefallenen Weihnachtsbaum und den Christbaumkugeln, die in großer Zahl vom Wind durch die Sportparkstraße getrieben werden. Herr Müller hat einige eingesammelt und überreicht sie in einer kleinen Obstkiste.

Karen holt das gute Seil aus dem Waldhort, der Baum bekommt vier Bandagen, verbunden an mehreren Haltepunkten. Pit befestigt einige Kugeln, dann klagt er über Kälte und Karen delegiert das Anklemmen der restlichen Kugeln für den kommenden Montag an die Kinder.

Wochenende!!!

Tagesablauf während der Ferien

„Guten Morgen, Johanna!“

„Guten Morgen, Laura!“

„Guten Morgen!“ hört man während der Schulzeit nie. Das ist nicht unterentwickelter Höflichkeit geschuldet. Die Kinder kommen sonst immer erst gegen Mittag.

Die Schulferien erstrecken sich im Allgemeinen über 13 Wochen im Jahr. Das ist für die Kinder notwendig, ihre Eltern haben jedoch nicht so viel Urlaub. Während der Schulferien ist die Schule geschlossen. Was machen die Eltern, deren Urlaub nicht in die Schulferien passt, mit ihren Kindern? Sie schicken sie in den Waldhort.

Bis auf die Zeit zwischen Weihnachten und dem 6. Januar kommen die Schulkinder während aller Ferien ab 7:45 Uhr in den Waldhort. Auch das Waldhort-Team braucht Urlaub und wegen mangelnder Nachfrage wird das Angebot eingeschränkt. Ostern und Pfingsten bleibt der Waldhort jeweils während der zweiten Ferienwoche geschlossen, im Sommer drei Wochen.

Zu Fuß

Vor den Ferien erarbeitet das Team – selbstverständlich unter Einbeziehung der Kinderwünsche – in einer seiner wöchentlichen Sitzungen einen Ferienplan. Der umfasst mindestens einen Ganztags-Ausflug, eine weitere, besondere Veranstaltung und meistens eine Themenwoche.

„Wann gehen wir mal wieder in die Kiesgrube?“ – „Ja! Da machen wir Feuer und dann gibt es Stockbrot und Würstchen.“ – „Warum gehen wir in der Schulzeit eigentlich nicht in die Kiesgrube?“

„Weil wir zur Kiesgrube fast eine Stunde unterwegs sind.“

Also: Dorthin gehen wir nur in den Ferien.

„Gehen wir heute wirklich in die Kiesgrube?“ – „Na klar! Schau doch mal, was schon alles draußen steht!“ – „Oh, toll, sogar eine Feuerschale! Und der große rote Bollerwagen, den nehmen wir sonst nie. Übernachten wir dann auch?“ – „Nein, das machen wir nur am Ende des Schuljahres. Und da kommen ja auch Eure Eltern mit.“ – „Sind wir dann heute ganz allein?“ – „Naja, wir Erwachsene kommen natürlich mit.“

Der Weg in die Kiesgrube ist zwar weit, doch das schreckt die wenigsten Kinder ab. Spätestens im zweiten Waldhort-Jahr hören wir keine Zitate mehr aus „Shreck II“ wie etwa: „Wann sind wir da?“

Start ist ferienüblich gegen 10 Uhr nach dem zweiten Frühstück. Dazu treffen wir uns an jedem Ferientag im Gruppenraum und essen und trinken, was jede*r mitgebracht hat.

„Gibt es nachher auch was zum Mittagessen?“ – „Natürlich!“ Klaus klärt die Neuen auf: „Wir machen ein Lagerfeuer, dafür ist die Feuerschale da. Und dann gibt es Würstchen und Stockbrot.“

„Dürfen wir selber Feuer machen?“ – „Klaro, wenn ein*e Erwachsene*r dabei ist. Aber das ist nicht so einfach. Wirst schon sehen.“

Klaus hat Recht. Streichhölzer, Feuerzeuge, Anzünder – alles Tabu. Ein älteres Kind hat den Titel Hestia*) bzw. Hestor erworben, nachdem sie unter Karens Anleitung gelernt hat, wie im Waldhort Feuer gemacht wird.

Die erste Hestia heißt Rebecca. Sie sammelt kleinste Äste und trockenes Bruchholz und legt sie an den Rand der Feuerschale. Ohne diese Vorbereitung kann sie ihre Aufgabe nicht erfüllen.

Dann hockt sie sich vor die Feuerschale, formt aus dem mitgebrachten Heu ein Nest und drückt den Zunder geschickt in die Mitte. Dann schlägt sie Funken mit dem „Schwedenstahl**)“ über dem Zunder in einem Heunest, bis einer der Funken den Zunder zum Glimmen bringt. Dann heißt es gezielt und sanft pusten, damit sich das Heunest entzündet. Das Heunest mit der kleinen Flamme legt sie in die Feuerschale.

Jetzt heißt es aufpassen, dass die kleinen Flammen nicht erlöschen. Vorsichtig schichtet sie einzelne Stöckchen aus dem Vorrat am Rand der Feuerschale auf die züngelnden Flämmchen.

Der Rest ist einfach – wenn nicht alles wieder erlischt. Dann muss ein zweiter Versuch es richten. Denn das Feuer muss zum Mittagessen soweit sein, dass eine heiße Glut für die Stockbrot-Stecken und die Würstchen bereit ist. Flammen wären ungünstig, das Essen und die Stöcker würden verbrennen.

Mittagessen unter sengender Sonne, hockend an der heißen Glut in der Feuerschale. „Schau mal, Karen, ist mein Stockbrot schon fertig?“ Diese Frage kommt immer zu früh. „Klopf mal mit dem Knöchel dagegen. Wenn es hohl klingt, kannst Du es probieren.“

Stockbrot ist nach Pits Auffassung in Kita-Kreisen so beliebt, weil es zwar auch sättigt, aber im Wesentlichen Geduld erfordert, bis es

---

*) Griechische Göttin des Herdfeuers

**) So nennen alle Waldhort-Menschen den Magnesiumstab.

ohne anschließende Blähungen essbar ist.

„Mein Würschtl ist ins Feuer gefallen!“ – „Ich hol‘s Dir raus.“ Nein, diesmal ist es nicht Klaus, sondern Karen. „Du musst Deine Stockspitze länger dünner schnitzen. Schau mal meinen Würschtl-Stock an.“ Schnitztraining und Würschtl-Materialkunde gehören zum Kiesgruben-Mittagessen.

„Wie wird denn das Wetter heute?“

Wichtige Frage. Die Sonne bekommt von den Wolken schon Konkurrenz. Karen zückt ihr Handy und konsultiert die Wetter-App.

„Es gibt bestimmt Regen“, unkt Gabriel. Der kennt sich allerdings mit Wetter im Wald aus. Er gehört zu den Waldläufern und übernachtet hin und wieder ein Wochenende lang im Wald.

Pit wiegelt ab: „Ne, heute erst ab 19 Uhr. Ich hab‘ extra zu Hause noch mal nachgeschaut.“

Gegen halb drei suchen wir Ausrüstung und Kinder zusammen. Den Eltern haben wir in der Ferienplan-Mail mitgeteilt, dass wir um 16 Uhr zurück im Waldhort sind.

Von der Sonne ist jetzt nichts mehr übrig.

Gabriel und Pit erklären sich bereit, die schweren Sachen zu packen und den großen und den kleinen Bollerwagen auf dem Rückweg zu übernehmen.

Jetzt sind nur noch Wolken am Himmel. Die dunklen.

Die Kinder machen sich mit Laura und Karen schon mal auf den Weg. Gabriel buddelt ein Loch in den Kiesboden, schüttet die Restglut aus der Feuerschale ins Loch, wie er es von Karen gelernt hat. Er kippt das Löschwasser auf die rauchenden Ruinen und legt eine dicke Kiesschicht drauf.

Es beginnt zu tröpfeln.

„Das wird schon nicht schlimmer. Wir gehen ja alleine schneller als mit Kindern.“ Pit, der sonst immer das Glas für halb leer erklärt, macht heute auf sonnigen Optimismus.

Die beiden Erwachsenen ziehen los. Sie ziehen jeder einen Bollerwagen. Raus aus der Kiesgrube geht es naturgemäß bergauf.

Oben an der Straße angekommen, haben sich die beiden der Regenwolke offenbar genähert. „Ist nicht schlecht“, meint der Saison-Optimist. „Dann staubt es auf der Straße nicht, wenn mal ein Auto vorbeikommt.“

Es kommen keine Autos. Alles, was kommt, kommt von oben.

„Meinst Du, die andern sind schon im Waldhort?“ Gabriel macht sich ein bisschen Sorgen.

„Die haben doch alle Regenklamotten dabei. Selbst, wenn sie noch unterwegs sind, macht das nichts“, meint der Langzeit-Optimist.

Kurz vor dem Wildgatter, wo die Kiesstraße in die geteerte übergeht, muss kein Staub mehr gefürchtet werden. Der mittlere Regen geht in die nächste Stufe über, also die nächst höhere.

„Bei mir kommt das Wasser schon durch die Schulternähte.“ Mit seiner Klage rächt Gabriel sich offenbar für Pits sonnige Wetterprognose. Hilft aber nichts.

Um es kurz zu machen, denn es fehlen noch ziemlich genau 1 ½ km bis zum Ziel: Die beiden Schlepper erreichen das Waldhort-Gebäude durchnässt bis auf die Haut, keiner der beiden hat Wechselwäsche dabei. Alle abholenden Eltern schwanken beim Anblick der Erzieher zwischen Mitleidmine, Schmunzeln und Erleichterung: „Gott sei Dank sind die Kinder rechtzeitig hier gewesen.“

Draußen regnet es jetzt stark. –

Seit diesem Tag fragt Gabriel Pit nicht mehr, wie das Wetter am Nachmittag wird.

Beim nächsten Ausflug übernimmt Karen die Wetter-Prognose, weshalb unsere Tour zur Wertstoffsammelstelle reglos startet und endet. Die letzte Müllsammlung hat ausreichend Beute ergeben und wir wollen – Bildungsauftrag! – den Kindern zeigen, wohin Dinge gebracht werden, die noch brauchbar sind.

Dazu gehen wir eine unbekannte Strecke durch Feld und Wiese bis zur Kumpfmühle, rund vier Kilometer.

Unterwegs finden die Müll-Argusaugen weiteres Material, das auf den Bollerwagen verladen wird. Ein besonderes Sammelstück kommt nur teilweise zum Ziel: Für die Klobrille ist ausreichend Platz, nicht aber für die Schüssel. Die ist auch zu schwer, um sie über die Bordwand des Bollerwagens zu hieven.

Der Vollständigkeit halber sei ein weiterer „Müll-Ausflug" erwähnt. Er führt die Ferienkinder zur Schafweide, der kommerziell betriebenen Abfalldeponie, ist ebenfalls zu Fuß erreichbar.

Karen hat vorab eine Führung organisieren lassen. Die Deponie-Mitarbeiter zeigen, wie die unterschiedlichen Werkstoffe getrennt aufbewahrt werden und weisen auch auf die großflächige Photovoltaik-Anlage hin. Der unvermeidliche Vortrag stößt sogar unter den Kindern auf reges Interesse.

„Können wir nicht mal zur Feuerwehr?" – „Au ja!!!" Mein Onkel ist bei der Feuerwahr." Der Vorschlag wird vom Team dankend aufgenommen und ein Termin mit dem Chef der Ebersberger Freiwilligen Feuerwehr vereinbart. Das Gebäude liegt nicht weiter vom Waldhort entfernt als die Grundschule, der Weg und auch das Ziel ist den Ebersberger Kindern bekannt. Aber drinnen im Feuerwehrhaus war noch niemand, nicht einmal die Erwachsenen.

Uli Proske, wenige Jahre später Bürgermeister der Kreisstadt, empfängt die kleine Gruppe, erklärt die vielfältigen Aufgaben der Feuerwehr und wie man Mitglied wird. Aber auch, was man alles wissen und können muss, damit die FWW ihren Zweck erfüllen kann. Der Feuerwehr-Hauptmann öffnet Fahrzeuge, lässt die Kids Platz darin nehmen und fesselt sie mit spannenden Geschichten.

Zur Ebersberger Stadtrallye teilt sich die Gruppe der Ferienkinder.

„Was sollen wir mit den Bildern?" – „Das, was da drauf ist, sollt Ihr finden und fotografieren. Hier hat jede Gruppe eine Kamera. Außerdem gibt es noch einige Fragen zu beantworten. Hier sind die Fragebogen mit Klemmbrett und Stift."

„Oh, ich weiß, wo das ist!" Sie rennt los.

„Pit, dann geh' Du mit denen, ich begleite die andere Gruppe in entgegengesetzter Richtung. Wir treffen uns zum Schluss am Spielplatz."

Heimatkunde in den Ferien! Aber natürlich mit Bonus-Fragen, z.B. worum es in so einer Sparkasse oder im Rathaus geht. Und warum sieht man hier einen Reiter mit Blasinstrument? An einer Gastwirtschaft?

Die Waldhort-Ferien-Ausflüge finden, wie oben beschrieben, zu Fuß statt, aber auch mit den Fahrrädern und öffentlichen Verkehrsmitteln.

Zu Rad

Für die Radtouren bringen manche Eltern die Fahrräder der Kinder am Vortag zum Waldhort. Dort dürfen sie übernachten (also die Fahrräder, nicht die Eltern) und werden, selbst wenn die Haustür unversperrt bleibt, nicht gestohlen. Wir sind in Ebersberg.

Fahrräder für Kinder haben ein bis achtzehn Gänge. Je mehr Gänge, desto weniger wissen die Fahrer*innen etwas damit anzufangen. Sie fahren den ganzen Tag im selben Gang. Welche Eltern haben schon Zeit, so etwas anzuleiten?!

Natürlich ist eine Nabenschaltung völlig uncool, deshalb springen bei einigen Fahrrädern die Ketten ab und zwischen die Ritzel. Mit den Jahren hat Pit die Griffe entwickelt, die nötig sind, um Fahrräder wieder flott zu bekommen. Er gibt dieses Wissen gerne an seine Kollegin Laura weiter.

Kinderfahrräder müssen neu sein. Gebraucht ist uncool. Deshalb werden sie, ökonomisch notgedrungen, „für die nächsten drei Jahre“ gekauft. Dann passen sie wenigsten in drei Jahren nach Abschluss der Grundschule zur Körpergröße des Kindes.

„Alle Kinder stellen sich der Größe nach hintereinander mit ihren Fahrrädern im Waldhort-Hof auf. Wir gehen noch mal die Fahrradregeln durch!“ Wichtigste Regel: Abstand eine Fahrradlänge. Das funktioniert trotz Pandemieerfahrung nur zufällig. „Hey! Wieso hältst Du plötzlich an?!“ – „Ich muss Nase putzen.“ Und schon weiß wieder ein Kind mehr, wozu Abstand gut ist. Verbal wurde das selbstredend vor Abfahrt erklärt, auch von den Kindern untereinander. Aber wie heißt es bei Maria Montessori: „Hilf mir, es selbst zu tun.“

Wir sind auf dem Weg nach Pöring zum Waldspielplatz. Die Hintour mit dem Fahrrad, zurück die einen mit der S-Bahn (und den Rädern), andere werden pünktlich oder vorzeitig mit dem Auto abgeholt. Doch der Hinweg ist lang, gut zehn Kilometer.

„Haltet mal an, ich möchte was trinken.“ Das klappt hervorragend.

Viele Kinder schließen sich an, manche verschwinden in den Büschen, wieder andere fragen: „Was bedeutet ‚Geräumt'?" Durch die kleinen Unterbrechungen wirkt die Strecke weniger anstrengend.

„Oh, guck mal, da vorne!" – „Wo? – Oh, da! Hey, schaut mal, Wildschweine!" – Tatsächlich! Ein kleines Rudel trifft sich an einer Sauschütt. Es ist mit den Frischlingen unterwegs, da heißt es leise und langsam, aber zügig vorbeifahren. „NICHT stehenbleiben! Die Mutter-Wildschweine sind nicht niedlich, wenn sie um ihre Jungen fürchten!"

Antonia, zu Beginn ihrer Waldhort-Zeit eher ängstlich, fährt gleichmäßig schnell und ohne den Blick zum Rudel zu wenden, vorbei. „Aaah!!!" Ausgerechnet ihr läuft ein verwirrtes Jungtier quer vors Rad! Sie rutscht vom Sattel. „Steig schnell auf und fahr einfach weiter!" Pit gibt ihr die Anweisung in einem so gelassenen Ton, dass er sich selber wundert. Das Tier ist nun vom Rudel getrennt. Ja, es kehrt zurück, aber ohne Panik und auch ohne Panik bei den Menschen auszulösen.

Puh! Antonia hat heute Abend zu Hause was zu erzählen.

Der Waldspielplatz ist weitläufig, Hütten zum Mittagessen und für den Snack, die Kinder genießen Kletterseile und hohe Schaukeln und – Wasser! Hier landet die Waldhortgruppe jedes Jahr einmal.

Der Antoniweiher ist vom Waldhort etwa so weit entfernt wie die Kiesgrube. Mit den Rädern brauchen wir gut 20 Minuten. „Haben wir die Kescher dabei?"- „Klaro. Ich hab' zwei Schraubgläser eingepackt." Das sind Sternstunden: wenn jemand an die Gläser denkt. Da hinein können die Rotfedern zwischengelagert werden, in vertrauter Wasserumgebung, nachdem sie verdutzt aus dem Kescher geschüttelt wurde.

„Guck: Ich hab' sogar schon zwei!"

Und das kommt auch vor:

„Pit! Komm schnell! Der Markus ist ins Wasser gefallen!“

Da bleibt keine Zeit für ein „Ja, Du mich auch!“. Pit ist schließlich gelernter Rettungsschwimmer, wenn auch im Ruhestand.

Vom Fahrradabstellplatz bis zum Steg, von dem aus Markus ins Wasser gelangen kann, sind es nur fünf Meter. Und Markus hat den Weg ins Nass ganz nah am Ufer gesucht und gefunden.

Pit kann ihn leicht unter den Armen greifen und auf den Steg ziehen. Markus kann ja schwimmen, doch das war wohl nicht nötig. „Ne, ich war nicht unter Wasser, ich hab‘ noch den Boden gespürt unter den

Füßen." Markus wirkt ganz gefasst.

Für dieses Kind hat die Mama sogar Wechselwäsche mitgegeben, und was noch fehlt, suchen wir zusammen, dann ist Markus wieder in trockenen Tüchern.

Die vier Waldhort-Kescher gehen reihum von Hand zu Hand. Das regeln die Kids inzwischen ganz alleine.

Als Luis den Kescher als Rute verwendet, um einen kleinen Ast im Wasser zu erwischen, lässt er den Kescher vor lauter Motivation los. „Was machen wir jetzt?" – „Warten. Guck mal, der leichte Wind treibt ihn netterweise zum Steg zurück." – „Da hab' ich ja Glück gehabt."

Einer der Fahrradausflüge führt uns zu einer Obstwiese am Westrand des Ebersberger Forstes. Dort stehen auch Bienenkörbe. Ernst entdeckt sie. „Da muss man ganz vorsichtig sein." – „Weiß ich, mein Opa hat auch Bienen", sagt Eva stolz. – „Ehrlich? Wie geht das? Hat der keine Angst vor denen?"

Eva erzählt und Ernst lauscht.

Lernen kann so einfach sein.

Zur Hohenlindener Sauschütt zieht es viele Familien. Wie in einem Tierpark leben dort Tiere, ein bisschen eingehegt, allerdings ausschließlich hier aus der Gegend. Wie in einem Tierpark lockt zusätzlich ein Spielplatz, der aus dem Sortiment von Adam Bienenstock entnommen sein könnte[*]. Outdoor-Gastronomie gibt es auch.

Stefan und Pit übernehmen als Leittiere[**] die Gruppe Ferienkinder und radeln vom Waldhort-Gebäude los in Richtung Anzing. Den Weg bis zum Abzweig zur Kiesgrube und dem Abzweig zum Antoniweiher kennen alle Kinder.

---

*) s. Abschnitt Karen und Pit in Canada

**) wir leben in der Zeit vor der epidemischen Verbreitung von Smartphones.

Etwa 200 Meter nach den Abzweigen geht es nach rechts, vorbei an der Waldgaststätte Hubertus Richtung Osten.

„Ab hier könnt ihr fahren, wie ihr wollt. Denkt aber dran an jeder Kreuzung zu warten, bis wieder alle zusammen sind.“

Die Wilden rasen davon, die langsameren schauen auch mal in die Natur.

„Ich kann nicht mehr“, klagt Carolin, die Zweitklässlerin mit dem kleinsten Fahrrad. Auf den unebenen Wegen schmerzen ihre Handgelenke.

Pit weiß keinen Rat und ermuntert sie: „Ist nicht mehr weit, die Hälfte haben wir schon. Dann kannst Du ausruhen.“

Carolin lässt sich überreden.

Die Strecke ist Pit und Stefan bekannt. Sie wissen, es sind wirklich nur noch zwei oder drei Kilometer zum Ziel. Noch etwa einen Kilometer, dann kommen sie an ein Gatter, denn die Gruppe bewegt sich im umzäunten Teil des Ebersberger Forstes. Der Zaun soll die Wildschweine von allzu abenteuerlichen reisen abhalten. Der Zaun ist für Menschen, besonders kleine, unüberwindbar, zumal mit Fahrrädern.

Das Gatter lässt auf sich warten.

Carolin strampelt tapfer, hin und wieder lässt sie ein leises Stöhnen vernehmen.

Auf der anderen Seite des Gatters müssen wir die Straße überqueren, dann sind es noch mal 1 ½ Kilometer durch den Wald.

Das Gatter lässt auf sich warten.

„Meinst Du, wir sind an der richtigen Stelle abgebogen?“ – „Ich denke schon.“ So wirklich überzeugt klingen die beiden Männer nicht.

„Lass uns noch fünf Minuten fahren. Dann schau’n wir mal.“ Besonders weise erscheint der Vorschlag keinem von beiden.

Dann ist das Gatter plötzlich da!

Wir queren die Straße, die Kinder wirken erleichtert.

„Ist das hier der Weg zur Sauschütt? Ich hab‘ den breiter in Erinnerung.“

„Ich habe die Kamera dabei, die kann GPS, mit der können wir unsere Position bestimmen“, frohlockt Stefan.

Er schaltet die Digi-Cam ein und wühlt sich durch das Menü bis zur Landkarte.

„Hm“, und dann ganz leise zu Pit: „Da ist nur grün zu sehen. Na ja, wir sind ja auch nicht auf einer echten Straße, ist ja nur ein Forstweg.“ – „Also wissen wir nicht, wo wir sind. Oder?“ – „Korrekt.“

Wir beschließen, dem Forstweg im östlichen Teil des Forstes erstmal zu folgen. Auf den Sonnenstand ist ja einigermaßen Verlass, die Himmelsrichtung sollte stimmen.

„Ich ruf Karen mal an.“ Immerhin sind wir schon eine Stunde unterwegs und sollten eigentlich längst am Ziel sein. Pit greift sich das Waldhort-Handy: „Also pass auf, Karen, wir sind über die Straße rüber, das Gatter liegt hinter uns. Aber ob das das richtige Gatter war, weiß ich nicht.“ – „Ich komme, Euch zu erlösen!“

Es dauert. Wir warten.

Es dauert, wir Erwachsene fragen uns, ob Karen uns eigentlich finden kann.

Ziemlich viel später steht sie vor uns.

„Ich bin natürlich den richtigen Weg gefahren. Ihr offenbar nicht, sonst hätte ich Euch ja treffen müssen. Ich hab‘ Euch gesucht und gesucht, deshalb hab ich so lange gebraucht.“

Ist das peinlich! In der Tat haben wir einen Abzweig übersehen. „Der ist sogar beschildert!“ meint Karen. Na und? Jetzt kennen wir die Ursache. Ob wir beim nächsten Mal den Weg finden, darüber schweigt des Sängers Höflichkeit. Karen verfügt: Pit und Stefan dürfen nie wieder alleine auf Radtour gehen.

Den Nachmittag verbringen wir entspannt im Sauschütt-Park. Der Rückweg ist angenehm kurz und die Kinder murren nicht.

Zu Bus

Zu den Bussen des Münchner Verkehrsverbundes MVV hat der Waldhort ein geradezu gut-nachbarschaftliches Verhältnis entwickelt. Sie sind das Verkehrsmittel der Wahl bei Ausflügen in Richtung München. Die beginnen immer in unmittelbarer Nähe zum Sitz des Waldhorts, wo sie als Zubringer zur S-Bahn dienen.

Die Feriengruppe begibt sich mit mindestens zwei Erwachsenen und 12 bis 18 Kindern zur Bushaltestelle. Dort werden alle vorbeifahrenden Autos lautstark zum „Hupen! Hupen!“ aufgefordert. Die wenigen Insassen der Fahrzeuge, die diese Begrüßung hören können und wohl eher erahnen, folgen zur großen Freude und ekstatischem „Jaaaa!!“ der Bitte. Dadurch wird es schon mal nicht langweilig, wenn der Bus erst mit Verspätung durch den Ebersberger Forst zur Haltestelle findet.

Dann steigt Pit mit den Kindern hinten und Karen vorn beim Fahrer ein (in der Tat sind das immer Männer). Karen ordert dann „Drei Gruppen-Tageskarten für die Zone M3 und eine Tageskarte für einen Erwachsenen.“ Die Order ist zuvor über die MVV-Homepage nach allen Regeln der Arithmetik geplant und optimiert.

Der Bus ist bereits mit fünf Minuten Verspätung an unserer Haltestelle eingetroffen. Das Einsteigen der Kinder geht ja recht flott, aber der Verkauf der Fahrkarten! Der droht alle Fahrpläne zu zerstören. „Sie fahren doch weiter nach München. Dann kaufen Sie doch die Karten bitte am S-Bahnhof!“ Legale Schwarzfahrt en group.

Liegt das Ziel näher als die Großstadt, etwa wenn wir zu den Skatertagen oder zur Mariensäule nach Grafing ausfliegen, passiert dasselbe. Da fahren wir allerdings nur eine einzige Station mit der S-Bahn. Und wenn der Bus ausreichend verspätet kommt, bleibt keine Zeit zum Fahrkartenkauf am Bahnhof, denn der Busfahrplan ist mit dem der S-Bahn abgestimmt. Bei außerplanmäßiger Durchführung des Fahrplans bleibt a) fortgesetzte Schwarzfahrt – kommt nicht in Frage, b) ein erzwungener Zwischenstopp von 40 Minuten mit 12 bis 18 Kindern am Bahnhof – keine reizvolle Perspektive und c) der Vorabkauf der Karten, entweder am Vortag oder via Internet und Mobil-Telefon. Da wir Wahl der Variante a) die Möglichkeit einer Kontrolle vor Augen haben und mit den Waldhort-Eltern kein „erhöhtes Beförderungsentgelt“ abrechnen können und wir Erwachsenen als Vorbild funktionieren, bleibt nur Variante c). Möglichkeit b) steht uns immer dann zur Verfügung, wenn der Bus am Bahnhof ankommt und zur selben Zeit die S-Bahn losfährt, bevor die Bustüren zum Entladen öffnen. Im günstigsten Fall zieht die ganze Meute zum nahegelegenen Volksfestplatz. Attraktiv ist das auch nicht, folglich wird b) gemieden.

Die umgekehrte Reihenfolge – S-Bahn bringt uns aus München bis nach Markt Schwaben zum Bus, der uns zurück zum Waldhort fahren soll – kennt auch Tücken. Ist die S-Bahn pünktlich, klappt es trotzdem mit dem Bus-Anschluss nicht, wenn beim Planen des Ausfluges das winzige Zeichen übersehen wird, dass man während der Ferien auf eine Reihe von Fahrten, die zur Schulzeit stattfinden, verzichten muss. Da sind es einmal nicht nur 40 Minuten Zwangspause und einige Eltern helfen aus.

Zu den reinen Bus-Ausflügen gehört der Besuch in Herrmannsdorf auf dem Musterhof von Herrn Schweisfurth bei den glücklichen Schweinen. 2015 reisen 14 Kinder plus Personal am Nachmittag in Richtung Glonn und gegen Abend gibt es Lagerfeuerromantik mit Gitarre. Alle übernachten dort in Tippis, Bauwagen, Holzhütten, kurz, in Bewohnbarem aller Art und unterschiedlichster Größe.

Am nächsten Morgen bereiten alle, also wirklich alle, das Frühstück vor und nehmen es natürlich auch gemeinsam ein. Anschließend geht’s rüber zum Bauernhof. Dort macht uns geschultes Personal mit den Tieren bekannt und erläutert die Art der Haltung, besonders in Abgrenzung zur Industrie, zu der die Betriebe des Gründers, Karl Ludwig Schweisfurth, zählen. Das Motto dieser Art, sogenannte Lebensmittel herzustellen, lautet seit 1962 „Herta – wenn‘s um die Wurst geht.“ Die Herrmannsdorfer Homepage vermerkt dazu:

„„Wir nehmen den Tieren das Leben, darum ist es uns eine ethische Pflicht, ihnen ein gutes Leben zu geben‘, das war seine (Schweisfurths) tiefe Mission“, wenn auch erst mit 55 Jahren. 1995 gründet er die Herrmannsdorfer Betriebe, die seither dazu beitragen, dass eher handwerklich hergestellte Schnitzel und Würste zu, nun ja, gediegenen Preisen in Oberbayern gibt.

Diese Möglichkeit zur Übernachtung gibt es leider nicht mehr, zu viel Aufwand hätte getrieben werden müssen, um alle Risiken auszuschließen und die Versicherungen zufrieden zu stellen.

Aber Führungen werden ähnlich wie 2015 nach wie vor angeboten, es gibt dort neben glücklichen Schweinen auch Hühner und anderes Nutzgetier in artgerechter Haltung zu sehen. Dieser Ausflug dient dem Lernziel „Woher kommt unsere Wurst / unser Schnitzel?“ Und wie leben die Tiere, bevor sie unters Messer kommen? Die Schlachtung wird in Herrmannsdorf nicht gezeigt. Eines der Waldhortkinder stammt aus einer Metzgers-Familie und verschafft uns einen Besuch Kleinstadt-Schlachterei.

Zum Thema MVV ist dessen Kundenorientierung erwähnenswert: Nicht alle Kinder können an allen Tagen von ihren Eltern oder Fahrgemeinschaften vom Waldhort abgeholt werden. Da wäre es praktisch, wenn der Bus, der um diese Zeit in Richtung Ebersberger Zentrum fährt, an der Haltestelle in der Nähe planmäßig stoppt und ein Kind bis ins Dorf*) mitnimmt. Ein Halt ist nicht vorgesehen, obwohl es eine Haltestelle vor Ort gibt.

Karen schreibt einen Brief an den MVV und zum nächsten Fahrplanwechsel legt der Bus einen Zwischenstopp ein, sodass Stella bequem nach Hause gebracht wird – häufig erlässt ihr der Fahrer das Fahrgeld. Vermutlich hat er selber Kinder und kein üppiges Einkommen.

*) despektierliches Synonym für Ebersbergs Stadtmitte

Zu Bahn

Ausflüge nach München sind da schon weniger durch fehlende Orientierung gefährdet. Die Lokführer der S-Bahn-Züge wissen, wo's lang geht.

Zur Auswahl stehen das Deutschen Museum nebst Verkehrsabteilung im alten Straßenbahn-Depot, das Kinder- und Jugendmuseum am Hauptbahnhof, das Jagd- und Fischereimuseum in der Fußgängerzone (incl. mehrerer Exemplare des Wolpertingers) und der Botanische Garten, der unsere Kinder nur bedingt anmacht. Das Olympiagelände bietet Minigolf und Schloss Nymphenburg das Naturmuseum, die große Schwester des Ebersberger Museums Wald und Natur, allerdings eher eine „Ich-drücke-alle-Knöpfe"-Veranstaltung, da die

Kinder keine Zeit haben, sich mit der Wirkung der „Knöpfe“ zu befassen; schließlich das Puppentheater am Sendlinger Tor.

Manche Kinder sind zum ersten Mal Passagiere von S- und Straßenbahn und fasziniert, wenn sie vorne rausgucken können. Nicht jeder S-Bahn-Lokführer[*)] hat für Kinder etwas übrig. Doch der schiebt extra die Jalousie zu seinem Séparée zur Seite, als er die Kinder bemerkt. Einer Lokführerin können wir uns auf unseren Touren nie anvertrauen. Die arbeiten offenbar nicht auf unserer S-Bahn-Linie.

Nach Grafing, der Schwesterstadt, ist es nicht weit.

„Aber zum Klettern fahren wir schon mit dem Bus, oder?“ – „Na klar! Von uns hier mit dem Bus bis zum Ebersberger S-Bahnhof und dann eine Station mit der S-Bahn.“

Grafing bietet als Ferienziel, neben den Skatertagen in den Sommerferien, im Eisstadion Schlittschuhlaufen und am Rand des Dobelwaldes einen Bach mit Flusskrebsen. Da uns im Ebersberger Forst das Wasser fehlt, ist dieses Ziel immer eine Reise wert. Wir müssen vom Grafinger S-Bahnhof noch einen 45-minütigen Fußmarsch zurücklegen. Zurück natürlich auch. Deshalb locken wir die Kinder auf dem Rückweg zum Bahnhof mit dem Besuch der Eisdiele oder einem Kiosk mit Kühltruhe.

Irgendwann im Laufe des Jahres bekommen wir Besuch aus Kiefersfelden. Die Kolleg*innen möchten wissen, wie so ein Tag im Waldhort abläuft. Auf solche Ansinnen ist Karen vorbereitet: Der Besuch lauscht Karen Vortrag – sie schwärmt aus Überzeugung. Zur Verabschiedung laden uns die Kiefersfeldener zu sich ein. Nicht nur die paar Erwachsenen, nein! Alle Kinder, die

---

*) „Im Bahnumfeld sprechen wir meistens von Triebfahrzeugführer*innen (Tf).“ Deutsche Bahn, 2020.

während der Ferien in den Waldhort kommen. „Also, damit das klar ist“, sagt Karen mit klarem Blick in die Augen der Kollegin, „wir kommen wirklich.“

Am Anfang der Sommerferien ist es soweit. Der Besuchsablauf wird noch mal besprochen, die Planung wird präzisiert um eine Übernachtung aller Beteiligten im Hort-Gebäude und um ein Fußballspiel.

Pit und Annerose transportieren in ihren Wohnmobilen alle Übernachtungsutensilien und sind noch nicht vor Ort, als die Kinder mit Laura, Karen und Lenn mit der Bahn ankommen. Die Zeit bis zum Eintreffen der Schlafsäcke und was dazugehört kann man einfach überbrücken: Die Kinder schlagen Eisessen vor. Das lässt sich machen; die Hortleitung vor Ort kennt und empfiehlt eine kleine Eisdiele, keine 10 Minuten entfernt.

Pit wird mit Karen im Wohnmobil übernachten, wie auch schon bei den Kiesgrubenübernachtungen. Als Annerose und Pit endlich eintreffen, ist das Fußballspiel in der Turnhalle schon in vollem Gange. Annerose und Pit laden schon mal alles aus und begeben sich dann auf die Suche nach dem Eingang zur Turnhalle, dem Ort des Geschehens. Erfolgreich, auch wenn es ein wenig Kombinationsgabe erfordert.

Die Begeisterung in der Sporthalle ist groß, beide Teams kämpfen um jeden Ball, beide Torwarte haben gut zu tun. Bei dieser Begegnung fallen Tore auf beiden Seiten, anders als beim Turnier der Horte im Landkreis wenige Wochen zuvor. Von dort fuhr das Waldhortkinder-Team torlos nach Hause.

Das Mittagessen wird in der Hortmensa serviert. Die Waldhortkinder kennen keine Mensa, es sei denn, sie hatten notgedrungen Kontakt mit der Mittagsbetreuung. „Ist das hier anders als im Waldhort?“ fragt die Hortleitung. „Hier sind viel zu viele Kinder, es ist so laut beim Essen!“ – „Oh, dabei sind heute nur die Ferienkinder im Hort. Sonst sind es noch viel mehr, da ist es dann noch lauter.“

Das eigenverantwortliche Handeln der Kinder, im Waldhort an der

Tagesordnung, wird hier eingeschränkt. Das erkennen die Kinder z.B. daran, dass viele Räume abgeschlossen sind, wenn sie nicht benutzt werden sollen. „Hier wissen die Kinder nicht mal, warum sie heute keine Sachen aus dem Schrank holen können. Die Türen sind einfach zu. Das ist doof.“

Den Abend verbringen die naturgewohnten Gäste aus Ebersberg auf dem geteerten Schulhof und dem angrenzenden kleinen Fußballfeld. Einige Waldhortkinder spielen mit ihren Pädagog*innen Tic-Tac-Toe menschlichen Figuren und vor Publikum. Dabei fragen sie sich nach kurzer Zeit: „Wie regeln wir es, wenn einzelne Menschen das Spiel verlassen? Das passiert ja am Tisch nicht.“ – Stimmt! Da hilft das Publikum durch Spielerwechsel.

Zwei Kinder kümmern sich mit einem Erwachsenen um das Lagerfeuer und als die Glut so weit ist, heißt es: „Hey, das Feuer ist so weit! Holt Eure Stöcke! Der Teig steht in der Küche. Es ist Stockbrot-Zeit.“ Ist natürlich was Anderes als in der Kiesgrube, aber ein Hauch von Waldhort weht trotzdem über den Schulhof.

Am Abend verteilen sich die Waldhortkinder im obersten Stockwerk des auf 75 Kinder ausgelegten Hortes. Anders als erwartet schlafen die Kiefersfeldener Kinder zu Hause und auch die Kiefersfeldener Kolleg*innen übernachten nicht mit uns. Als die Kiefersfeldener Kinder ihre Pädagog*innen sich am Nachmittag von uns verabschieden, fragt Pit*) bei der Übergabe des Hausschlüssels die Hortleitung: „Warum seid Ihr heute Abend nicht dabei?“ – „Der Bürgermeister würgte meinen Wunsch nach Übernachtung mit integriertem Erfahrungsaustausch ab mit der Frage, wer denn die dadurch anfallenden Überstunden bezahlen soll; die würden ja schließlich nicht vom Land refinanziert.“ Armes Kiefersfelden. Kann von 16 Mio. Euro im

*) der ewige Kassenwart

Verwaltungshaushalt keine 10 Stunden für eine Erzieherin bezahlen.

Für die Kids in ihren Schlafsäcken erklingt zum Tagesabschluss eine kleine Nachtmusik. Pit setzt sich auf den Boden der Garderobe zwischen den beiden Schlafräumen, klimpert ein bisschen auf der Gitarre und muss aufpassen, dass er nicht vor den Kids eindöst.

Das Team setzt sich in der kleinen Teeküche gegenüber dem Schlaftrakt zu einem nicht nur fachlichen Plausch samt Nachttrunk zusammen. Es wird eine entspannte Nacht. Laura und Lenn verteilen sich auf die beiden Schlafräume und kommen sogar früher als bei der Kiesgrubenübernachtung zur wohlverdienten Ruhe.

Nach dem Frühstück am nächsten Morgen zieht die ganze Meute – wie geplant – ins Hallenbad.

Das ist ein überraschend teurer Spaß, finden die Erwachsenen, die vermutlich seit vielen Jahren kein Hallenbad besucht haben, und schon gar keines, das privatisiert wurde.

Pit übernimmt die ihm angestammte Rolle des Rettungsschwimmers und setzt sich in einen Stuhl am Beckenrand. Ohne diese Jobbesetzung hätten wir das Bad nicht benutzen dürfen, denn mit so vielen Besucher*innen benötigt man mehr Hallenaufsicht, die leider nicht verfügbar ist.

„Hey, Pit, schau mal, wie lang ich tauchen kann!“ – „Lukas! Ihr dürft nicht vom Rand reinspringen, also überhaupt nicht springen. Es könnte sein, dass Ihr einen schwimmenden Menschen überseht.“ – „Könnte! Ja. Na gut.“

Die Kinder genießen das Wasser, auch wenn sie nicht an der frischen Luft sind. Nach dem Hallenbad gibt es frische Brötchen mit Butter und Käse und wir besuchen erneut die örtliche Eisdiele.

Die Rückfahrt mit der Bahn nach Grafing-Bahnhof beendet diesen Ausflug. Karen fährt mit dem Wohnmobil zu ihrem Arzttermin und Pit, Laura und Lenn begleiten die Kids im sehr gut besuchten Regionalzug.

Betriebswirtschaftslehre als Fortbildungsangebot für Kinder und Erwachsene: Auch das bietet der Waldhort – im August, also gewissermaßen während der Semesterferien.

Eine Waldhort-Mutter arbeitet als Geschäftsführerin einer Hemden-Maß-Schneiderei. Sie lädt die Ferienkinder in ihren Betrieb ein und übernimmt die fachlich bestens fundierte Führung – Sortimentsüberblick und Fertigungsstraße inclusive.

Die „alten Waldhort-Hasen" unter den Kindern möchten den Ferientag mit einem typischen München-Sommer-Event abschließen.

Deshalb fahren alle mit der Straßenbahn zum Haus der Kunst, um sich von den Surfer*innen für ihren nächsten Meeresurlaub inspirieren zu lassen. Oder einfach mit staunend-offenen Mündern Akrobatik zu bewundern. Das kennen gerade die älteren Kinder, weil wir auch im Vorjahr nach der Tretbootfahrt im Englischen Garten hier den Tag ausklingen ließen.

Zu Hause

Während der Faschingsferien bleiben wir an einem Tag im „üblichen“ Wald. Spätestens einen Tag zuvor ist die Piñata fertig, sie kommt mit in den Wald und wird mit vereinten Kräften geschlagen. Manch eine Piñata ist nicht hart genug und wehrt sich tapfer gegen ihre Zerstörung. Doch letztendlich landen alle Süßigkeiten auf dem Waldboden und werden ganz gerecht unter die Kinder verteilt.

Verhält sich das Wetter zum Rausgehen inkompatibel, bleiben wir auch mal im Gruppenraum.

Seit es die Tablets im Waldhort[*)] gibt, kann das Waldhort-Kino-Team auf eine stattliche Anzahl Stopp-Motion-Filme verweisen. Regelrechte Rennwagen-Parcours entstehen, spektakuläre Unfälle werden gefilmt und dramatische Verbrecherjagden gestellt. Dazu bringt Karen eine Reihe besonderer Spritzguss-Autos aus dem Fundus ihres Sohnes für ein paar Tage von zu Hause mit. Da gibt es amerikanische Polizeifahrzeuge, Schulbusse und Transporter, kleine Städte mit Straßenplan werden bevölkert mit Parkhaus, Tankstelle und Werkstatt. Karen kann ihre Autoleidenschaft nicht leugnen. „Aber Autos machen so viel Dreck und sind gefährlich!“ Das muss sie sich dann auch mal anhören von dem einen oder anderen Kind, wobei sich eine rege Diskussion um das Pro und Contra des Individualverkehrs anschließt.

Fasching feiern wir ebenfalls im Gruppenraum. Obwohl ein ausgesprochener Faschingsmuffel wirft sich sogar Karen in Schale – in das Fell einer Löwin. Pits Kostümierung besteht aus einem T-Shirt, das er unter anderen Bedingungen nicht tragen würde. Die Kinder haben ihren Spaß, ganz gleich ob mit oder ohne

---

*) s.u. zum Thema „Fortbildung Startchance KitaDigital“, die Karen und Laura 2022/23 besuchten.

Verkleidung.

2017 funktionieren einige Mädchen die Kostümierung um in eine Modenschau und stolzieren über den Catwalk – den Basteltisch.

Ein einziges Mal besucht Karen den Ebersberger Faschingsumzug mit den Kindern und verzichtet seitdem darauf: Ständig zählt sie die Häupter ihrer Lieben und muss erneut zählen, ist nur kurz beruhigt, dann fehlt wieder jemand. Nein, das hat mit Pädagogik nichts zu tun! Karens Empfehlung: „Zum Faschingsumzug geht Ihr am besten mit Euren Eltern.“

Spezialveranstaltungen

Das gibt's nur einmal. Aber jährlich.

Kiesgrubenübernachtung

Einmal im Jahr bietet der Waldhort in einer aufgelassenen Kiesgrube eine Outdoor-Übernachtung an. Die Eltern beladen ihre Autos mit Sack und Pack und Kindern und bringen alles bis zum Wildgatter im Ebersberger Forst. Dort werden Decken, Zelte, Luftmatratzen, Isomatten, Kuscheltiere, Speisen und Getränke ausgeladen und bis zur Kiesgrube geschleppt. OK, das meiste übernimmt Pit in seinem Camper, in dem findet – Erfahrung aus der Canada-Reise – fast alles Platz.

Nachdem alle Zelte aufgebaut sind, beginnt der gemütliche Teil mit einem gemeinsamen Abendessen auf kiesigem Grund. „Wann geht Ihr endlich?“ fragen manche Kinder das familiäre Personal ab 19 Uhr. Denn sie wollen für sich sein und besonders die jüngeren Geschwister sollen endlich schlafen gehen.

Bis zur Dämmerung ist noch ausreichend Zeit zum Spielen. Wenn die Bayerischen Staatsforsten und die Waldbrandgefahr es zulassen, wird ein Lagerfeuer angezündet[*)]. Ein*e Erwachsene*r bleibt als Feueraufsicht zurück, während die Kinder mit den anderen Pädagoginnen zur Nachtwanderung aufbrechen.

Am oberen Ausgang der Kiesgrube treffen sich alle Nachtmenschen und lauschen einer Geschichte von Karens Canadischen First Nation Geschichten. Wer lieber zurück in die Kiesgrube möchte, tut das; Laura ist dabei. Die übrigen vertrauen den Sternen als Wegbeleuchtung; und Pit und einem Praktikanten als Führer durch den Wald. Das ging 2023 nicht ohne Orientierungsverlust.

---

*) wenn nicht, tut es auch rotes und gelbes Krepppapier und eine darunter gelegte Stirnlampe, um Lagerfeueratmosphäre zu schaffen.

Aber alle finden zurück, denn durch den Ebersberger Forst führt eine Straße, wenn auch ungeteert; die reflektiert nämlich das Sternenlicht und weist uns den Weg.

Sind alle wieder an den Zelten angekommen, geht es bald in die Betten – „Wir müssen noch Zähne putzen!“ – „OK, passt auf, hier sind die Zeltseile am Boden befestigt. Denkt dran, wenn ihr in der Nacht zum Pieseln müsst!“ Gegen Mitternacht wird es still.

Am folgenden Morgen gegen 8 Uhr kommen die Eltern wieder und es wird gemeinsam gefrühstückt. Dann werden die Zelte abgebaut und alle fahren mit Kind und Graffel nach Hause.

Bis 2017 findet die Kiesgrubenübernachtung in der Jurte statt, die uns die Pfadfinder ausleihen. Beim Aufbau legen alle Eltern Hand an, was bei der Größe des Bauwerks auch sinnvoll ist.

Springkraut, Brennnesseln, Fichtenspitzen und das Waldhort-Gourmet-Team

Das Mittagessen wird in den Waldhort geliefert, außer in den Ferien. Dann wird für das Mittagessen eingekauft und gemeinsam mit den Kindern gekocht. Es gibt auch Tage während der Schulzeit, an denen die Küche für besondere kulinarische Ereignisse genutzt wird.

Auf unserem Weg in den Wald kommen wir an wilden Plantagen (gibt es sowas?) vorbei. Da wächst das bei Land- und Forstwirten ungeliebte asiatische Springkraut.

„Hu! Meins ist geplatzt!“ – „Komm mal hierher, hier sind sie schon ganz dick. Da brauchst Du nur mit dem Finger gegenkommen, dann platzen sie.“ Die Kinder lieben die Früchte des Springkrauts, weil sie selbst nach etlichen Versuchen immer noch überraschend explodieren.

„Ich habe im Internet gelesen, dass man die Samen des Springkrauts essen kann. Am besten schmecken sie geröstet in der Pfanne und über einen Salat gestreut,“ berichtet Karen, als wir an einer der wilden Plantagen vorbeikommen. – „Und wie geht das?“ fragt Friderike.

„Ihr müsst die Kügelchen aus den Hülsen sammeln. Geröstet werden nur die Kügelchen.“ – „Die sind weiß und schwarz. Welche sollen wir sammeln?“ fragt Klaus.

„Die schwarzen sollen besser schmecken, genau weiß ich das auch nicht. Wir probieren es einfach aus. Giftig sind sie jedenfalls nicht.“

Gesagt, getan. Auf dem nächsten grünen Salat von *Vegetaria* liegen lauter schwarze Kügelchen, sie knacken zwischen den Zähnen und schmecken nussig. Ob weiß oder schwarz, ist egal.

Layla kommt vom Wald in die Garderobe und weint.

„Was ist passiert?“ fragt Annerose.

„Ich bin in die Brennnesseln gefallen. Und jetzt tut mir die Hand weh.“ Annerose versorgt Layla und fragt sie anschließend: „Hast Du schon mal Brennnesseln gegessen?“

„Nein! Dann brennt doch die Zunge und der ganze Mund!“ Antonia hat zugehört und unterstützt Layla in ihrer Empörung.

„Naja, die isst man ja auch nicht roh“, erwidert Annerose und Lenny bestätigt: „Da kommen nur die Blätter in die Bratpfanne mit ein bisschen Öl. Wenn die Blätter heiß und etwas knusprig sind, tut man sie auf einen Teller, lässt sie abkühlen und dann kann man sie essen. Schmecken wie Kartoffelchips, sind nur dünner und feiner.“ – „Können wir das ausprobieren[*)]?“ fragen einige Kinder.

„Klar. Zieht Euch Gartenhandschuhe an, ich geh mit Euch mit Richtung Stromhäuschen und wir pflücken Brennnessel-Blätter.“ Annerose schart drei Kinder um sich und alle ziehen los.

Annalenas Mama steht in der Tür und möchte ihre Tochter abholen. „Wir sind gleich zurück, Mama.“ Vergessen ist der Schmerz.

„Die Blätter kommen aber erst morgen in die Pfanne, dafür ist es heute zu spät.“ Lange Gesichter bei den Kindern. „Dann pflücken wir auch erst morgen die Blätter“, schlägt Friderike vor.

So wird es gemacht. Am nächsten Tag stehen drei Kinder am Herd und legen die frisch gepflückten Brennnesselblätter in die heiße Pfanne. Andere Kinder kommen hinzu und lassen sich das Tun erklären.

„Dürfen wir auch probieren?“

Pit schaut Maggy an.

„Oh, ähm. Ich möchte auch probieren“, korrigiert Maggy sich.

Die Blätter sind lange vor dem Mittagessen aufgegessen. Dabei hätten sie eine tolle Vorspeise abgegeben.

Da hilft nur erneutes Sammeln.

[*)] Diese Frage zieht unweigerlich die Antwort nach sich: „Ich weiß nicht, ob Ihr das könnt.“ Das Verb Können als Frage erleidet im Waldhort dasselbe Schicksal wie das Wort Dürfen.

Im Frühjahr steht häufig eine Karaffe mit einer etwas trüben, fast farblosen Flüssigkeit auf dem Mittagstisch.

„Oh, gibt es wieder Fichtenspitzensirup?“

Nicht nur selbst angerichtet, auch selbst gesammelt ist das der Hit. Da muss kein Tee gekocht werden, das Sprudelwasser ist auch höchstens zweite Wahl.

Von den Fichten knipsen die Kinder die jungen, hellgrünen Triebe ab, immer nur wenige von einer Pflanze. Die kommen dann in einen Topf mit wenig Wasser und werden aufgekocht. Der geschmacksintensive Sirup kommt später verdünnt und gekühlt als Delikatesse auf den Mittagstisch.

Norbert und Rebecca haben sich etwas ganz Außergewöhnliches vorgenommen. Sie wollen an einem Ferientag alle Waldhort-Bewohner*innen bewirten.

Dazu erstellen sie eine Einkaufsliste, die Pit und Karen abarbeiten. Im Waldhort wird aus dem Eingekauften ein veritables Büffet gezaubert, die Basteltische werden zu diesem Zweck umgeräumt und mit Schüsseln und Vorlegebesteck beladen – kein anderes Wort passt besser zum üppigen Ergebnis.

„Jetzt darf niemand in den Hausiraum!“ verkündet Rebecca. Die beiden Gastronom*innen stellen die Arbeitstische zu Gasthaustischen zusammen und auf jedem der leicht dekorierten Vierertische sind Servietten und Essbesteck vorbereitet und sogar Kerzen.

Dann läutet Norbert die Kuhglocke im Gruppenraum und Kinder und Erwachsene betreten die Gaststube, lassen den Blick schweifen. Ein Raunen geht durch die Runde.

„Ich sitze hier. Kommst Du neben mich?“ Die Kinder verteilen sich. Norbert und Rebecca haben Tischkärtchen für die Erwachsenen aufgestellt. An jedem Tisch sitzt ein*e Erzieher*in.

„Es soll ja friedlich zugehen,“ erklärt Rebecca. „Wir hatten uns überlegt, dass es besser ist, wenn Ihr Großen Euch auf die Tische verteilt.“

Sie haben an alles gedacht!

Natürlich wird später alles von allen abgeräumt. Da gibt es keinen Unterschied zum täglichen Mittagstisch.

Lichterfest und Tafel

„Der Martin zerteilt ja mit seinem Schwert den Mantel und gibt nur eine Hälfte dem Bettler. Frieren dann nicht beide?" – „Klar. Aber der Bettler kann den halben Mantel zur Schneiderin bringen, die macht ihm dann einen ganzen draus."

„Und Martin ist ja Römer, oder? Der kann sich doch einfach einen neuen Mantel besorgen."

„Ja, Martin tut dem Bettler was Gutes. Der wird zu Hause erzählen, woher er den halben Mantel hat. Da wird er sagen, der stamme von einem Römer. Was denken dann alle über die Römer? – „Also nur schlecht sind die nicht, diese Imperialisten." Martin trägt auf recht kostengünstige Weise zur Herrschaftssicherung des Römischen Reiches bei[*)]."

Im Waldhort findet kein Martinsumzug statt. Wir feiern das Lichterfest. Auch das hat keinen religiösen Bezug (Chanukka), sondern läutet die dunkle Jahreszeit ein.

Dazu gehören im Vorfeld Laternenbau oder Kerzenglas-Verziehrung und Kerzenbeschaffung. Das startet im Idealfall zwei Wochen vor dem Ereignis, das am Freitag vor dem ersten Advent stattfindet.

Alle Kinder sind eingeladen, nicht nur die freitags angemeldeten. Eine Erwachsene geht mit einsetzender Dämmerung in den Wald an den zuvor festgelegten Platz – keiner der üblichen Nachmittagsplätze – und bereitet dort alles vor. Im Bollerwagen transportiert sie Kerzengläser, die den Weg säumen, eine Spirale aus Fichtenzweigen am Boden für das ‚Adventgärtlein', Liedtextblätter und vieles mehr. Wenn alles bereit ist, gibt sie Bescheid und die Kinder machen sich

*) Keine Sorge, diese Sicht auf die Legende wurde im Waldhort nie kundgetan.

mit den anderen Pädagog*innen auf den Weg. Da es schon dunkel ist, wirken die Wegleuchten besonders romantisch und sind ganz nebenbei sehr zweckmäßig.

Am Platz wird ein Kind nach dem anderen mit seiner Laterne in die Fichtenzweig-Spirale geschickt, zündet in der Mitte an der großen Kerze seine an und kehrt den Spiralweg zurück. Karen erzählt eine Dezember-Licht-und-Dunkel-Geschichte und seit einigen Jahren singen wir das Lied von der Kleinen Kerze, aber nur die erste Strophe, die auf die erste Kerze am Adventskranz hinweist.

Auf dem Rückweg sammeln die Erwachsenen die Wegbeleuchtung ein. Pit räumt noch den Lichter-Festplatz auf, sammelt die Sitzunterlagen in den Bollerwagen und sucht sich bei stockdunkler Nacht den Weg zurück – die Wegbeleuchtung ist ja bereits entfernt. Seitdem gehören Stirnlampen zur Pflichtausstattung der Erwachsenen, die den Rückzug abschließen.

In der Zwischenzeit sorgen die Eltern für einen warmen Empfang:

Punsch, Plätzchen, Salzgebäck, Mini-mini-Pizze usw. Sie stellen Kerzen im Gruppenraum auf und empfangen bei trockenem Wetter die Kinder im Hof. Einmal steht dort sogar der Pavillon gleich neben dem gespendeten und von den Kids geschmückten Weihnachtsbaum.

Klein und Groß versammeln sich abschließend im Hort, genießen Süßes und Warmes und stimmen sich auf die Feiertage ein. Einmal noch wird das Lied von der kleinen Kerze angestimmt, damit nun bis Neujahr niemanden mehr dieser Ohrwurm verlässt.

Einmal fand das ganze Lichterfest im Saale statt, was aber der Stimmung keinerlei Abbruch tat.

Der Ablauf unterscheidet sich von Jahr zu Jahr. Halten die Kinder Wünsche und Ängste auf Papierstreifen fest, übergeben sie sie am Ziel der Waldfeier in einer Feuerschale den Flammen,

Etliche Jahre besucht die Waldhort-Gruppe die Ebersberger Tafel. Wir erhalten von deren Ehrenamtlichen eine Liste mit Familien-Aliasen mit Kinderzahl und -Alter. Die Infos geben wir an unsere Waldhort-Familien weiter, die dann lauter Weihnachtsbackerl zusammenstellen. Die wiederum bringen wir zur Tafel, die dann für die entsprechende Verteilung sorgt, nicht ohne uns vor Ort mit Keksen und Saft zu bewirten.

Das Projekt ist aber mit dem Ausbruch der Pandemie eingeschlafen.

Tag der Offenen Tür und Schnuppernachmittage

„Wer nicht wirbt, stirbt!“ Mit dieser Erkenntnis verließ Pit einst das Marketing-Seminar an der Universität Augsburg und erwarb später in der Diplomprüfung sein einziges „sehr gut“ in der Einzelbewertung.

Lehrstuhlinhaber Maier war Gründer und Chef der „Gesellschaft für Konsumforschung“. Der bot Pit sogar eine Assistentenstelle an. Doch Pit hatte Anderes vor als dazu beizutragen, Menschen etwas zu verkaufen, was sie nicht brauchen.

Nachdem Pit erlebt, dass selbst Daimler viel Geld ausgibt, um in der Öffentlichkeit sichtbar zu bleiben, lässt er sich breitschlagen, Werbung für den Waldhort zu machen – wenn‘s nix kostet[*]. Mund-zu-Mund-Propaganda ist die beste und dazu noch kostenlose Werbung. Dazu dient der jährliche Tag der Offenen Tür im frühen Frühjahr. Der heißt allerdings Tag des Offenen Waldes und wird auf der Homepage angekündigt.

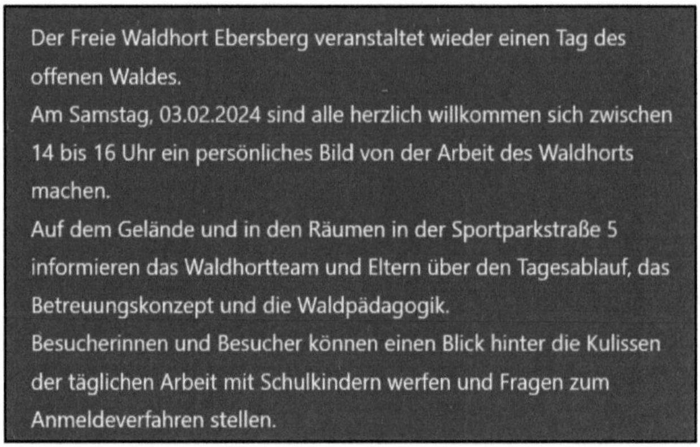

Der Freie Waldhort Ebersberg veranstaltet wieder einen Tag des offenen Waldes.
Am Samstag, 03.02.2024 sind alle herzlich willkommen sich zwischen 14 bis 16 Uhr ein persönliches Bild von der Arbeit des Waldhorts machen.
Auf dem Gelände und in den Räumen in der Sportparkstraße 5 informieren das Waldhortteam und Eltern über den Tagesablauf, das Betreuungskonzept und die Waldpädagogik.
Besucherinnen und Besucher können einen Blick hinter die Kulissen der täglichen Arbeit mit Schulkindern werfen und Fragen zum Anmeldeverfahren stellen.

---

[*] Pit ist ein Jahr in Schwaben zur Schule gegangen, hat seine Studienzeit in Schwaben verbracht und ist bis heute sehr gut mit einem Katalanen befreundet (Katalanen gehen mit Geld noch vorsichtiger um als die Schwaben). Das hinterlässt Spuren.

Die Veranstaltung dient dem beiderseitigen Kennenlernen von Team und Familien. Je nach Sympathie werben die Pädagoginnen im Einzelgespräch für den Waldhort in den glühendsten Farben oder weisen auf die lange Warteliste hin.

„Und jetzt gehen schon mal die Familien, die sich bereits informieren konnten, mit Pit und Laura nach draußen in den Wald. Denkt an die richtige Kleidung! Für Eure Kinder haben wir Leihhosen und Jacken."

Auf dem Weg in den Wald erläutern die beiden Waldhortler*innen die pädagogischen Elemente der Strecke: „So, hier ist das Stromhäuschen. Da findet Lektion 1 der Verkehrserziehung statt." Wir ziehen von einem Platz zum nächsten, ohne uns länger aufzuhalten und erzählen, was hier in den Abschnitten „Nach draußen" und „Draußen" zu lesen ist.

Dabei suchen wir vorsichtig auch das Gespräch mit den künftigen Waldhortkindern. Das erfordert meist mehr Fingerspitzengefühl als Pit aufbringen kann. Es sind ja Kindergartenkinder! Und Pit ist groß, fremd, spricht Hochdeutsch und ist Bartträger! „Laura? Übernimmst Du mal?"

Haben alle Familien mit dem Draußen und Drinnen des Waldhorts erste Bekanntschaft gemacht, bleiben alle Teammitglieder noch zusammen und tauschen sich über das eine oder andere Kind aus – „Die ist ganz schön tough! Passt zu uns." – „Naja, bisschen grenzüberschreitend." – „Der ist aber noch sehr klein, also ich meine nicht körperlich." – „Ja, aber hat mir immer in die Augen gesehen, wenn ich mit ihm gesprochen habe." Und so weiter und so fort. – „Die Mama vom Edi ist Steuerberaterin. Und der Papa von, äh, Petra? Ja, genau: der ist Journalist. Sollten wir im Auge behalten."

Mehr erfährt das Team vom Kind am Schnuppertag. Mit den Eltern von ein bis drei künftigen Waldhortkindern wird vereinbart, dass sie mit ihrem Kind zum Mittagessen vorbeikommen und den Rest des Tages mit der Gruppe verbringen. „Du kannst mitkommen oder Erika allein gehen lassen. Das müsst Ihr entscheiden. Probiert, wie es am besten geht!“

Erika kommt mit ihrer Mama am Mittwoch. Karen begrüßt sie, fragt, ob sie sie an die Hand nehmen darf und geht mit ihr zum Esstisch. Ihre Mutter setzt sich im Gruppenraum in eine Ecke, ist notfalls zu Stelle und lauscht dem Waldhort-Alltag.

„Hast Du Hunger?“ – Kopfschütteln. „Na, dann setz Dich erstmal hierher. Klaus? Das ist Erika, sie möchte ab Herbst den Waldhort besuchen. Ich möchte sie neben Dich setzen. Ist das ok? – Erika? Das ist Klaus. Er ist schon das dritte Jahr hier. Der kann Dir viel über den Waldhort berichten.“ – „Ich hol Dir mal einen Teller und ein Glas. Kommst Du mit?“ Klaus weiß, was die Neue braucht. Ob Hunger oder nicht, Geschirr und Besteck muss sein.

Hier zeigt sich erneut, dass der Waldhort Kinder zusammenführt, die sich sonst kaum begegnet wären und es kommt Fürsorglichkeit zum Vorschein, die unter nur Gleichaltrigen (wie bei der Einschulung) kaum keine Chance hätte.

Draußen ist die Mama nicht mehr so wichtig. Da gibt es soviel Neues zu entdecken: „Was machst Du da?“ – „Ich schnitze, damit ich bald meinen Schnitzmesserführerschein machen kann. Dann habe ich mein eigenes Schnitzmesser.“ – „Das will ich auch.“ Es gibt Kinder, die absolvieren die Prüfung innerhalb der ersten vier Wochen.

„Ich muss mal!“ Erika hat sich an Karen gewandt. „Soll ich mitkommen?“ fragt sie. Erika nickt. Eine vertrauensbildende Maßnahme. „Die kommt schon klar!“ berichtet Karen der Mutter nach der Rückkehr. Erika schaut sich in der Garderobe um. „Was ist da oben drin?“ – „Das sind die Garderobenplatze der älteren Kinder, die nur noch an wenigen Tagen in den Waldhort kommen. In den Körben bewahren sie ihre Jacken und Hosen und Wechselwäsche auf.“ – „Das sieht cool aus!“ – „Wenn Du dann in die Schule kommst, dann hast Du hier auch Deinen eigenen Garderobenplatz. Wie im Kindergarten. Freust Du Dich schon auf die Schule?“

Fußballturnier

Nahezu täglich passiert die Waldhort-Schar den Fußballplatz im Sportpark. Mehrere Kinder sind in Grafing oder Ebersberg regelmäßig beim Fußball-Training. Bei Vollmond gehen wir zum Fußballplatz und vergnügen uns dort den Nachmittag über. Während einer 3.- und 4.-Klass-Übernachtung haben wir sogar schon einmal nachts Fußball gespielt – ohne Beleuchtung. Da nimmt es nicht Wunder, wenn der Waldhort an den Turnieren der Horte im Landkreis teilnimmt.

„Wir müssen ab jetzt einmal wöchentlich trainieren. Im Juni findet das Landkreis-Turnier statt und wir sind noch nicht so richtig fit."

In Pits letztem Waldhort-Jahr wird er zum Coach ernannt. Seine Chefin traut ihm das zu, er selber meint: „Ok, da gibt es ja einige Kinder, die mich unterstützen können."

Jogi gehört zu den Stützen des Trainings, ergänzt von Niklas. Beide spielen im Verein, Jogis Papa gehört zu den Jugendtrainern.

„Ja, natürlich spielen wir. Aber erstmal warm machen!" Pits Aufgabe besteht in der Ansage, die beiden Jungs kennen die Übungen. „Ne, das war zu kurz, da ist noch keine*r von Euch warm." Da kommt sogar Jogi zu Hilfe: „Das ist wichtig, weil Ihr Euch sonst verletzt, wenn Ihr so richtig ran geht." – Das zählt.

Karen als erfahrene Teamsportlerin übernimmt die mentale und organisatorische Vorbereitung: „Wo willst Du spielen? Mittelfeld, Verteidigung oder Sturm?" – „Ich geh ins Tor." Die Entscheidungen sind temporär, nicht alle Kinder, die sich zu Beginn des Trainings als Mitspieler*innen gemeldet haben, bleiben dabei, manche mutieren zu anfeuernden Zuschauer*innen. Auch das will gelernt sein, die Kinder sammeln Begeisterungsrufe und üben sie.

„Mein Trainer sagt immer, wer beleidigt, geht vom Platz." Diese Mahnung kommt von Niklas, als mal wieder einem der Halb-Profis der Gaul durchgeht und er kein Verständnis für eine schwache Verteidigung durch einen Anfänger aufbringt. Diese Regel wird ohne

Murren übernommen.

Wer von den Kindern häufig Bundesliga-Spiele im Fernsehen anschaut, ist leicht an den perfekt imitierten Gesten und Begeisterungs-Ritualen zu erkennen. Da fallen sich bei einem sauberen Torschuss schon mal Jungs um den Hals, die sonst emotional weniger miteinander zu tun haben. Die Mädchen wirken da sehr kontrolliert und sie foulen selten.

„Du spielst ja nicht mit. Bist Du dann Zuschauer*in?“ – „Weiß noch nicht.“ – „Wir brauchen einen Pokal. Jedes Team stellt einen Pokal. Wir sollen den für den dritten Platz basteln, so hat es das Erwachsenen-Team beschlossen.“ – Friderike ist einverstanden. Zusammen mit Antonia kümmert sie sich um die Trophäe.

Zum Turnier stellt jedes Team auch einen Schiedsrichter. Norbert, ein Waldhort-Kind, übernimmt diese Aufgabe für das Waldhort-Team bei der Veranstaltung in Vaterstetten und wird prompt am Ende des Turniers zum „besten Schiri“ gekürt. Gerhard wird als bester Torwart geehrt. Diese Ehrung zeigt Wirkung: Seitdem spielt Gerhard Fußball im Verein.

Alle beteiligten Horte bereiten das Turnier vor. Es findet 2023 zum zweiten Mal in Poing statt. Beim ersten Turnier in Poing schafft der Waldhort Platz drei. Sein Team unterscheidet sich von der Konkurrenz in den Folgejahren im Wesentlichen durch dessen Zusammensetzung: Jedes Kind soll mitspielen, daher ist das Verhältnis Jungen zu Mädchen nahezu ausgeglichen. In den anderen Horten werden bis zu 75 Kinder betreut, da sind fast ausschließlich männliche 3.- und 4.-

Klässler auf dem Feld, die noch dazu Fußball im Verein spielen[*].

Das macht sich beim letzten Turnier bitter bemerkbar. „Na ja, aber wir haben nicht schlecht gespielt. Nur hatten wir keine Chance." – „Stimmt, und der Schiri hat nie den Ball zum Mittelanstoß gelegt. Überhaupt hat der nie die Fouls gepfiffen."

Rudi sitzt weinend am Spielfeldrand, sein Papa tröstet ihn: „Was ist passiert?" – „Ich wollte noch mal ins Tor. Da war Lenny drin, der ist dann raus für mich. Und dann kam der eine Große bis ganz nah vor mein Tor und hat mir den Ball in den Bauch geknallt." – „Das tat weh, oh Mann!" bestätigt sein Papa. „Aber der Ball war nicht im Tor, oder?" – „Ne, der ist nicht hinter die Linie gekommen." Da besiegt der Stolz den Schmerz und Rudis Tränen trocknen.

„Ok, ist diesmal nur der letzte Platz geworden", Pits Trost fällt schwach aus. So leicht lassen sich die Waldhortkinder nicht entmutigen. Layla: „Aber nächstes Jahr sind wir wieder dabei. Dann sind wir auch schon größer."

---

[*] Diesen Horten geht es offenbar um den Sieg, nicht um Teilnahme und das Infragestellen gesellschaftlicher Klischees.

Acker

Auf die Frage, woher denn die Kartoffeln oder die Zucchini kommen, antwortet kein Waldhort-Kind: „Vom Edeka.“ Dieser Bildungsauftrag wird offenkundig vom Elternhaus (oder Großelternhaus) erfüllt.

Doch getreu Maria Montessoris Devise „Hilf mir, es selbst zu tun!“ beschließt das Team, das Wissen der Kinder, um Taten zu ergänzen.

Der Waldhort erwirbt das Recht, Gemüse und Kräuter anzubauen. Auf der von der „Solidargemeinschaft Ebersberger Land“ gepachteten Fläche mietet der Waldhort einen halben Sonnenacker, eine Parzelle mit rund 25 m² und bereitet den Boden für Kartoffeln, Bohnen, Radieschen und mehr.

„Haben wir die kleine Harke dabei? Heute gehen wir zum Acker!“ Einmal monatlich trägt der Bollerwagen spezielles Werkzeug. Die Kinder müssen ihn noch weiter ziehen als bis zur Bücherei, das ist der lästige Teil des Nachmittags. Dafür bringt Pit alle Schulranzen im Auto zum Spielplatz hinter der evangelischen Kirche. Von dort werden die Kinder an diesen Tagen abends auch abgeholt.

„Ich komme mit der Schaufel gar nicht in den Boden. Machst Du das, Pit? Oder Du, Karen?“ Die Bodenlockerung erfordert Kraft, ergänzt durch den Willen, es zu schaffen.

„Ich mach das mit den Radieschen. Wo ist die Tüte mit der Samenkette?“ Karen hat sie in den Bollerwagen gelegt, bevor wir zum zwei Kilometer entfernten Acker aufgebrochen sind. „Pit, bringst Du mal die Samentüte?“ Suchen gehört nicht zu den Lieblingstätigkeiten der Kinder.

Pit sucht nicht nur, er findet auch. Gemeinsam verbuddeln Sabine und Pit die erste Samenkette. Für die zweite meldet sich Frederik. – Karen ist mit den Bohnenstangen zugange, helfende Hände muss sie sich heranziehen.

Wer am Acker schon tätig war, geht zum Spielplatz um die Ecke.

Isolde übernimmt die Aufsicht, denn an der langen Rutsche kommt es immer mal wieder zu Gedrängel.

Zum Snack treffen sich alle am großen Spielplatz mit den Basketball-Körben. Es gibt Kinder, die sich von Karen zeigen lassen, wie man den Ball da oben reinbekommt.

Das erste Ackerprojekt ist mäßig erfolgreich. Die Radieschen trauen sich nicht aus dem Boden, die Flächen müssten häufiger bewässert werden. Häufiger zum Acker gehen ist auch eine Frage der Entfernung vom Waldhort-Gebäude, die es zu überwinden gilt.

Karen sucht und findet einen Landwirt, der dem Waldhort einen Randabschnitt seines Maisfeldes kostenlos überlässt. Jetzt sind es keine drei Kilometer mehr zum Acker, sondern nur noch gut 750 Meter.

Folglich kann die Gruppe häufiger als Vorform einer Landwirtschaftlichen Produktions-Genossenschaft tätig werden, nämlich einmal wöchentlich.

„Oh ne, schon wieder zum Acker? Ich hab‘ keine Lust.“ – „Da kann man gar nicht spielen.“ – „Genau, wir dürfen nicht mal auf die Wiese nebenan.“

„Also, was machen wir?“ Karen versammelt die Kinder um sich im Gruppenraum zur Beratung.

„Können nicht die einen zum Acker und die anderen in den Wald gehen?“ Wenn die Erwachsenen das personell hinbekommen, ist das machbar. Die Teilgruppen halten sich höchstens fünf Minuten voneinander entfernt auf und haben ein Telefon für den Notfall dabei. Zum Snack kann man sich ja wieder zusammentun.

„Ok, aber in den Wald gehen immer zwei Betreuer*innen. Also brauchen wir am Dienstag, dem Ackertag, drei Erwachsene.“

Die Probe aufs Exempel wird bestanden. In der Folgezeit bildet sich eine feste „Ackergruppe“, einzelne Kinder übernehmen Verantwortung für ihre Pflanzen, Martin z.B. für die Chili. Die hat er selbst gepflanzt und pflegt sie auch.

Die Anlage nimmt über die Jahre Gestalt an, die Kinder befreien den Maisacker des Landwirts von zahllosen Steinen und recyclen sie als Beetumrandung. Ein Schild mit dem Waldhort-Logo am Weg zeigt, wer hier schuftet.

Das interessiert die Hasen und Rehe aus der Umgebung nicht, schamlos entlauben sie Pflanzen und buddeln auch mal etwas tiefer. Da hilft nicht einmal ein Zaun aus halbierten Paletten.

Im zweiten Jahr erntet die Ackergruppe neben diversem Kleinkram eine beeindruckende Menge Kartoffeln. Die verlädt die Ackergruppe auf den Bollerwagen und bringt sie in den Waldhort. „Wie viele sind das? Und wie viel wiegen die?“

Gute Frage. Pit ermittelt die Stückzahl, schreibt sie auf, hält sie aber geheim. Martin holt die altmodische Schüsselwaage und wiegt die Ente portionsweise. Auch er schreibt auf und verheimlicht das Ergebnis.

Als am nächsten Tag alle Kinder im Waldhort-Gebäude versammelt sind, sollen sie schätzen. Die Kartoffeln liegen ausgebreitet auf dem Boden. „Wer errät, wie viele Kartoffeln das sind? Wer der Zahl am nächsten kommt, hat gewonnen." Dieselbe Aufforderung betrifft das Gewicht. Die beiden Gewinner*innen treffen das Ergebnis erstaunlich gut*). Anschließend wird beraten, was denn nun mit der Ernte geschieht. Kartoffelsuppe? Püree? Pommes?

Pommes gewinnt. Eine Familie stellt eine Fritteuse zur Verfügung.

Leider ist der freundliche Landwirt 2022 nicht mehr freundlich. Am Telefon überrascht er Erzieher Felix mit einer Tirade. Ihm passt die Pflanzenauswahl nicht: „So war das nicht vereinbart! Jetzt stehen da sogar zwei Beerensträucher. Und überhaupt: der Zaun! Das alles verschwindet, und zwar sofort."

Felix erklärt sich bereit, binnen zwei Wochen den Urzustand wieder herzustellen. „Die Steine? Die sollten wir wieder auf dem Maisacker verteilen" Eine typische Pit-Idee – Rache ist süß und „dann wird er schon sehen, was er davon hat."

Zum Glück liegt die Leitung des Waldhorts in Karens Händen.

Karen setzt sich mit unserem Vermieter in Verbindung. Die Idee mit dem Gemüseanbau und den Beerensträuchern soll nicht sterben. „Ja, selbstverständlich könnt Ihr das Gelände da hinten auch nutzen!" Der Parkplatz gehört quasi zum Waldhort – steht halt nicht im Mietvertrag. Die Grasfläche unter der Blutbuche gehört quasi zum Waldhort – steht nicht im Mietvertrag. Der Kompost-Behälter hat seinen Platz am Zaun. Auch diese Fläche gehört quasi zum Waldhort – steht nicht im Mietvertrag. „Wir möchten dort zwei Hochbeete aufstellen und Beerensträucher und ein Apfelbäumchen pflanzen." – „Geht in Ordnung. Ihr müsst nur aufpassen, dass die Gärtnerin überall hinkommt."

---

*) Die Schätzung zieht sich sogar über zwei Tage incl. Geheimhaltung der einzelnen Schätzwerte und des echten Ergebnisses.

Felix ist Spezialist für nachhaltige Bodenbewirtschaftung. Er findet Spender für Pflanzen und Samen und übernimmt die Erstbepflanzung. Und ist sehr erfolgreich. Leider verlässt er uns kurz darauf.

Seitdem kümmert sich im Wesentlichen eine Waldhort-Mutter um das Wohl und Wehe unseres Gemüse- und Obstgartens.

Als mehrere Gummistiefel nach monatelangem Waisenleben endlich wieder nützlich werden wollen, beschließen einige Kinder, Karens Idee aufzunehmen und sie zu bepflanzen. Dazu bohren Niklas und Rudi Löcher in die Schuhsohlen gegen die Staunässe, befüllen die Stiefel mit Erde und Pflanzen und hängen die dekorativen Waisenschuhe an den Zaun nahe der Blutbuche.

Ein Ausflug in den Hausiraum?

„Ihr habt ja den Sturm gestern Nacht erlebt. Wisst Ihr, wo wir heute hingehen?“ – „Klaro! Wir bleiben hier.“ – „Warum gehen wir nicht in den Wald?“ – „Da können uns heute eine Menge Äste auf den Kopf fallen. Also Totholz und so.“

Das wissen zumindest die Kinder, die schon ein oder zwei Jahre den Waldhort besuchen. Die alten Häsinnen und Hasen wissen auch, was wir hier im Waldhortgebäude machen können: „Wir schauen einen Film an!“

Von Seiten der Kinder keine Einwände.

„Wer hilft mir beim Umbau des Hausiraums? Wie viele Kinder sind wir? Genauso viele Stühle müssen wir aufstellen, die Tische kommen an die Wand und unters Fenster, das kennen ja viele schon.“ Im Nu sind drei Kinder im Hausiraum und unterstützen Pit beim Einrichten des Waldhort-Kinosaals. Er kann sich der Technik widmen: Beamer und Laptop aus dem Schrank, schlappe 12 Jahre alt (nur der Schrank ist älter), aber dafür mit integriertem DVD-Laufwerk (der Laptop). Kabelsalat anrichten, Leinwand aufstellen.

Draußen bereiten einige Kinder schon mal den Snack für die Filmpause vor. Eine Pause ist für die meisten nach rund 45 Minuten fällig wegen Toilette und der notwendigen Ent-Spannung. Denn für manche Kinder ist schon diese erste Hälfte aufregend genug und sie ziehen sich zum Spielen im Gruppenraum zurück.

3.- und 4.-Klass-Übernachtung

„Im Protokoll vom Teamtag steht kein Datum für die Übernachtung mit den 3.- und 4.-Klass-Kindern." – „Ach Pit. Das machen wir wie jedes Jahr am Mittwoch vor Himmelfahrt."

Obwohl jedes Jahr das Gleiche beschäftigt sich das Team knapp, aber rechtzeitig mit diesem besonderen Ereignis.

Per E-Mail werden die Eltern aufgefordert, schriftlich ihr Einverständnis zu geben, dass ihr Kind die Nacht von Mittwoch auf Donnerstag im Waldhort-Gebäude verbringt. Das OK der Kinder liegt schon länger vor, wenn auch nur mündlich.

Am Abend bauen Karen und Pit ein kleines Buffet auf, denn die Kinder brauchen ja etwas zum Abendbrot. Weintrauben, Wassermelone, Ananas, Käsestangen – alles wohl etwas untypisch für ein Abendessen. Ist ja auch ein untypischer Anlass. Besonders untypisch: Die fünf bereits anwesenden Kinder sitzen in der Leseecke und Karen und Pit treffen letzte Vorbereitungen am Buffet.

Neun Kids, vier Mädchen und fünf Jungen, schlafen heute im Waldhort-Gebäude. Alle sind mit Schlafsäcken und Isomatten angereist.

„Also wir Jungs schlafen im Gruppenraum." – „Super, wir ziehen in den Hausiraum."

Damit ist die Raumfrage geklärt.

„Die Jungs kommen mit mir in den Gruppenraum. Ihr müsst entscheiden, wo Ihr liegen wollt." – „Ich liege hier am Fenster." – „Nein, das geht nicht, weil wir ja vorher noch zu

Abend essen.“ Ok, es werden andere Lösungen gefunden, alle sind mit intensiver Ummöblierung verbunden. „Hey, der Basteltisch muss da rüber, hilf mir mal, Mesut!“ Ben hat präzise Vorstellungen von der Raumgestaltung, besonders von seiner Schlafhöhle.

Im Hausiraum hat Pit schon etwas vorgearbeitet und die Mädchen schieben nur noch ein bisschen rum, „sonst passt mein Schlafsack nicht neben den von Belinda.“

Das Nachtruhe-Gendern geschieht auf Wunsch der Kinder. Entsprechend verteilen sich die Erwachsenen.

„Was machen wir jetzt heute noch?“ Am Esstisch entspinnt sich ein lebhaftes Gespräch, was denn nach dem Abendessen anliegt.

„Wir haben einen Film besorgt“, Karen übernimmt das Gespräch nach allzu fantasievollen Überlegungen der Nachtgestaltung. „Den können wir nachher mal anschauen. Dazu brauch ich wieder ein paar Kinder zum Umräumen, denn im Hausiraum können wir kein Kino aufbauen*). Da liegen ja schon die Schlafsäcke.“

„Ja! Film anschauen!“ Der Vorschlag wird einstimmig gebilligt. „Und dann?“ – „Dann ist es schon spät. Vielleicht machen wir noch eine Nachtwanderung“, meint Karen. Keine Einwände, Euer Ehren!

Im Video geht es um den Import des Fußballspiels gegen Ende des 19. Jahrhunderts von den britischen Inseln nach Niedersachsen, ein Schulkind-gerechter dokumentarischer Spielfilm, der die Augen und Ohren aller Waldhortkinder fesselt*) und sowohl begeisterte wie auch verständnislose Kommentare provoziert.

„Wieso sind die anderen Lehrer so doof und finden Fußball barbarisch?“ – „Der Lehrer war cool!“ – „Hast Du gehört? ‚Wer

---

*) An (stürmischen) Kinotagen wird der Hausiraum zum Kinosaal.

*) *Der ganz große Traum* ist ein deutscher Spielfilm aus dem Jahr 2011. Der Film handelt von einem deutschen Lehrer, der 1874 den Fußball in Deutschland sowie das Spiel damit einführte.

heimlich Fußball spielt, fliegt von der Schule!‘ Sind die bescheuert?“

So emotional kann Geschichtsunterricht sein.

„Und jetzt gehen wir raus. Zieht Euch an, seht mal draußen nach, wie warm es ist. – Pit, wir brauchen zwei, drei Stirnlampen.“ Pits Chefin *is so well organized.*

Irgendein Kind schnappt sich einen Fußball aus dem Bällenetz. Karen und Pit haben eine Rundwanderung geplant, am Fußballplatz vorbei, hoch zur Siedlung, von dort den Berg wieder runter und über die Sportparkstraße zurück zum Waldhort.

Wir kommen bis zum Fußballplatz. Auf einmal ist da ein Fußball, kaum zu sehen, es ist schließlich Nacht, niemand hat Flutlicht angefordert und alle Kids sind auf dem Feld. Die restlichen Bedingungen jedoch übertreffen die gerade im Film gesehenen um Längen. Es ist auch völlig in Ordnung, dass alle auf nur ein und dasselbe Tor schießen. Sogar Pit trifft versehentlich, weil ein Schuss von seinem Oberschenkel abprallt. „Hey, Pit! Was ist mit Dir los?“ – „Seit wann kannst Du schießen?“ – „Vielleicht solltest Du immer im Dunkeln spielen.“ Kinder nehmen kein Blatt vor den Mund.

Ob anschließend noch rundgewandert wird?

Bis später im Waldhort alle schlafen, dauert es nicht einmal bis Mitternacht. Eigentlich geht ja ein ganz normaler Schultag zu Ende, der für die Kinder in der Regel um 7 Uhr morgens beginnt.

In der Früh räumen alle gemeinsam auf, Tische und Stühle müssen zurück an ihre Plätze, Leinwand, Computer und Beamer verschwinden wieder im Schrank. Gegen 8 Uhr holen die Eltern ihren Nachwuchs, Frühstück gibt es zu Hause.

Rausschmiss

Das Schuljahr neigt sich seinem Ende zu, Zeit, Abschied zu nehmen.

Abschied wird im Waldhort während des Jahres gefeiert, wenn ein Kind den Waldhort verlässt, weil die Familie wegzieht, ein Praktikant zurück zur Akademie kehrt (sein Studium fortsetzend), eine Erzieherin sich für eine Bereicherung ihres beruflichen Horizonts entschlossen hat.

In diesen Fällen sagen Kinder und Erzieher*innen einzelnen Menschen im Rahmen des Nachmittags-Snack Ade. Alle singen das Lied „Arrivederci und Bye-bye“ – manche der alten Hasen unter den Kindern kennen alle Strophen, nach jeder Strophe ertönt ein ermunterndes „Hobbeldiknacks!“ Was das bedeutet, hat nie ein Kind gefragt[*)].

Der Abschied der 4.-Klasskinder ist von anderem Kaliber.

„Kommt bitte am Freitag um halb fünf, da schmeißen wir Eure Kinder raus.“ So oder doch etwas freundlicher werden die Eltern der Kinder informiert, die im folgenden Schuljahr den Waldhort nicht mehr besuchen.

Die Gruppe der Abschieds-Kinder geht in den Wald. Dort zelebrieren Karen oder Laura eine indianische Räucherzeremonie, bei der jedem Kind ein mythischer Spruch gewidmet wird, der es für den neuen Lebensabschnitt ermutigen soll. Das Zubehör für das Ritual bewahrt Karen ihrem unerschöpflichen Canada-Fundus auf.

Die Eltern sind eingeladen, ihre Kinder im Waldhort-Hof in Empfang zu nehmen. Dort sind Bänke für die Eltern aufgestellt, bei kritischer Wetterlage errichtet das Team den Pavillon draußen vor dem Fenster, am Boden liegt eine dicke Matratze, zusätzlich mit

---

*) Pit hat es eines Tages spontan eingeführt, um den Abschieden noch eine fröhliche Note zu verpassen. Ursprünglich gehört es zum Refrain des Liedes „Bolle (reiste jüngst zu Pfingsten)“.

Decken gepolstert.

„Hast Du schon die Tische für den Laufsteg umgestellt? Das Blatt mit dem Rausschmiss-Gedicht soll oben über dem Fensterrahmen hängen.“ – „Draußen hab‘ ich den Text schon am Pavillon befestigt, damit die Eltern das Gedicht mitsprechen können.“ – „Gut, dann ist ja alles soweit. Sind alle Eltern da?“ – „Nein, Nayla fehlt noch. Sie hat angerufen, sie steht im Stau, kommt aber in fünf Minuten.“

Drinnen sitzen die Kinder um den „Laufsteg“ herum. Manche schauen etwas skeptisch zum weit geöffneten Fenster.

„Können wir nicht schon anfangen? Meine Mama ist ja schon da!“ Celina möchte als Erste springen.

„Na, dann rauf auf den Tisch!“ Celina stellt sich an den Anfang des Laufstegs. Alle Anwesenden drinnen und draußen sprechen den kurzen Vierzeiler und mit der letzten Zeile geht Celina zum Fenster und springt!

Draußen erwartet Karen jedes Kind. „Zum Abschied überreiche ich Dir Dein Schnitzmesser, ein besonderes Geschenk (ein T-Shirt mit dem Waldhort-Logo) und Deinen Portfolio-Ordner.“

Dann endlich dürfen die Eltern ihr Kind in Empfang nehmen.

Im Juli 2023 springt sogar Pit aus dem Fenster. Der unmissverständlichen Aufforderung durch alle Kinder und Erwachsenen kann er sich nicht entziehen.

Teamarbeit

Super! Vision!

„Ich bin jetzt mal die Mama. – ‚Aber was soll ich denn machen, wenn Liane …'" Frau O., Heilpädagogin im Ruhestand und top-fit, als Supervisorin, greift gern auf das Rollenspiel zurück, um Fragen aus dem Team zu konkretisieren. Je präziser sich die Frage im Rollenspiel herausschält, desto besser. Überhaupt muss sich so manches Teammitglied mit ihrer beliebten Frage auseinandersetzen: „Schön, wie Sie das beschreiben. Auch sehr allgemein. Was heißt das ganz konkret?"

Seit 2012 nimmt sie sich alle vier bis sechs Wochen zwei Stunden Zeit, um das Waldhort-Team zu coachen. Da kann die S-Bahn noch so sehr bestreikt werden oder steckenbleiben, Frau O. kommt in Ebersberg an. Pit begleitet sie in das Waldhort-Gebäude.

Das Team hat sich bereits am Esstisch versammelt, sie packt ihre kleinen Mitbringsel aus. Das können alte SZ-Magazine sein, selbst hergestellte Tragetaschen aus Foto-Kalendern oder winzige, gefaltete Fröbel-Sterne und Origamifiguren.

„Welches Thema haben wir heute?" Das Team bereitet sich immer auf die Frage vor und benennt eine Situation oder ein Kind, das Thema werden soll. Im Laufe des Gesprächs, in das alle Pädagog*innen eingebunden werden, macht sich Frau O. Notizen. Sie beherrscht noch die alte Kunst der Stenografie, sodass sie schnell Wichtiges festzuhalten kann. Hin und wieder blättert sie in ihrem Vokabelheft und wirft ein: „Das ist doch die Schwester von Luise, oder? Die hatten wir im März, richtig?"

Supervision gehört zum Waldhort, wie Fortbildungen überhaupt. Sie hilft beim Reflektieren der pädagogischen Arbeit und der Vorbereitung von Elterngesprächen. „Ich würde der Mama sagen: Toll, wie sie das alles hinbekommen, so neben Beruf und Haushalt. Haben Sie schon mal daran gedacht, … ?"

Nach 1 ½ Stunden Beratung, es ist 11:30 Uhr, kommen die ersten

Kinder aus der Schule. „Hallo, Lenny! Wir sind gleich fertig.“ Lenny kommt immer an den Tagen der Teamsitzungen als einziges Kind nach der vierten Schulstunde und kennt den Satz schon. Schnurstracks geht er in den Hausaufgabenraum. Noch schnell den nächsten Beratungstermin vereinbart, dann packt Frau O. ihre sieben Sachen und verabschiedet sich: „Bei dem schönen Wetter gehe ich zum Bahnhof, da muss niemand fahren.“ Das Team steht zusammen und stellt mal wieder fest: Perspektivwechsel ändert den Blick auf das Kind, von dem die Rede war. Und er erleichtert den Einstieg in das Entwicklungsgespräch mit den Eltern, das zwei Tage später stattfindet.

Teamsitzungen und Teamtage

„Wer führt heute Protokoll?“ – Die Mitschrift der Sitzung der letzten Woche liegt an Pits Platz. Die meist ungeliebte Aufgabe geht reihum, jede/r ist mal dran. Naja, Karen genießt das Privileg, als Moderatorin und als diejenige, die am besten und mit den meisten Tagesordnungspunkten Vorbereitete, diese Pflichtübung zu delegieren.

Das Protokoll wird handschriftlich auf einem Formular erstellt, das die Struktur der Teamsitzungen widerspiegelt bzw. hilft, die Struktur während der Sitzung einzuhalten.

Die Themen, die jede Woche behandelt werden (müssen), sind als TOPs vorgegeben. Zum Einstieg berichten alle von ihrer Befindlichkeit und lassen ein Blitzlicht leuchten. Diese beiden Kategorien führt Laura ein. Sie stellt fest, dass das „werte Befinden“ es wert ist, dem Team kundzutun. „Wenn Du sagst, ‚mir geht es gerade nicht gut, meine Mama ist schwer krank und ich mache mir Sorgen.‘, dann versteht jeder besser, wenn Du mal nicht voll bei der Sache bist.“ – Das Blitzlicht beschreibt eine Situation in Bezug auf die Arbeit im Waldhort.

Pit geht anschließend das Protokoll der letzten Sitzung durch und hakt alle erledigten TOPs ab. Offene Posten kommen erneut ins Protokoll.

Karen nimmt das „Grüne Buch“ und daneben liegende Blätter zur Hand: „Wir hatten diese Woche zwei Meldungen für das Beanstandungsmanagement*). Kann jemand etwas dazu sagen?“

Es gibt noch weitere feststehende Themen, das Protokoll wird im Laufe der vielen Teamsitzungen weiterentwickelt und den Bedürfnissen der Arbeit angepasst. Der Kinderschutz z.B. landet im Formular als Pflichtthema, weil er immer wieder Gegenstand der Diskussion im

*) Details dazu im Abschnitt, nun ja, Beanstandungsmanagement eben.

Team ist und der Kita-Aufsicht dazu ein separates Konzept vorgelegt werden muss. Zu den festen TOPs gehört das Thema Sicherheit im Sinne der Berufsgenossenschaft. Da tatsächlich jede Woche ein kleiner Vortrag oder ein Beitrag aus der BGW-Publikation zur Verlesung kommt, kann der Waldhort im Versicherungsfall nachweisen, dass die Sicherheit der Mitarbeitenden permanent gegenwärtig ist.

Ursprünglich wird nur die kommende Woche und im Bedarfsfall die Ferienzeit geplant. Jeder Punkt wird von Anfang an mit „bis wann zu erledigen"-Termin versehen und der Name des Menschen festgehalten, den man in der Angelegenheit an den Ohren ziehen kann. Das hat Pit von seinem früheren Arbeitgeber gelernt und es stellt sich als sehr hilfreich heraus. Dieses Prinzip findet Eingang in das Formular für den Teamtag, die Mitgliederversammlung des Vereins und die Vorstandssitzungen.

Der Teamtag ist eine Veranstaltung am Anfang eines Schuljahres und wie eine Teamsitzung mit erweitertem Zeithorizont zu sehen.

Ab und zu wird der Teamtag mit dem Besuch bei der Betriebsärztin verknüpft. Der ist Pflicht, vorgeschrieben vom für die Kitas zuständigen Staats-Ministerium. Dabei geht es um Gesundheitsberatung am Arbeitsplatz und die Rechte und Pflichten von Arbeitgebern und -nehmern. Die Betriebsärztin für den Waldhort kann Karen 2014 engagieren, weil sie a) als praktische Ärztin die Qualifikation für den Job als Betriebsärztin vorweisen kann, b) bereit ist, den Job für den Waldhort zu übernehmen, ohne ein ärztliches Monatshonorar in Rechnung zu stellen und c) na? Was meint Ihr? Jaa! Weil Christiane wie Karen Basketballerin ist. Und die halten zusammen wie Pech und Schwefel.

Wenn der Teamtag mit dem Besuch bei Christiane zusammenfällt, fahren alle nach Garmisch und erledigen den hort-inhaltlichen Teil des Tages auch gleich in den Bergen.

Am Teamtag planen wir das anstehende Schuljahr. Alle besonderen Ereignisse der kommenden Monate werden terminiert, es werden Aufgaben verbindlich verteilt und Termine gesetzt (s.o.). Da geht es um die Kiesgrubenübernachtung, den Rausschmiss der Kinder, die zum Ende ihrer Grundschulzeit den Waldhort verlassen, das Lichterfest zur Vorweihnachtszeit, aber auch um notwendige Anschaffungen, vielleicht ein Waldhort-Jubiläum oder das Fußball-Turnier der Horte im Landkreis Ebersberg. Der Dienstplan muss fertig sein, wenn das Schuljahr losgeht. „Gibt es wieder die Gruppe der Füchse&Wölfe oder die der Mädchen&Jungen?“ – „Das sollten wir die Kinder fragen.“ – „Wer übernimmt die Regie für das Hochbeet?“ – „Wann wird eigentlich der Fallschutz unter der Blutbuche geliefert? Da sollten wir die Eltern anschreiben, dass wir Hilfe brauchen beim Verteilen des Kieses. Wer übernimmt das?“

Im September 2023 schreibt Pit das Teamtag-Protokoll und versendet es sofort per Mail. Aber seit Ende August gehört er gar nicht mehr zum Team und deshalb fehlt sein Name in der Protokoll-Spalte für die/den Verantwortlichen. Wahrscheinlich übernimmt er deshalb heute freiwillig diesen Job.

Natürlich gehört zum Teamtag ein gemeinsames Essen. Das Team entscheidet sich in diesem Jahr für einen Italiener mitten in Garmisch. Der versorgt uns auch gut. Anschließend fragt Karen in die Runde: „Wo setzen wir uns jetzt für die Jahresplanung zusammen?“ – Hmm. Ratlosigkeit in allen Gesichtern (sind mit vier an der Zahl ja nicht so viele).

„Am einfachsten machen wir das im Waldhort. Es ist warm, wir können uns draußen im Innenhof hinsetzen, da gibt es Kaffee und Tee.“ Karens Vorschlag wird einstimmig angenommen. Der zweite Teil des Teamtags 2023 findet also nicht in Garmisch, sondern in Ebersberg statt. Reisekosten fallen zwar auch an, nur der Zweck der Reise ist nun der Besuch der Betriebsärztin.

Teamsitzung – Protokoll

Freier Waldhort Ebersberg

Datum: ___________ von _________ Uhr bis___________ Uhr in den Räumen des Waldhorts

Anwesend: Annerose, Karen, Laura

Schriftführer/in: ______________________

Tagesordnung:

TOP	Termin	verant-wortlich
Befindlichkeit / Blitzlicht		
Protokoll der letzten Sitzung		
Beschwerdemanagement		
Kinderschutz		
Wochenplan		
Perikbogen / Ressourcensonne für		
Sicherheit ☐ Umgang mit Gefahrenstoffen/Betriebsanweisungen ☐ Umgang mit Arbeitsmitteln, persönlicher Schutzausrüstung ☐ Arbeits- und Gesundheitsschutz		

Neue Teammitglieder erhalten bis dato keine detaillierte Beschreibung aller Arbeitsschritte und Spezialitäten. Karen hat die rettende Idee: „Pit, Du hast doch mal für die Kinder das Waldhort-Lexikon zusammenstellt. Das drücken wir neuen Kolleg*innen in die Hand, dann müssen sie nicht bei jedem Waldhort-Wort nachfragen, was es bedeutet.“

Im Lexikon findet die geneigte Leserin die waldhort-spezifische Bedeutung z.B. des Geburtstagskuchens: „G. wird mit oder ohne Kinder gebacken, die Schokostreusel im Teig führen nach kurzer Zeit zum Spitznamen ‚Ameisenkuchen‘. Das Kind, das an dem Tag seinen Geburtstag im Waldhort feiert, nimmt den Kuchen mit nach Hause. Er ist verziert mit einer Tüte Gummibärchen und einem Schweizer Schoko-Taschenmesser in einer Serviette im Loch des Gugelhupfs.“

Unter dem Stichwort „Müllsammeln“ erfährt man, das sei eine einmal im Monat stattfindende Aktion, bei der Müll im Wald gesammelt und gelegentlich zur Wertstoffsammelstelle gebracht wird, manchmal ergänzt um eine entsprechende Pressemitteilung.“

Teamarbeit für das Kind – das Portfolio

Für jedes Kind wird bei Eintritt in sein Waldhort-Dasein ein Portfolio-Ordner angelegt mit Trennblättern zu den Themen

- Meine Interviews
- Meine Werke
- Meine Erlebnisse

In den ersten Waldhort-Monaten und zu den Geburtstagen eines Schulkindes führt ein*e Erzieher*in schriftlich strukturierte Interviews durch. Auch das Formular für den Schnitzmesser-Führerschein gehört in diese Kategorie.

„Ich sehe, Du hast ganz viel Rot und Blau verwendet", bemerkt Karen beim Betrachten eines Bildes, das Lilo gerade fertiggestellt hat und das sie ihr zeigt. „Ja, das ist im Urlaub am Meer", erklärt das Kind und berichtet von den Ferien und was noch auf dem Bild zu sehen ist. „Möchtest Du das Bild aufheben und in Deinen Ordner legen?" – „Ja, gute Idee." – Schau, in der Schublade gibt es Klarsichthüllen für Dein Bild. Brauchst Du Hilfe, beim Einordnen?" Es kommt in den Abschnitt „Meine Werke" im Portfolio-Ordner.

Die Kategorie „Meine Erlebnisse" wird vom Team befüllt. In der ersten Zeit ist jedes Teammitglied für die Erlebnisse einer kleinen Anzahl von Kindern verantwortlich. Wir schreiben Geschichten auf, die das Kind allein oder mit der Gruppe erlebt hat. Fotos illustrieren das Erlebte; Fotos, die wir, in Einzelfällen auch die Kinder, nahezu täglich anfertigen.

Die Bearbeitung der Fotos im Rahmen des Bildungsauftrags „Medienerziehung" nehmen nur wenige Kinder wahr. Bereits kurz nachdem sie eine (bzw. sehr viele) Aufnahmen gemacht haben, erlischt das Interesse an der später zu erledigenden Auswahl der Bilder und deren Nachbearbeitung. Und die Erwachsenen denken auch nicht immer daran, dem Bildungsauftrag nachzukommen, weil die Zeit dafür fehlt.

Überhaupt stellt sich heraus, dass die individuelle Portfolioarbeit sehr viel Zeit in Anspruch nimmt. Das Team grübelt über eine Straffung des Prozesses nach.

Beschlossen wird 2020, die Arbeit zu teilen. Wenige individuelle Erlebnisse werden ergänzt von allgemein bemerkenswerten. Letztere werden allen Kinderordnern zur Verfügung gestellt. Laura stürzt sich auf die „Einzelschicksale“, Pit übernimmt den Auftrag, die Erlebnisse der Gruppen festzuhalten.

Das ist jedoch nicht der Weisheit letzter Schluss. Das Team denkt erneut nach.

Seit der zweiten Hälfte des Schuljahrs 2022/23 werden die Gruppenerlebnisse aus den Tagesnachrichten gewonnen. Diese Arbeit kann weitgehend per copy&paste erledigt werden. Jedes Teammitglied sucht nun für zwei oder drei Monate aussagekräftige Tagesnachrichten aus dem Fundus und legt sie Pit vor.

Der schraubt die ausgewählten Tagesnachrichten zusammen, ergänzt um Fotos vom jeweiligen Tag. Da dieser Anspruch nicht immer erfüllbar ist – die Menge der Fotos nimmt seit 2022 rapide ab –, greift er auf inhaltlich passendes Material zurück.

So entsteht für alle Kinder eine Sammlung von Erinnerungsbildern und -texten im Umfang von zwei bis fünf Blättern für jeden Monat. Die müssen dann nur noch gedruckt werden. Ok, ein ganzes Jahr an Material, also elf Monate[*)] mit im Durchschnitt vier Blättern für 30 Kinder. Da kommt schon was zusammen.

1.300 Seiten ausdrucken ist kein Job für den kleinen Tintenpiesler[**)], der im Waldhort für die täglich notwendigen Listen ausreicht. Auch hier ist wieder die Unterstützung der Eltern angesagt und sie wird auch

---

*) Der August entfällt. Überhaupt fehlt während der Ferienbetreuung die Kapazität, Tagesnachrichten zu verfassen.

**) despektierliche Bezeichnung für Tintenstrahldrucker

geleistet.

Und wozu das Ganze? Man stelle sich vor:

Viele Jahre – Jahrzehnte? – später entdeckt Lilo beim Auszug aus dem Elternhaus den Ordner wieder, setzt sich auf die Treppe und blättert darin, schmunzelnd und staunend, was es damals im Waldhort so alles gab.

Teamarbeit vom Kind – das Beschwerdemanagement

„Die Jungen streiten immer so laut und dann beschimpfen sie sich gegenseitig. Ich mag das nicht.“

Das Beschwerdemanagement für die Kinder gibt es seit 2018. Seitdem wurde nur der Name geändert.

Im Waldhort befindet sich die Station für „Gefällt mir – Gute Idee – Beanstandungen“ auf einem der Bürocontainer (s. Foto), daneben das grüne Beanstandungsbuch in A-5-Größe und Formularblätter. Auf so einem Blatt mit einer Dringlichkeitsampel hält ein Kind sein Anliegen oder seine Idee fest, wenn es etwas im Waldhort ändern oder besprechen möchte.

Wer noch nicht schreiben kann, wendet sich an ein älteres Kind oder einen Erwachsenen aus dem Team.

Das ist nicht nur ein Kummerkasten und das wars. Das Konzept wird zwar erst im April 2020, also schon zu Coronazeiten, schriftlich festgehalten, aber gelebt wird es bereits mit Beginn des Schuljahres 2019/20. Karen: „Sobald wir eine Beanstandung wahrnehmen, sprechen wir die Kinder zu dieser vermuteten Unzufriedenheit oder Grenzverletzung an und nehmen das Anliegen mit dem betreffenden Kind möglichst im Beanstandungsformular auf.“

Bei jeder Teamsitzung werden die schriftlich eingegangenen Beanstandungen der Kinder vorgelesen und bearbeitet. Hier gibt es nun zwei Möglichkeiten:

1. Im Laufe der darauffolgenden Tage gibt eine Pädagogin dem Kind oder der Gruppe Rückmeldung und fragt, ob die Beanstandung damit für das Kind/die Gruppe als bearbeitet gilt.
2. Das Team beschließt, die Gesamtgruppe oder einen Teil mit der Erarbeitung eines Lösungsvorschlags zu beauftragen, um den anschließend gemeinsam mit den Kindern zu diskutieren und zu beschließen.

3. Das Kind schreibt seinen Lösungsvorschlag auf das Formular und bespricht die Umsetzung mit dem Team.

Zukunftsmusik bleibt bislang eine "Was mir nicht passt"- Ideenfinder*innen-Gruppe für den Waldhort. Die könnte monatlich im Waldhort-Gebäude zur Beratung zusammenkommen.

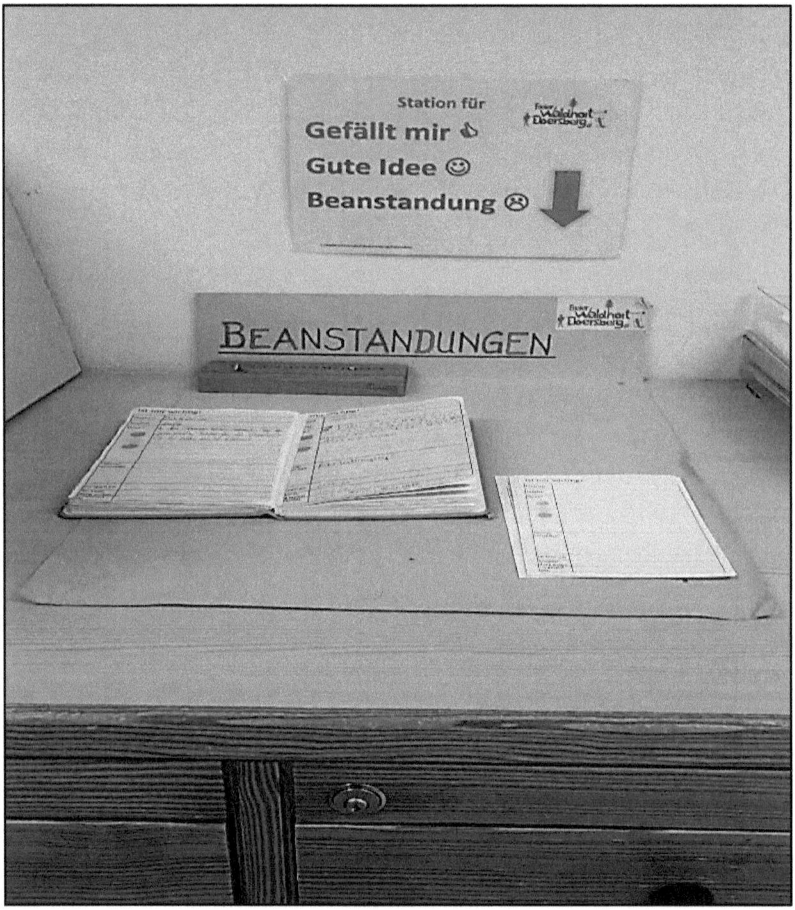

Die meisten Anregungen betreffen die Verpflegung. Mehrere Kinder wünschen sich Sprudelwasser, zwei sehnen sich nach Bananenmilch, eine davon mit Hafermilch angerichtet. Die Ungerechtigkeit beim Be- und Entladen der Werkzeugtasche und des Bollerwagens wird über dieses Verfahren geregelt (s.o.).

Ein weitere Beanstandung betrifft den Umgang miteinander im Streitfall. Karen hilft beim Eintrag. Das meldende Kind will seinen Namen nicht nennen: „Ich möchte, dass wir alle hier im Waldhort bei einem Streit ordentlich um Entschuldigung bitten. Es ärgert mich, wenn hier mit Stöcken gehauen wird." Der Lösungsvorschlag: „Mit der gesamten Gruppe besprechen; Stockregeln besprechen bzw. verändern."

Das Problem landet wenige Tage später in der Teamsitzung und wird am darauffolgenden Tag mit der Gruppe besprochen.

Da die Kinder im Laufe ihrer Waldhortzeit immer häufiger Konflikte selbst lösen, finden sich nur wenige Einträge im Buch für die Beanstandungen. Deshalb weisen die Erwachsenen gerade in den ersten Monaten eines neuen Schuljahres vermehrt auf das Buch und seine Bedeutung hin. Für die Neuen ist es neu, für die Alten kann eine Erinnerung nicht schaden.

Literarische Kleinkunst

Wir pflegen drei Arten, Erlebtes in Wort und Schrift festzuhalten: Die Tagesnachrichten, die Waldhort-Rundschau und den Kindermund.

Tagesnachrichten

In den Waldhort kommen die Schulkinder an zwei bis fünf Tagen in der Woche. Zwei Buchungstage sind den 4.-Klässler*innen vorbehalten, denn sie haben nachmittags Unterricht oder gehen Freizeitaktivitäten nach, wollen aber trotzdem an den anderen Tagen in den Waldhort, weil „der cool ist und die Schule langweilig."

Das führt dazu, dass Kinder, die z.B. am Dienstag nach der Schule den Waldhort besuchen, nicht aber am Montag, erfahren möchten, was denn am Vortag los war.

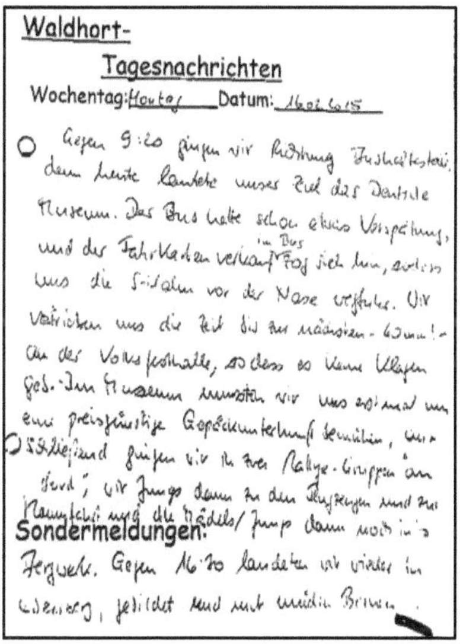

Waldhort-
Tagesnachrichten
Wochentag: Montag Datum: 16.02.2015

Gegen 9:20 gingen wir Richtung [illegible], denn heute lautete unser Ziel das Deutsche Museum. Der Bus hatte schon etwas Verspätung, und der Fahrkartenverkauf im Bus zog sich hin, sodass uns die S-Bahn vor der Nase wegfuhr. Wir vertrieben uns die Zeit bis zur nächsten [illegible] an der Volksfesthalle, so dass es keine Klagen gab. Im Museum mussten wir uns erstmal um eine preisgünstige Gepäckunterkunft bemühen, anschließend gingen wir in zwei Rallye-Gruppen an Bord; wir Jungs dann zu den Flugzeugen und zur Raumfahrt und die Mädels/Jungs dann noch ins Bergwerk. Gegen 16:20 landeten wir wieder im [illegible], gebildet und mit müden Beinen.

Sondermeldungen:

Zu diesem Zweck erstellt ein Teammitglied am Ende eines jeden Tages eine Zusammenfassung der Ereignisse. Dieses kleine Protokoll (im A5-Format) wird den Anwesenden am nächsten Tag vorgelesen. Es dient u.a. als Signal zum Mittagessen. Andere Institutionen setzen da eher auf ein Tischgebet, das alle Kinder mitsprechen und keines der Kinder sich für dessen Inhalt interessiert, ganz zu schweigen von der untergejubelten Ideologie.

Die Institution Tagesnachrichten, ihre Form und Struktur, sogar ihre technische Basis entwickelt das Team über die Jahre weiter. Einzig der Umfang bleibt der Papiergröße angepasst.

Die ersten Exemplare werden handschriftlich verfasst und die Autor*innen verzichten auf Struktur. Jede*r schreibt, wie ihr/ihm der Kugelschreiber über das Papier gleitet. Das hat für manche Vorleser*innen hin und wieder zur Folge, dass eher die eigene Vorstellungskraft den Bericht zu Gehör bringt als das Geschriebene.

Das Muster oben dient der Veranschaulichung.

Karens Anspruch an die Tagesnachrichten wächst sanft aber stetig. Zunächst befestigt sie 4 oder 5 Zettelchen am unteren Rand des Klemmbretts, das als Schreibunterlage dient. Auf diesen Zetteln stehen Stichworte wie „Was hat ein Kind Besonderes erlebt?“ oder „Welches Naturereignis spielte eine Rolle?“ oder „Hat ein Kind einem anderen geholfen?“

Da diese Anregungen ganz unten am Klemmbrett stehen, übersieht das Team sie in den meisten Fällen. Jede*r schreibt, was erinnerlich ist. Das ist pädagogisch nicht immer wertvoll. Unter anderem deshalb nimmt das Interesse der Kinder über die Zeit ab und wird immer stärker verdrängt vom Interesse am Miteinanderreden. Ihr Desinteresse äußern manche Kinder klar und unmissverständlich, indem sie beim Vorlesen nicht zuhören, sondern sich angeregt unterhalten.

Das fehlende Interesse ist letztlich auch der Tatsache geschuldet, dass in den ersten Jahren das Mittagessen an einem einzigen großen Tisch eingenommen wird.[*)] Das laufende Gespräch mag vielleicht nur zwischen zwei Kindern geführt werden. Aber die Erwachsenen erwarten die totale Aufmerksamkeit für ihren Text. Am meisten wünschen sich das die (vorlesenden) Erwachsenen. Das klingt jetzt erstmal nicht nach Partizipation, doch dazu später.

---

*) Kinder, die nach der 4. und 5. Schulstunde zum Waldhort gebracht wurden, nehmen am so bezeichneten „Ersten Mittagstisch“ platz, die anderen am Zweiten.

Pit baut deshalb die nicht verwendeten Stichwort-Fragen in eine papierene Schreibvorlage. Nun kommt niemand mehr auf die Idee, sie zu „übersehen“ und die Tagesnachrichten bekommen Struktur. Dieser Fortschritt ist eindeutig der „Struktur-Lokomotive“ des Waldhorts zu verdanken – Karen. Sie will nicht nur belanglose Mitteilungen, sondern eine pädagogische Roadmap.

Das hilft sogar beim Schriftbild, wenn auch nicht bei allen Autor*innen. „Meine Handschrift ist nicht unleserlich, nur ausgereift“, meint Pit. Da Karen sie aus naheliegenden Gründen kennt, erhält er Rückendeckung. Und mit Lauras klarer Handschrift kann sowieso keiner mithalten.

Zur Vorlage gehören im Kopf des Dokuments Angaben zum Datum und Wochentag, zum Nachmittags-Platz und zum Wetter, also Temperatur, Witterung, UV-, Ozon- und Waldbrand-Gefahren-Index, Daten, die mittags aus dem Internet geholt werden.

Da sich bei manchen Teammitgliedern das Gedächtnis alterskonform entwickelt, kann die Frage: „Wann haben wir eigentlich Fritz‘ Geburtstag gefeiert?“ selten beantwortet werden (abgesehen von Laura). Der Hinweis „Kannst ja mal in den Tagesnachrichten nachgucken!“ erweist sich als unbrauchbar. Handschriftliches auf seinen Inhalt zu durchforsten überlässt man eher den Historiker*innen, die haben Zeit dafür und nicht 23 Kinder um sich herum.

Was bleibt da übrig? Richtig: die modernere Form der Dokumentation, die „Computer Aided Tagesnachrichten“, kurz CAT. Der Einsatz von CAT setzt eine gewisse Vertrautheit mit Textverarbeitungs-Software voraus. Deshalb ist die Abfassung der Tagesnachrichten nicht jedermanns Sache.

Den Umstieg von Open Office auf Pits Favoriten MS Office schluckt das Team. Pits Argumente für den Umstieg sind mäßig stark, dafür siegt die normative Kraft des Faktischen, nachdem er MS Office auf dem Waldhort-PC installiert*) und als besonderen Service eine Vorlage erstellt hat. Der Einfachheit legt Pit sie als leeres Dokument an. Das erfordert sofortige Ablage unter einem neuen Namen. Auch dafür hat Pit, der Office-Officer, eine Lösung, die zumindest bis zu seinem Ausscheiden im Sommer 2023 funktioniert.

Seitdem liegen alle Tagesnachrichten in elektronischer Form und mit inhaltlicher Struktur vor. Nun ist a) das Problem mangelhafter Lesbarkeit vom Tisch und b) kann man nach Fritz‘ Geburtstag suchen lassen. Das braucht aber niemand.

Das Problem jedoch mit der sinkenden Aufmerksamkeit bleibt. Denn das liegt einfach daran, dass Kinder sich gern unterhalten, besonders wenn sie sich eine gewisse Zeit nicht gesehen haben, etwa übers Wochenende oder weil sie am Vortag woanders gespielt haben oder eben jeden Vormittag während des Unterrichts.

Der Versuch, das Verlesen der Berichte jenen angedeihen zu lassen, die zuhören wollten, ist lieb gemeint. Die Erwachsenen setzen sich zu genau diesen Kindern an den Esstisch. Doch auch die Zahl der Wunsch-Zuhörer*innen ist im Sinken begriffen.

Das Team beschließt auf einer seiner wöchentlichen Sitzungen: „Wir verbinden die Tagesnachrichten nicht mehr mit dem Mittagstisch. Wir nehmen den gedruckten Zettel mit in den Wald und lesen die Nachrichten beim Nachmittagssnack vor.“

Diese Variante scheitert krachend an den Erwachsenen: „Oh, hast Du die Tagesnachrichten dabei?“ – „Oh, vergessen.“ Oder das Blatt landet zwar jeden Tag im Erwachsenen-Rucksack, aber ans Vorlesen denkt niemand (Pits Lieblingsvariante) oder der Snack-Appetit der Kinder lässt keine Zeit fürs Vortragen.

Während der Covid-19-Zeit dürfen die Eltern beim Abholen das

*) während der kinderlosen Corona-Zeit

Waldhort-Gebäude nicht betreten. Sie müssen draußen im Hof auf ihr Kind warten. Laura bringt fünf Klarsichthüllen am Fenster des Hausiraumes an und befüllt sie mit den Ausdrucken der Tagesnachrichten. So können die Eltern sich das Warten verkürzen und erfahren, was ihre Kinder gerade erleben.

Nach der Corona-Zeit nimmt niemand mehr die Blätter zur Kenntnis, obwohl sie nach wie vor vom Hof aus zu lesen sind.

Deshalb versenden wir seit 2022 die Tagesnachrichten am Ende der Woche an alle Eltern per Mail.

„Also ich glaube, die Tagesnachrichten braucht kein Mensch. Wir sollten uns die Arbeit sparen und sie still und leise untergehen lassen."

Pits Vorschlag kommt für Karen überhaupt nicht in Frage. Wir beschließen in einer Teamsitzung, die Elternschaft zu fragen, ob sie auf den Versand der Tagesnachrichten Wert legen, sonst stellen wir den Versand ein.

Ein Shit-Storm bricht los. Mindestens die Hälfte der Familien lobt unsere diesbezügliche Arbeit, manche keine 10 Minuten nach Versand unserer provokativen Anfrage, einige drei Wochen später im Tür-und-Angel-Gespräch.

Wir erfahren zum ersten Mal, dass die Nachrichten von den Eltern bereits kurz nach Eingang der E-Mail am Freitagabend gelesen werden. Für einige Familien gereichen sie zur Wochenendlektüre beim Zu-Bett-Gehen. Andere schicken sie weiter an die Großeltern.

Waldhort - Tagesnachrichten

Wochentag: Montag Datum: 07.11. von: Laura, Pit
Platz: Schlittenberg Wetter: bewölkt, sonnig, 14°C
Waldbrand: ab 04/2023 UV-Index: 1 Ozon: --

Ereignis	Noahs erster Tag: Er ist die ganze Woche im Waldhort und anschließend jeden Dienstag. Es gibt eine Probe-Mittagessen von Vegetaria. Wenn uns das Essen gut schmeckt, beliefert er uns jeden Montag, Donnerstag und Freitag.
Herausforderung	Reifen fliegen um die Wette, Kinder hinterher. Also die Kinder rennen hinterher ●
Aha-Erlebnis	Wenn die Hulahoop-Reifen hoch durch die Luft fliegen und kein Baum in der Nähe steht, dann landen die Reifen auch immer wieder auf der Erde. Und sie rollen so schnell den Hang runter, dass die Kinder sich beeilen müssen um sie zu fangen.
Kind als LehrerIn	Elisabeth zeigt Ella, wie sie eine Kette und ein Armbändchen mit einem Stein als Anhänger fertigt. – Klara zeigt Pit den Text eines Liedes, das sie aus einem Film kennt und hofft, dass Pit das Lied singen kann, obwohl er es nicht kennt und sie auch keine Noten hat. Hmmm.
Zusammenarbeit	Klara findet einen toten Maulwurf am Schlittenberg. Die Kinder begraben ihn und schmücken das Grab mit einem Kreuz.
Frage	Warum stehen auf den meisten Gräber eigentlich Kreuze? Gibt es auch andere Rituale, wenn jemand gestorben ist?
Hörst Du Töne?	Noah hört zum ersten Mal unser Snacklied.

Aus jeder Meldung lesen wir: Diese Mitteilungen vom Waldhort-Alltag sind wichtig für die Familien, nicht nur für deren Kinder.

Na, dann machen wir eben weiter, denn wir Pädagog*innen sind darauf aus, unsere tägliche Arbeit den Eltern transparent zu machen. Auch dazu dienen die Tagesnachrichten.

Übrigens wird in den jährlich anberaumten Elternbefragungen das Fehlen musischer Erziehung beklagt. Um zu dokumentieren, dass u.a. die Musik im Waldhort-Alltag sehr wohl eine Rolle spielt, wird in die Vorlage der Tagesnachrichten die Kategorie „Hörst Du Töne" eingeführt.

Dafür findet das schreibende Team nicht an jedem Tag Material für einen Eintrag. Den Eltern soll aber deutlich werden, dass es

- das Snacklied und die Geburtstags- und Verabschiedungslieder gibt,
- hin und wieder eine Gitarre mit in den Wald geht und
- das gemeinsame Heulen der Wölfe, das zum Aufbruch ruft, im

weitesten Sinne zur Musik gehört, und wenn es nur der gemeinsame Einsatz (1… 2… 3… Ahuuuu!!) ist.

2022 kommt KitaDigital.

Speziell Laura lernt, wie Gesprochenes auf ein Tablet-PC (mit diesem oder jenem Betriebssystem) gelangt und wie es wieder abgespielt werden kann. Außerdem muss der Text in lesbarer (also elektronischer) Form zum Tablet transportiert werden.

Seit dieser Prozess definiert und evaluiert ist, schreiben die Erwachsenen die Nachrichten am Ende des Tages am Waldhort-PC und laden sie in von allen Tablets lesbarem Format auf die Kinder-Tablets.

Draußen im Wald oder drinnen im Gruppenraum, je nach verfügbarer Zeit, holt sich ein Schulkind, das Spaß daran hat, das Tablet, loggt sich ein, lädt die Nachrichten vom Vortag auf den Monitor, startet die Aufnahme-App, liest den Text laut und deutlich ab und speichert die Audio-Datei.

Das Tablet kommt in den Rucksack der Erwachsenen. Da der dadurch an Gewicht zunimmt, vergisst keiner der Pädagog*innen, das Tablet im Wald in Gegenwart besonders der jüngeren Kinder aus dem Rucksack zu nehmen und anzubieten: „Wollt Ihr die Tagesnachrichten hören?“

Und so bringen wir interessierte, Noch-nicht-Lesen-Könnende in den Genuss, etwas medial von einem anderen Kind Hergestelltes zu nutzen. Meistens hört Antonia ihrem Eingelesenen nicht zu, weil sie ihre Stimme nicht mag.

Mal sehen, wie lange das funktioniert. Doch meistens sind gerade die Älteren daran interessiert, etwas Modernes für die Gruppe zu tun, was die Kleineren noch nicht beherrschen.

Die Waldhort-Rundschau

Zu der Zeit, als die Tagesnachrichten handschriftlich[*)] erstellt werden, gelangen Informationen aus dem Waldhort-Alltag über ein papierenes Periodikum an die Familien. Eben eine Zeitung, die Waldhort-Rundschau. Sie erscheint alle 3 Monate auf 4 oder 8 Seiten und informiert über anstehende und vergangene Geburtstage, greift aktuelle pädagogisch interessante Themen auf wie etwa den Gebrauch von Handys bei Zweijährigen oder bittet um Hilfe, als das Waldhort-Team sich nicht mehr in der Lage sieht, alle anstehenden Aufgaben ohne Elternunterstützung zu bewältigen.

Etwas Lustiges und eine Glosse dürfen natürlich nicht fehlen.

Die Rundschau erscheint von Juni 2014 bis 2019. Die letzte Ausgabe enthält neben einer Art Organigramm mit von Eltern zu besetzenden (Mini-) Arbeitsplätzen eine Betrachtung zum Thema kulturelle Ignoranz und sozio-ökonomische Blindheit in der Grafinger Grundschule im Jahr 2019 unserer Zeitrechnung.

*) übrigens eine sterbende Kulturtechnik, die sich durch die allgemeine Verfügbarkeit des Smartphones überlebt hat, sagt Pits Sohn (36)

Literarische Kleinkunst | Freilaufende Kinder

Ebersberg, Dezember 2019 | Kostenlos, aber nicht umsonst

Waldhort-Rundschau

Kaum zu glauben

Weihnachten mit Tradition

Hausaufgaben – ein ewiger Zankapfel und Anlass für Streit in der Familie. Und nicht frei von Ideologie.

Und nicht nur das. Sie bieten auch Überraschungen. Neulich las ich einen Übungstext zum Deutsch-Unterricht der dritten Klasse in Grafing, bei dem sich mir die Zehennägel aufrollten. Es ging um

Eine schöne Zeit

Im Dezember freuen sich alle Menschen auf Weihnachten. Überall gibt es viel zu tun. Die Mutter putzt noch einmal die Zimmer im ganzen Haus. In der Küche duftet es nach Plätzchen. Der Vater hat schon die Geschenke besorgt und eingepackt. Besonders die Kinder sind aufgeregt. Sie haben ihre Wünsche auf Zettel geschrieben: Fahrräder, Puppen, Spiele, Bücher oder Eisenbahnen. Am Heiligen Abend steht dann ein prachtvoller Christbaum im Wohnzimmer und darunter liegen die Päckchen. Viele Familien gehen später zusammen noch in die Kirche.

Den Text schrieb offenbar jemand mit ordentlichem Gehalt, so Mitte des vergangenen Jahrhunderts. Wie das?

Mutter putzt. Ja, wer denn sonst? *Im ganzen Haus*. Eine Wohnung hätte es eigentlich auch getan. Denn weniger als die Hälfte der Haushalte in Deutschland lebt in einem Ein-Familien-Haus. Ein Haushalt mit mittlerem Vermögen besitzt gar kein Haus. *Es duftet nach Plätzchen*. Wie das? Ach ja, hat Mutter wohl gebacken, denn *Vater hat schon die Geschenke besorgt*. Tja, der verdient ja auch das Geld und kann dann die Geschenke kaufen. Die Kinder wünschen sich *Fahrräder, Puppen, Spiele, Bücher, Eisenbahnen*. Wow! Da muss Papa dann schon tief in die Tasche greifen. Allerdings sind Eisenbahnen heutzutage wohl eher was für ihn. In Zeiten von Hartz IV und gekürztem oder gänzlich gestrichenen Weihnachtsgeld sollte man etwas zurückhaltender mit den Beispielwünschen sein.

Überhaupt: *Alle Menschen freuen sich auf Weihnachten.* Also, manch einer ist im Angesicht des Trubels und des bevorstehenden Jahresabschlusses auch genervt von der Vorweihnachtszeit. Und es gibt sogar Menschen, die Weihnachten gar nicht feiern.

Von daher ist der nächste Satz schon richtig: *Viele Familien gehen später zusammen noch in die Kirche.* Eben nicht alle. Ach ja: manche gehen auch schon vor der Bescherung.

Dafür hakt es an dieser Stelle mit der deutschen Sprache: Die Familien gehen später *zusammen* in die Kirche. Ja, wie denn sonst? Familie ist ein Begriff, der das „zusammen" in sich trägt. Man stelle sich vor, sie gingen *getrennt*.

Aber Pit! Nun bleib doch mal auf dem Teppich – entspann Dich! Die Kinder sollen doch in dem Text nur die „Wörter mit doppelten Mitlauten" suchen und die Verben unterstreichen. Da spielt doch der Inhalt keine Rolle.

Ach ja? Na gut, ich probier's mal nach meiner Art:

Besinnlicher Dezember?

Der Dezember ist meistens ein sehr hektischer Monat. Gerade die Erwachsenen beklagen sich über den Stress Geschenke besorgen zu müssen. Und dass sie im Büro einige Tage „reinzuarbeiten" haben, weil ihnen die Feiertage als Arbeitstage fehlen. Die meisten wissen nicht wirklich um die Bedeutung von Weihnachten. Und das sind nicht in erster Linie die Flüchtlinge aus Afrika und dem Nahen Osten.

Die Geschenke fallen dieses Jahr etwas kleiner aus, weil in Vaters Firma das Weihnachtsgeld gestrichen wurde, was besonders die Alleinerziehenden trifft.

Die Plätzchen hat Mama im Supermarkt besorgt, weil sie keine Zeit hatte, selber welche zu backen. Das macht aber nichts, denn am 27. Dezember ist die Familie bei Fatma eingeladen, um Chanukka zu feiern und richtig toll zu speisen.

Ja, da ließe sich – über die deutsche Grammatik hinaus – doch eine ganze Menge lernen. Aber ob so ein Text in den Bayerischen Bildungsplan passt?

Das war's! Ein angenehmes und klimaneutrales Jahr 2020 wünscht allen Kindern und Eltern

das Waldhort-Team – Karen & Pit

Die Rundschau wird mit viel Angstschweiß im Großraumbüro des Waldhort gedruckt – also im Homeoffice bei Pit zu Hause. Dort steht ein Drucker, der DIN-A3-Papier nicht nur in seinem Fach aufbewahrt, nachdem das Fach mit ganz wenigen Handgriffen kinderleicht von A4 auf A3 umgebaut wurde. Dieser Drucker kann dieses große Papier auch beschriften und bebildern. Und der Knaller: Vorder- und Rückseite. Also zunächst alle Vorderseiten. Anschließend wird der kleine Stapel mit der bedruckten Seite nach unten und horizontal gedreht in das Papierfach gelegt und dem Drucker mitgeteilt, er soll nun fortfahren mit den Rückseiten.

Nach dem ersten doppelseitig bedruckten Blatt drückt Pit in noch schwach ausgeprägter Panik die STOP-Taste. Der Text steht Kopf auf der Rückseite. Hm. Also doch nicht drehen, sondern nur nach unten kippen. Geht gut!

Oder doch nicht? Auf der Rückseite von Zeitungsseite 1 soll Zeitungsseite 8 erscheinen. Denn das A3-Blatt wird zum Format A4 gefaltet. Sonst hätte ich ja gleich zur Zeitungsdruckerei marschieren können.

Irgendwann entdeckt Pit auf dem Druckdialog das Kästchen mit der Beschriftung „Broschüre“. Nun ist es etwas einfacher. Wenn das mit dem Drehen und Wenden stimmt.

An Rundschau-Drucktagen gehen alle Teammitglieder zu Pit auf Distanz.

Irgendein Skeptiker im Team – oder war es ein Realist? – schleudert während einer Teamsitzung den Satz in die Runde: „Ach, die Waldhort-Rundschau! Die liest doch sowieso keiner mehr!“ In Pits Hirn brodelt die Liedzeile: „Kein Schwein ruft mich an, keine Sau interessiert sich für mich.“

Gabriels Verdacht, denn so hieß der Realist, ist nicht von der Hand zu weisen. Die gedruckten Exemplare, immerhin in A4-Größe, stecken Tage nach Lieferung immer noch in etlichen Garderobenfächern der Kinder. Geschickte Fragen von Pits Seite zum Inhalt werden schamlos lügenhaft oder entsprechend fehlerhaft beantwortet.

Und so startet er einen letzten Versuch: Er versendet das vorerst wohl letzte Exemplar im PDF-Format per Mail und bittet um Meldung, wer eine Papier-Ausgabe wünscht. Keine Reaktion, kein „och nö, nicht nötig“, nicht einmal ein „bleib mir bloß weg mit Papier!“

„Na, dann eben nicht. Eine Aufgabe weniger. Dann wird‘s eben ein Buch.

Kindermund

Kinder liefern bemerkenswerte Wortbeiträge, oft unbeabsichtigt und für uns Erwachsene überraschend. Das Waldhort-Team sammelt sie im Büchlein „Kindermund“. Hier ein paar Beispiele, wörtlich zitiert:

13.10.20 – Friderike fragt während der Hausaufgaben, wie man 101 schreibt. Sie hat noch wenig Erfahrung mit Zahlen über 100. Pit versucht es mittels Dezimal-Logik, erntet aber nur Fragezeichen in Friederikes Augen. Klara meldet sich zu Wort: Wie man 101 schreibt, ist doch ganz einfach: H-u-n-d-e-r-t-e-i-n-s!“

21.11.2022 – Niklas berichtet am Mittagstisch von einer Situation in der Schule. Einer Mitschülerin war in einer Schulaufgabe eine fehlerhafte Bewertung aufgefallen und sie musste sich mit der Lehrerin auseinandersetzen. Auch Laura erzählt, dass ihre Lehrerin ihr in einer Schulaufgabe fünf Punkte abgezogen hatte. Lauras Klassensprecherin setzte sich für sie ein und fragte nach dem Grund des Punktabzugs. Die Lehrerin antwortete: „Weil ich Laura nicht mag.“ – Niklas steht fassungslos am Esstisch, sein Geschirr in der Hand und schüttelt den Kopf: „Das ist doch voll ungerecht!“ – „Das stimmt!“ erwidert Pit. „Aber wir im Waldhort sind ja auch nicht immer gerecht.“

Niklas antwortet empört: „Ja, manchmal ungerecht. Aber doch nicht dumm!“

16.09.2022 – Die Feier zum zehnjährigen Jubiläum des Waldhorts geht zu Ende. Es nieselt, etwa fünfzehn Kinder halten sich im Gruppenraum auf. Niklas, Rudi und Leo spielen in der Bücherecke. Ihre Stimmen werden lauter. Niklas ermahnt Rudi: „Hey, Rudi, schrei nicht so! Wir sind hier nicht in der Mittagsbetreuung!“

02.03.2022 – Wir haben Tierspuren im Wald mit frisch angerührtem Gips ausgegossen. Das hat Spuren auf Antonias Jacke hinterlassen. Sie klagt: „Da wird meine Mama schimpfen!“ – „Das ist einfach zu beseitigen“, erwidert Pit. „einfach trocknen lassen, ausbürsten und eventuell mit ‘nem nassen Schwamm nachwischen.“ – Antonia beharrt: „Aber meine Mama wird schimpfen!“ – „Das glaube ich nicht“, meint Pit. Darauf Antonia: „Na ja, Du hast ja wohl keine Mama mehr, die Dich schimpft.“ – „So ist es. Meine Mama ist vor 20 Jahren gestorben.“ – „Siehste“, meint Antonia, „dann schimpft da auch niemand mehr. Oder hat Karen jetzt die Rolle übernommen?“

07.02.20 – Andreas erzählt, dass er sich in ein Mädchen in seiner Klasse verliebt hat, das Lara heißt. „Ist das unsere Lara aus dem Waldhort?“ fragt Pit. „Nein! Doch nicht die Lara. Die ist doch viel zu alt, außerdem ist sie nicht hübsch und sie ist immer so zickig. Nein. Und außerdem: Die Waldhort-Lara, die passt gar nicht zu mir.“

Im Rahmen des Lichterfestes bittet Karen die Kinder, aufzuschreiben wofür sie dem Wald dankbar sind. Damit beschriften sie das selbst geschöpfte Papier, befestigen ein Bastband daran und hängen die Parolen im Wald an die Bäume.

„Ich bin dem Wald dankbar . . .

- dass ich mit meinem Hund spazieren gehen kann
- dass er viele Bäume zum Klettern und Tipis bauen hat
- dass er uns unser Leben gibt und dass er die Luft erneuert und dass wir viel Spaß in ihm haben
- für das Holz zum Hüttenbauen
- für Sauerstoff, für die gute/frische Luft
- Für die Tiere, die in ihm leben
- dass wir in den Wald gehen und dort gut spielen können
- das Holz zum Papier herstellen
- für den Regenschutz
- dass er so groß ist
- dass es so viele Spielplätze gibt
- dass er so schön still ist
- dass der Wald mir Kraft verleiht
- für die Blätter zum Lager bauen
- dass der Wald ein Wald ist und für den Sauerstoff!

Eltern- und Vereinsarbeit

Elterngespräche

Elterngespräche führt der Waldhort auf zwei Ebenen.

Beim Abholen, also zwischen Tür und Angel, klingt das so:

„Hallo, Elsbeth! Ganz kurz nur: Aron ist mit den Hausaufgaben nicht ganz fertig geworden. Er hatte wohl einen schlechten Tag. Heute hat er plötzlich den Kopf auf die Tischplatte gelegt und gemurmelt: ‚Ich mag nicht mehr.' Kennst Du das auch," – „Nein. – Warte! Oder doch! Wenn er keinen Appetit hat beim Mittagessen, dann sagt er wohl manchmal: ‚Ich mag nicht mehr.' Auch wenn Erwin [Arons Papa] sagt: ‚Komm, lass uns noch im Garten weiter aufräumen'. Aber Kopf auf die Tischplatte? Nein, macht er zu Hause nie."

Oder so:

„Hallo, Gertrud. Du, Isi hat sich heute im Wald über ihre Freundin geärgert und ist weggelaufen. Wir haben sie erstmal gelassen und nach ein paar Minuten nach ihr gerufen. Sie ist aber nicht gekommen. Dann haben wir sie gesucht. Vor der Rückkehr zum Waldhort haben wir das Wolfsgeheul angestimmt, sie ist aber immer noch nicht erschienen. Laura hat sie dann gesucht und sie unten am Schlittenberg gefunden. Wir haben schon mit ihr gesprochen, dass das nicht geht. Aber sprich Du bitte auch noch mal mit ihr."

Natürlich steht bzw. sitzt Isi während des Gesprächs in der Garderobe dabei und hört, was Annerose berichtet.

Die Dialoge heißen in der Fachsprache tatsächlich Tür-und-Angel-Gespräche. Sie zielführend so einzusetzen, lernt man in der Regel nicht in der früher fünfjährigen (!) Ausbildung – dafür sind sie viel zu wichtig, deshalb gibt es für solche Themen Fortbildungen, die im Anschluss an die Ausbildung vom Träger eingekauft werden, weil der merkt, was fehlt.

Dasselbe gilt für die zweite Form, das Entwicklungsgespräch. Dabei geht es um den Austausch zwischen möglichst beiden Elternteilen und dem Waldhort-Team. Eine derartige Veranstaltung dauert etwa eine Stunde, sie findet meist am Ende eines Waldhorttages statt. Strukturell ist das Entwicklungsgespräch, wie es auch genannt wird, vom Team vorbereitet. Bei der Vorbereitung helfen zwei Fragebogen, deren Fragen auf Grund eigener Beobachtungen bereits beantwortet sind. Sie dienen auch als Gesprächsleitfaden.

Deine Ressourcensonne

Freier Waldhort Ebersberg

Name, Alter

Geburtstag

Datum

1. **Interessen** - das tust Du z.Zt. am Liebsten:

2. **Kompetenzen, Fähigkeiten, Stärken** Das kannst Du gut:

3. Diese **Entwicklungsschritte** stehen jetzt an:

4. So wollen wir Dich **unterstützen**:

5. Das **hilft** Dir dabei:

6. Das sind Deine **Spielpartner**:

7. An diesen **Orten** hältst Du Dich gerne auf:

8. Das **wünschen** wir Dir:

Die Ressourcensonne ist keine Waldhort-Erfindung. Karen und Laura haben sie an die Gegebenheiten des Waldhorts angepasst.

Erhellend bei Entwicklungsgesprächen sind gerade bei ausgeprägter Verhaltenskreativität (umgangssprachlich: ungehöriges Verhalten) die Gegendarstellungen: „Was? Nein, sowas macht sie/er zu Hause nie. Kenn' ich gar nicht von ihr/ihm. Da ist sie/er immer total handsam."

Oder: „Karl braucht sehr lange bei den Hausaufgaben. Er fängt manchmal erst nach einer halben Stunde damit an. Er ist nicht in der Lage, sich länger zu konzentrieren." – „Ja, das sagt die Lehrerin auch. Aber das wächst sich zurecht." Ein Gespräch mit diesem Inhalt wiederholt sich dann jährlich, die Information, dass das Kind Unterstützung braucht, wird intensiver formuliert. Doch „das wächst sich alles zurecht."

Interessant sind Sätze wie: „Der Fabian, ja, der ist eine Herausforderung. Während unser kleiner, der Burghard, der ist ein Wunschkind."

Ja, natürlich gibt es auch erfreuliche oder zumindest eher erfreuliche Elterngespräche. Genau betrachtet sogar mehrheitlich. Schließlich ist der Hort im Vergleich zur Schule keine Institution, von der die meisten Eltern annehmen, sie sei prägend für den Lebenslauf ihres Kindes. Die Lernentwicklungsgespräche, die die Schule anbietet, werden meist ernster genommen. Solange, bis die Eltern so ein Lehrerin-Eltern-Gespräch erlebt haben und feststellen müssen: Lehrer*innen vermitteln Wissen. Sie sind keine Pädagog*innen. Für Beziehungsarbeit haben sie in der Schule gar keine Zeit.

Die Entwicklungsgespräche im Waldhort werden formell protokolliert, meistens wird etwas vereinbart, das helfen soll, einen anstehenden Entwicklungsschritt anzustoßen, und sei es nur der Termin für ein weiteres Gespräch.

Elternarbeit

Eltern sind nicht nur für ihre Kinder verantwortlich, sie übernehmen im Waldhort auch Arbeiten, die in großen Organisationen das Back-Office leistet. Dazu gehört die Mitarbeit im (erweiterten) Vorstand, also auf Vereinsebene. Dazu später.

Auch am Kind ist die Unterstützung des Teams im Alltag erforderlich:

Bis 2019 übernimmt die Lieferung von Lebensmitteln, die das Cateringunternehmen nicht liefert, das Team. Alles, was zum Nachmittagssnack gehört, was in der Obstschale neben dem Esstisch liegt, was in den Ferien an Speisen und Getränken gebraucht wird, übernehmen seit 2022 die Eltern.

Das Gesamtsortiment wird in einer Excel-Tabelle von Pit geführt. Was für die kommende Woche zu besorgen ist, steht in der Einkaufsliste, die aus dem Sortiment gefiltert wird. Mengenangaben und ggf. Lieferant werden aufgelistet.

Einkäufe werden bar abgerechnet. Meistens bezahlen die beiden Mütter mit ihrer Bankkarte und der Waldhort erstattet die Auslage.

E-Mails erhalten nicht nur die Lebensmitteleinkäuferinnen. E-Mails sind von Beginn an offizielles Kommunikationsmittel. Darin wird beispielsweise mitgeteilt, dass

- im Anhang die Tagesnachrichten zu finden sind,
- die Kinder zum Einbruch der kalten Jahreszeit entsprechende Kleidung im Wald benötigen,
- eine neue Kollegin oder ein neuer Kollege im Waldhort begrüßt wird,
- z.B. die Waldhortkinder am letzten Dienstag im Monat die Bücherei besuchen und der kommende Dienstag genau dieser letzte ist,
- Karen auf Fortbildung und Laura krank ist und Annerose deshalb elterliche Unterstützung benötigt.

Die Erfahrung lehrt, dass mit zunehmender Verbreitung der Smartphones immer weniger Eltern in ihr E-Mail-Postfach schauen. Andererseits teilen manche dem Waldhort auf diesem Wege oder per SMS mit, dass ihr Kind krank ist oder „dringend eine Waldhort-Pause braucht“ und deshalb nach der Schule nicht zu uns kommt.

„Hast Du unsere letzte E-Mail für den Ausflug gelesen?“

„Äh, ??? Was? Welche? Wann?“

Um die Eltern daran zu erinnern, dass der Waldhort ihnen etwas mitteilt, wird der Text ausgedruckt und neben der Eingangstür an ein Nachrichtenbrett gepinnt. Damit diese Nachricht tatsächlich gelesen wurde, bringt das Team einen über-lebensgroßen, dicken, roten Pfeil am Brett an, der auf das Papier zeigt. Hilft nix.

Schließlich wird an jeder Handschuhe- und Cappie-Box eine kleine Klarsichthülle angebracht. Darin steckt ein rotes Karteikärtchen. Das sollte signalisieren, dass das Team eine E-Mail an alle Eltern verschickt hatte. „Habe ich gelesen!“ – „Gut, dann dreh‘ Dein Kärtchen um. Dadurch kommt die grüne Rückseite der Karte nach vorne und Du weißt, dass Du aktuell keine neue E-Mail lesen sollst.“

Wie das mit den Kärtchen funktioniert, wird zunächst per E-Mail mitgeteilt. Dumm gelaufen, das geht nämlich bei den üblichen Verdächtigen in die Hose.

Dann macht das Team die Einführung des Systems 2017 zum Thema eines Elternabends.

Das hilft nichts. Es funktioniert einfach nicht.

Frustriert stellt das Team das System 2023 ein.

Ebenfalls 2017 besorgen Karen und Pit einen ausrangierten Kühlschrank vom Wertstoffhof. „Der funktioniert aber nicht mehr!“ warnt der städtische Mitarbeiter. „Das macht nichts. Darin sollen nur Bücher aufbewahrt werden.“ – „Bitte? Bücher?? Warum muss man die kühlen?“

Wie bereits in anderen Gemeinden steht seitdem ein öffentlich zugänglicher Schrank vor der Waldhort-Haustür, in dem Bücher für Kinder zum Tausch angeboten werden. Um Schund- und Schmutzliteratur fernzuhalten, reinigt Karen das gute, alte Stück gründlich. „Ob das der Grund für den Erfolg ist?“ fragt Pit sie. Der Bücheraustausch geht seit Corona etwas schleppend voran. Vielleicht erinnert das Team beim nächsten Elternabend noch einmal an den Schrank mit der Aufschrift „COOLE BÜCHER“.

Neben dem Schrank ist seit vielen Jahren die mehrere Meter lange Stockgarage befestigt. Zunächst nur aus einer breiten Leiste mit großen Löchern angefertigt, dient sie den Kindern als Lagerplatz für ihre im Wald gesammelten und bearbeiteten Stöcke. Damit die Kinder ihre Stöcke identifizieren, stecken sie sie in das Loch mit ihrem Namen.

Die Stöcke verwenden die Kinder in der Zeit, als Gabriel zum pädagogischen Team gehört, hauptsächlich für den Stockkampf, ein streng geregeltes Geschicklichkeitsspiel, bei dem es darum geht, die Gegner*innen mit dem Stock am Fuß zu erwischen. Dass dieses Spiel kaum noch Bedeutung hat, liegt sicher auch daran, dass die Teammitglieder es seit Gabriels Ausscheiden zu selten anbieten.

Die Stockgarage ist jedoch nach wie vor in Betrieb. 2020, noch während der Pandemie, fertigt ein Vater, der sich mit dem Verblechen auskennt, eine professionelle Kupferabdeckung an. Seitdem haben die Stöcke ein edles Zuhause. „Gut, dass es die Stockgarage gibt. Jetzt können wir Laylas Holzlager im Kinderzimmer wieder räumen“, sagt ihr verzweifelter Vater, nachdem Layla während ihrer ersten Waldhortwochen ihre Sammelleidenschaft nicht in den Griff bekommt.

So gesehen gehört die Stockgarage zur Elternarbeit.

Neue Waldhort-Eltern werden mit einer Begrüßungsmappe informiert. Die Mappe soll ihnen über die theoretisch formulierte Konzeption einen Eindruck über unsere tägliche Arbeit vermitteln. Entschließt sich eine Familie, ihr Kind in die Obhut des Waldhorts zu geben, erhält sie damit ein rund 50 Blatt starkes

Werk, das alle Formulare enthält, die zu Beginn benötigt werden. Die darin enthaltene Vereinssatzung bläht die Mappe allerdings unnötig auf. Die liest garantiert niemand, weshalb sie bald wieder aus der Mappe verschwindet.

Andere Inhalte – gedacht für Eltern – sind auch für Teammitglieder durchaus informativ.

Freier Waldhort Ebersberg e.V., Sportparkstraße 5, 85560 Ebersberg
www.waldhort-ebe.de, 0160 702 54 74, 08092 696 22 87

Freier Waldhort Ebersberg

Inhalt

Elternbeirat und Elternbefragung

Elternbeiräte kennt man aus der Schule, dem Kindergarten und dem Hort. Alle diese Organisationsformen leisten sich einen Elternbeirat. Sie entscheiden jedoch souverän über ihre Arbeitsweise. Sie hören sich zwar gern den Rat der Kundschaft an. Aber bitte unverbindlich. Gesetzlich sind Elternbeiräte auch in Horten vorgeschrieben, wenn den Eltern kein anderer Weg offensteht, um Einfluss auf den Träger zu nehmen.

Anders ist das bei einer Elterninitiative in Vereinsform. Arbeitgeber und Kundschaft bilden eine Einheit. Eltern, denen die Arbeitsweise des Teams nicht behagt, können über den Vereinsvorstand und die Mitgliederversammlung (s.u.) ihr Anliegen vorbringen.

Einmal im Jahr werden alle Eltern schriftlich befragt. Elternbefragungen sind gesetzlich vorgeschrieben und deren Ergebnisse auf Anfrage der Kita-Aufsicht vorzulegen.

Das erste Exemplar ging über acht Seiten. Jede Frage war nicht nur über eine 3-er- oder 5-er-Skala von „ich liebe“ bis „ich hasse“ zu beantworten. Der Sozialwissenschaftlicher Pit baute auch noch die Dimension „ist mir wichtig“ bis „ist mir egal“ ein. „Die Werte der ersten Skala habe ich mit der ‚Wichtigkeit‘ multipliziert. Damit bekomme ich ein gewichtetes Bild jeder Dimension und kann entsprechend differenziert auf die Antworten agieren.“ Soweit Pit bei der Abgabe der Ergebnisse bei der Kita-Aufsicht. Die lauschte nur kurz seinen methodischen Ausführungen: „Ach, Herr Golle, können Sie nicht einfach ‚ja‘ und ‚nein‘ ankreuzen lassen?“ – „Dann geht mir aber die Varianz verloren. Die brauchen wir aber.“ – „Wissen Sie, Herr Golle: Wir sind hier keine Forschungseinrichtung, sondern setzen die Landesgesetze um. Also: Schicken Sie uns künftig bitte nur eine einfache Auswertung. Mehr brauchen wir im Landratsamt nicht.“ Wird seit 2016 so gemacht.

Der Waldhort sieht die Elternbefragung als Instrument der Qualitätssicherung. Doch auch für diesen Zweck gilt: Kürze! Sonst brechen uns die hohen Rücklaufquoten ein. So werden über die Jahre aus acht über vier nur noch drei Seiten. „Und Du hast alle Fragen untergebracht?“ – „Klar, Karen. Ich musste die Schriftgröße etwas anpassen.“

„Euer Exemplar für die diesjährige Elternbefragung liegt in der Garderobenbox. Bitte nehmt es mit, füllt es aus und gebt es bis 15.3. zurück!“ Klappt bei den meisten.

Die Auswertung der geschlossenen Fragen liegt in der Regel vier Wochen nach dem Schlussgong vor. „Ist wieder alles im grünen Bereich. Bis auf . . .“ – Na was? „Das Mittagessen liegt bei 2,4, die musische Bildung wird von 5 Familien als nicht ausreichend bewertet.“

Das Urteil über die Verpflegung ändert sich über die Jahre nicht, ganz gleich, welches Cateringunternehmen liefert.

„Das Urteil über Defizite bei der musischen Bildung kann eigentlich nur jemand fällen, der unseren Tagesablauf kennt. Welche Eltern haben schon mal hospitiert?“ Pit zählt schnell an zwei Fingern der rechten Hand ab.

„Dann müssen wir unsere Arbeit transparenter machen!“ sagt die Methodikerin Karen. So gerät die Kategorie „Hörst Du Töne?“ in die Tagesnachrichten. Und die werden wöchentlich verschickt. Werden sie von jenen Eltern gelesen, die mehr musische Bildung fordern?

Elternabend

Diese Veranstaltungen dienen dem Austausch des pädagogischen Teams mit der Elternschaft. Sie werden vom Team inhaltlich vorbereitet.

Das Thema Handy-Nutzung poppt aus dem Team auf. Natürlich als Kritik am elterlichen Desinteresse für Belehrung. Wer sonst, wenn nicht die Pädagoginnen beobachten Eltern, die beim abendlichen Abholen „noch kurz“ mit einer Erzieherin über den kommenden Dienstag sprechen möchten, weil die Tochter da bei der Oma ist und nicht in den Waldhort kommt. Die Tochter möchte nach Hause und bekommt als Warte-Zuckerl: „Ja, setz‘ Dich schon mal ins Auto.“ – „Mama, kann ich Dein Handy haben?“ Das ist keine Frage, sondern eine Anweisung an Mama. „Also gut, hier hast Du’s. Aber … “ Doch da ist die Tochter schon durch die Tür.

Manchmal liegt auf dem Rücksitz auch schon das Tablet bereit. Das befreit die Erwachsenen von lästiger Erziehungsaufgabe wie vor Jahrzehnten der Fernseher.

Deshalb bietet der Waldhort einen Eltern-Themenabend an, der von einigen Eltern sogar gewünscht wird, wenn man den Anregungen in der jährlich durchgeführten Elternbefragung Glauben schenkt.

„Da gibt es ein Angebot der Suchtberatung ‚NEON‘ in Rosenheim für einen Vortrag zur Mediennutzung. Der Referent kostet über € 300.“ – „Ich habe herausgefunden, dass das Geld von der AOK erstattet wird. Die hat daran ein Interesse, weil sie auf Suchtprävention hofft. Die geht schließlich auch zu ihren Lasten.“

Zu dem Abend lädt Karen auch andere Horte und Kitas im Landkreis ein.

Wir begrüßen am Abend Menschen aus drei Waldhort-Familien – in Zahlen: 3. Darüber hinaus mehrere Eltern aus dem Waldkindergarten und sogar eine Mutter mit ihren beiden Schulkindern aus einem anderen Hort. Die anderen Erwachsenen sind Pädagog*innen und der

Referent. – Dessen Honorar übrigens von der AOK nicht übernommen wird, „da hätten Sie einen Antrag stellen müssen und der müsste uns natürlich vor der Veranstaltung vorliegen.“

Es gibt aber auch erfreuliche Veranstaltungen. Darin spielen Auffälligkeiten aus den Elternbefragungen durchaus eine Rolle. Pit meldet sich in der Teamsitzung: „Ich übernehme das Thema ‚Kultur und Sprache‘“. Karen erwärmt sich für „Die Bedeutung des Spiels in der Natur.“ Susi möchte etwas zum Stichwort „Partizipation“ vortragen, das Thema ihrer Facharbeit. Stefan kümmert sich um Gesundheit und Medien.

Alle Teammitglieder stützen ihre Vorträge auf Präsentationen und ernten elterliches Schmunzeln, wenn ein Bild vom Sohn in konzentrierter Arbeit auf der Leinwand erscheint.

Alles in allem wächst die Teilnehmerzahl bei Elternabenden stetig, was sicher dem guten Ruf des Waldhorts auch in der Öffentlichkeit geschuldet ist.

Andererseits leidet der Waldhort zunehmend unter der geringen Beteiligung der Eltern bei der Erledigung nicht-pädagogischer Aufgaben. Geht das Kind in den Kindergarten, sind die Eltern engagiert. Doch kommt es in die Schule, verlagert sich das elterliche Interesse und die Nachmittagsbetreuung rückt in die zweite Reihe.

Hinzu kommt: Die bürokratischen Anforderungen des Ministeriums an die Träger steigen von Jahr zu Jahr. Während der Covid-Zeit treffen nahezu täglich E-Mails ein, die Verhaltensanweisungen verschärfen, präzisieren und oft nur für bestimmte Gruppen gelten lassen. Allein die Lektüre raubt Zeit für die Aufgaben des Alltags.

Ein Notruf in Form einer Waldhort-Rundschau soll Abhilfe schaffen.

Ebersberg, Dezember 2019 Kostenlos, aber nicht umsonst

Waldhort-Rundschau

Personalsuche

Muss der Waldhort seinen Betrieb einstellen?

Die Eltern-Erzieher-Initiative braucht dringend engagierte Mitglieder

Der Freie Waldhort Ebersberg ist ein eingetragener Verein (e.V.), und darüber hinaus genießt er die Anerkennung als gemeinnützige Körperschaft. Der Verein betreibt eine Kinder-Betreuungseinrichtung, in der die Kinder nach Schulschluss ihren Nachmittag verbringen. Das nennt man vereinsrechtlich den „Betrieb" eines Vereins.

Das pädagogische Team, das diesen laufenden Betrieb durchführt, ist arbeitsrechtlich mit dem Verein verbunden und wird für seine Tätigkeit bezahlt. Die Mitglieder des Teams haben Anspruch auf Lohnfortzahlung im Krankheitsfall und sie dürfen Urlaub machen und bekommen immer noch Geld.

Die administrativen Tätigkeiten im Hintergrund, die das Kerngeschäft (den Betrieb) begleiten, sind genauso unerlässlich wie die Aufgaben des pädagogischen Teams. Mit dem kleinen Unterschied, dass diese Aufgaben ehrenamtlich erledigt werden müssen, also ohne an die Tätigkeit geknüpfte Entlohnung.

Solche Tätigkeiten umfassen im Wesentlichen das, was man neudeutsch Back Office nennt. Ohne Back Office fährt das „Front Office" auf Dauer an die Wand.

Man stelle sich einen gewinnorientierten Betrieb nur einmal ohne Personalabteilung vor, ohne Lohnbüro, ohne Finanzbuchhaltung, ohne Presseabteilung, ohne Werbung und Marketing, ohne after-sales bzw. Kundenpflege, ohne Facility-Management (also Instandhaltung), ohne Sicherheitsbeauftragte/n, ohne juristische Fachkraft, ohne Chef-Sekretariat, die sich um das Vertragswesen kümmert und die gefürchtete DSGV usw. Alle diese

Ressorts berichten einer Geschäftsführung (also jenes Ressort, das das Pädagogische außerhalb der betrieblichen und bezahlten pädagogischen Arbeit weiterentwickelt) – und selbst das gibt es nicht!

Diese Vorstellung ist schlicht unvorstellbar.

Manche dieser Aufgaben kann man auslagern. Dann muss man sie bezahlen. Also etwa die Versorgung der Kinder mit Mittagessen oder die wöchentliche Raumpflege.

Andere kann man nicht auslagern, weil zu ihrer Erfüllung tiefe Kenntnis „des Ladens" notwendig ist.

Und letztendlich ist es eine Frage der Finanzierung.

Das Geld für den Betrieb kommt vom Land Bayern, der Wohnort-Gemeinde (derzeit also der Gemeinden Ebersberg, Grafing und Steinhöring. Und natürlich von den Eltern, deren Kinder im Betrieb betreut werden.

Für das Back-Office gibt es keine Steuermittel. Das muss aus zwei Komponenten erwirtschaftet werden:

1. dem Mitgliedsbeitrag und
2. den kostenlos erbrachten Leistungen der Vereinsmitglieder

Aus dem Mitgliedsbeitrag können kleine Feste oder Feiern bezahlt werden, es kann auch – sofern es die Kassenlage hergibt – eine symbolische Bezahlung geben, die in der Einkommensteuer-Erklärung in der Rubrik „Ehrenamtspauschale" angegeben werden muss. Damit ist der Vereinsbeitrag meist schon ausgeschöpft.

Also her mit den freiwillig erbrachten Leistungen!

Bislang werden die meisten der beschriebenen Tätigkeiten von den gewählten Vorständen erbracht. Das sind Vorstandsvorsitzende Karen Brummer, verantwortlich u.a. für die Pädagogik, Paula, Vorstand für Personalangelegenheiten. Eine weitere Vorstandsposition ist seit Jahresbeginn 2019 unbesetzt. Hinzu kommt als Kassier Pit Golle, Bea als Schriftführerin, als Beauftragter für Sicherheit und Arbeitsschutz Stefan, Rita ist Sicherheitsbeauftragte vor Ort, Margret plant Events und Viktor ist Facility Manager.

Auf den folgenden Seiten findet Ihr Stellenangebote, die sich an Vereinsmitglieder oder auch Nichtmitglieder wenden, um die Lasten der derzeit zwei aktiven, stimmberechtigten Vorstände und des Kassiers darzustellen. Anlass ist der Wunsch des Kassiers, das Amt baldmöglichst in andere Hände zu legen. Dazu muss die Nachfolger*in entsprechend eingearbeitet werden. Ähnliches gilt für Sonja, die wie Paula zum Schuljahresende 2019/20 aus dem Vorstand ausscheiden wird. Es sind also konkret mindestens drei Positionen neu zu besetzen. Werden sie nicht besetzt, kann der Verein nicht weiterarbeiten.

Schaut mal rein in unsere Stellenangebote! Welchen Job oder welchen Teil wollt Ihr übernehmen? Meldet Euch bei Sonja@gmx.net oder per Telefon: 0100 111.222.33.

Dafür winken der/dem Aktiven (einzelne) kostenfreie Betreuungstage während der Ferienzeit!

Life is short. Do stuff that matters.
Tu gelegentlich etwas, womit Du wenig oder gar nichts verdienst.
Es zahlt sich aus.

Wichtigster Teil dieser Waldhort-Rundschau ist der „Anzeigen-Teil mit den Stellenangeboten“ auf der nächsten Seite.

In dieser Form werden alle Aufgaben beschrieben und die Anwesenden zur Übernahme der Aufgabe aufgefordert.

Das funktioniert 2019 dank Jogis Papa: „Und Du? Du hast noch nichts übernommen. Such Dir was aus! Da stehen noch einige Jobs auf dem Flipchart!“ Da zu widerstehen ist nahezu unmöglich.

Zum Elternabend im Herbst 2023 verschärft Karen die Methode. Wer nicht zum Elternabend erscheint, bekommt eine Aufgabe zugewiesen. Steht ganz klar in der Einladung.

Stellenangebote

Aufgabenprofil für Vorstand Verwaltung

Zeitaufwand: wöchentlich 1 bis 2 Stunden

Fähigkeiten und Fertigkeiten

- Interesse an Verwaltungsaufgaben
- Interesse am Lesen von Verträgen und Vereinbarungen
- Bereitschaft, organisatorische Abläufe in Bezug auf die Verwaltung des Vereins zu hinterfragen und weiterzuentwickeln
- Freude an der Umsetzung von Vereinsstrukturen
- Verwaltung der Mitgliedsdaten / Mitgliedsausweise ausstellen
- Neuaufnahmen von Familien der zu betreuenden Kinder begleiten und Abschließen von Betreuungsverträgen
- Verwaltung von Versicherungsverträgen und kritische Sichtung
- Datenpflege in der *toolbox* (Ferien, Betreuungsverträge, Buchungsänderungen

- Kommunikation und Zusammenarbeit mit KiTa-Consult
- Erfüllung der Datenschutzrichtlinien gewährleisten
- Mietvertrag verwalten und ggf. Kommunikation mit Vermieter (Schlüssel und Zugänge)
- Vereinsrechte und -pflichten kennen und umsetzen
- Satzungsänderungen im Vereinsregister eintragen lassen
- Verbands-Mitgliedschaften verwalten (LAGE, BvNW)
- Weiterentwicklung der Vereinsorganisation
- Kommunikation mit Beförderungsunternehmen bzw. Taxi
- Erstellen und Vortrag des Tätigkeitsberichts für die jährliche Mitgliederversammlung für das Arbeitsfeld Verwaltung
- Pflege der Daten, die das Statistische Landesamte jährlich einmal erhebt.

Die klar formulierten Inhalte der Stellenausschreibungen zeigen Erfolg. Doch letztlich kandidieren für die echten Vorstandsposten zu wenige Eltern, was den Gedanken reifen lässt, den Verein in eine GmbH zu überführen. Eine GmbH benötigt eine*n Gesellschafter*in und eine Geschäftsleitung, die nicht zwingend von einer weiteren Person ausgeübt werden muss.

Zum Jahresende 2023 soll der gemeinnützige Verein einen neuen Rechtsmantel erhalten und in eine gemeinnützige Gesellschaft mit beschränkter Haftung, eine gGmbH überführt werden.

Das kostet richtig Geld und erfordert – wie jede GmbH – Eigenkapital in Höhe von € 25.000. Dass das zum 31.12. zur Verfügung steht, steht erst 14 Tage vorher fest und ist einem Besuch beim Grafinger Bürgermeister geschuldet.

Kurz vor Redaktionsschluss, genauer am 20. Dezember 2023, beschließen die verbliebenen Vereinsmitglieder, auf die Umwandlung des Waldhorts in eine gGmbH zu verzichten und den Verein als Träger beizubehalten. Niemand findet einen Grund, weshalb man das nicht tun sollte: Selbst der gut bezahlte Rechtsanwalt, der die Umwandlung bis dahin begleitet hat, entdeckt einen Haken in der Sache. Dann bleibt es eben beim Freien Waldhort Ebersberg e.V.

Vereinsmeierei?

Die aufregendsten Vorstandssitzungen und Mitgliederversammlungen sind im Abschnitt „Auch das noch!“ dokumentiert. In der Regel sind es jedoch ganz normale Veranstaltungen, auf denen Arbeiten verteilt oder Wahlen durchgeführt werden.

„Hast Du eigentlich das Protokoll der letzten Sitzung schon bekommen?“ – „Wo denkst Du hin? Das trudelt doch erst ein oder zwei Tage vor der nächsten ein.“ – „Und wann ist die?“ „Das steht im Protokoll der letzten Sitzung.“

Der Vorstand, also die drei stimmberechtigten Vorständinnen und der Kassier zuzüglich einer Schriftführerin, treffen sich so etwa alle sechs Wochen. Wer im Vorstand ist, darüber bestimmt die Mitgliederversammlung, kurz MV. Wer welche Aufgabe innerhalb des Vorstands übernimmt, regeln die Vorständinnen untereinander.

Das Vereinsgesetz schreibt mindestens einmal jährlich die Durchführung einer Mitgliederversammlung vor. „Hast Du noch etwas für die Tagesordnung?“ – „Ne, was ich beizutragen habe, gehört zum Elternabend. Und der ist ja für denselben Abend angesetzt.“ Das gehört zur Praxis der Terminplanung. Die meisten Eltern sind auch Vereinsmitglieder, beide Gruppen haben nur wenige Abende im Jahr Zeit, also packt man beide Veranstaltungen zusammen und hat auf diese Weise ein fast volles Haus.

Das Vereinsgesetz verbietet andererseits, den Abschluss eines Betreuungsvertrags mit einer Vereinsmitgliedschaft zu verknüpfen. Das hätte dem Kassier nämlich gut gefallen: „50 € sind als Jahresbeitrag ok, oder?“ Karen und Pit vergleichen mit anderen Vereinen und beschließen: Es ist ok. Dadurch gibt es Mittel für kleine Veranstaltungen und € 1.000 sind ja an sich auch nicht zu verachten. Die € 50 werden ab 2019 zu € 30 jährlich.

Die fließen einmal jährlich – der sprichwörtliche Tropfen auf den heißen Stein, wenn man bedenkt: knapp € 60.000 gibt der Waldhort in seinem ersten Betriebsjahr für Löhne und Gehälter aus, zehn Jahre später sind es € 150.000.

Dann wird die Zwangsmitgliedschaft gekippt. Sowas entscheidet der Vorstand auf Basis der Gesetzeslage. Natürlich werden weiterhin Mitglieder geworben. Die Zahl der Mitglieder sinkt zum Glück nicht durch die Freiwilligkeit der Mitgliedschaft. Selbst als der Vorstand 2020 den Beitrag auf € 30 senkt, ändert sich das Gesamtaufkommen nur gering.

Inhaltlich jedoch passt es gut: „Die Eltern und die Teammitglieder sind freiwillig im Verein. Da fällt es viel leichter, auch mal eine Aufgabe zu übernehmen." Dialektik der Vereinsmeierei?

Geld her! – Die Kasse

Das Amt des Kassenwarts, des Kassiers oder CFOs – wow! – liegt seit Gründung in den Händen von Pit. Das liegt wohl daran, dass sich seit Gründung niemand anderes dafür erwärmt. Selbst die im Jahr 2000 offen ausgesprochene Drohung, das Amt niederzulegen, hilft keiner Nachfolge auf die Beine.

„Ok, dann mache ich es doch noch mal, aber nur kommissarisch bis zur nächsten Mitgliederversammlung."

Freunde lächeln müde, wenn er davon berichtet. „Na, bei der Ankündigung mach' Dich mal darauf gefasst, dass Du das Amt noch viele Jahre hast."

Was macht denn so ein CFO, mal abgesehen von Verantwortung tragen? Ok, einmal im Jahr muss er Antworten geben. Auf alle Fragen der*s Kassenprüfer*in. Auf Vorgänge, die meistens mehr als ein Jahr zurückliegen! Das sind über 150 Kassenbewegungen und rund zehn Mal so viele Kontobewegungen. Da heißt es: „Ich finde hier eine Lastschrift über 176 Euro. Angeblich für Taxigebühren. Wie sind die gebucht? Und wieso wurden im selben Monat nur 155 Euro an das Taxi-Unternehmen gezahlt?" So etwas fragt die Kassenprüfung.

Für den Kassier nichts leichter als das: „Die Lastschrift setzt sich aus sieben Einzellastschriften zusammen." – „Zeig die mal! Sind das zusammen 176 Euro? Ok, stimmt. Und wie wurde das gebucht?" – „Auf Transport von der Schule zum Hort. Die Lastschrift geht im Folgemonat raus, die Rechnung zu den geleisteten Fahrten manchmal erst einen weiteren Monat später." – „Ok, klingt plausibel."

Pünktlich zum 25. eines Monats müssen die Gehälter angewiesen werden. Die Zahlen dafür kommen am selben Tag oder später wegen Wochenende. Abschlagszahlung auf Basis des Vormonats? Geht nicht, Dienstplanänderung, Laura arbeitet seit dem Ersten weniger und außerdem ist Weihnachtsgeld fällig und die

Inflationsausgleichzahlung muss dem Dienstplan angepasst werden.

„Karen? Was habt Ihr am 16. März bei Amazon bestellt? Ich habe hier eine Lastschrift über 69,95 Euro, aber keine Rechnung.“ „Pit, schau im Netz bei Amazon – unter „Meine Bestellungen“ nach. Da findest Du sie.“ Stimmt.

„Wie kann Laura 40 Euro ausgeben für, Moment, was ist das? Hier steht: WUGU Variabel 15-1. Hä? Verkauft die OMV-Tankstelle Rätselhaftes?“ – „Frag Laura.“

„Hier ist ein Beleg vom 14. Februar. Ich bearbeite gerade den Mai. Wenn ich den so eintrage, gerät mir die Kasse ins Minus. Das kann (und darf) nicht sein. Wieso können die Leute ihre Belege nicht pünktlich abgeben?!“

Es gibt aber auch das normale Geschäft: Einzug der Anmeldegebühren und Verbuchung auf das Konto 02111, Einrichten des Dauerauftrags für den Mitgliedsbeitrag bei der Landesarbeitsgemeinschaft der Elterninitiativen (LAGE), Bereinigung der Sammellastschriften für ein ausgeschiedenes Kind und viel Routine, wie die Verbuchung der Kontoführungsgebühr, die ihn jeden Monat ärgert, auch wenn nur € 6,75 anfallen.

Im Juni hat Pit die mit der Gewerkschaft ausgehandelten Inflationsausgleich an die Kolleg*innen bezahlt, rückwirkend für vier Monate. Er ruft bei Kita-Consult an, das Unternehmen, das die Lohn- und die Finanzbuchhaltung führt. „Wann das vom Ministerium refinanziert wird? Das ist ganz einfach: Das wird mit der jährlichen Anpassung im August erfolgen.“ – „August? Fein, beruhigt mich.“ – „Sorry, August 2024!“ – „Bitte?? Dann bekommen wir das Geld erst im November 2024? Ich soll das 1 ½ Jahre vorfinanzieren? Wie soll das gehen?“ – „Kann ich Dir nicht erklären, frag das Ministerium.“

Termin beim Bürgermeister machen, Pit kann die Gehälter nicht bezahlen, jedenfalls nicht mit dem Inflationsausgleich und der Großraumzulage. Die Anfrage ergibt den 17. November als Gesprächstermin. Dann ist es ja gut, dass die Gehälter erst am 25. gezahlt werden müssen.

Um derartige Probleme möglichst vor dem Gang zum Insolvenzverwalter zu erkennen, legt der Kassier eine laufend zu aktualisierende Finanzplanung an. Dafür genügt ein einfaches Excel-Sheet, das dem Vorstand regelmäßig in solchen Sitzungen vorzulegen ist. Erfahrungsgemäß interessieren den Waldhort-Vorstand (zu dem ja der Kassier gehört, wenn auch ohne Stimmrecht) keine Details. Zu diesem Zweck gibt es den Begriff des Executive Summary. Die gängige Frage lautet: „Können wir das bezahlen?"

Die Daten im KiBiG.WEB über die gebuchten Betreuungsstunden sind ein Pflegefall, jeden Monat. Sie entscheiden darüber, wie hoch die Zahlungen des Landes und der Kommunen an den Waldhort ausfallen. Die Zahlen eines Kalenderjahres sind verbindlich im November des ablaufenden Jahres einzugeben.

Der Waldhort bekommt alle drei Monate Geld. Wegen eines Taschenspielertricks, den das Sozialministerium vor Jahren gespielt hat, bekommen wir den Mehraufwand, der während der Ferienbetreuung eines Kalenderjahres anfällt, immer erst im darauffolgenden August gezahlt. Bis dahin müssen wir den personellen Mehraufwand, der durch die Ganztagsbetreuung zwischen 7:45 h und 18:00 h entsteht, vorfinanzieren. 2023 gab es einen personellen Engpass im Landratsamt. Das muss den Mehraufwand prüfen, hatte dafür aber in dem Jahr keine Kapazitäten und auch die zentrale Abrechnungsstelle für ganz Bayern hatte kein Personal.

„Bedauerlicherweise können wir nur etwas mehr als die Hälfte der Ihnen zustehenden Gelder aus der Endabrechnung für 2022 auszahlen. Und auch das erst im November und nicht schon Anfang August. Tut uns leid, nicht unser Fehler."

Na, dann hofft der Kassier mal auf mitfühlende Mäzene!

Ob das Geld reicht, kann der Kassier nur beurteilen, wenn er die Bedingungen des staatlichen Geldflusses kennt. Und die sind komplex:

Bezahlt wird je Kind, abhängig von der Stundenzahl je Tag im Wochendurchschnitt (!), Ferienbuchungen werden daran angelehnt, aber völlig anders berechnet, und für jedes Kind muss ein Betreuungsvertrag vorliegen, der diese Werte als Buchungszeit dokumentiert.

Bezahlt wird auch nur, wenn ausreichend Fach- und Ergänzungspersonal beschäftigt wird. Das errechnet sich aus der wöchentlichen Arbeitszeit in Relation gesetzt zur Buchungszeit der Kinder.

Um das im Blick zu haben, hat Pit die Algorithmen in die Toolbox integriert. Für den Rest, etwa den Inflationsausgleich oder die Großraumpauschale bei der Lohnberechnung, ist dann wieder Excel gut genug und hilft bei der über 18 Monate geführten Finanzplanung.

Einmal im Monat bzw. einmal im Quartal sendet der Kassier die vorkontierten Daten an das Büro, das die Finanzbuchhaltung für den Waldhort übernommen hat. Die Belege dazu bleiben seit 2022 im Waldhort. Bei Nachfragen aus der Buchhaltung steht der Kassier Rede und Antwort.

Umgekehrt: Da tritt ein Vorfall aus dem längst vergangenen Kalenderjahr aus dem Schatten der Erinnerung und verlangt Klärung. Jede Geldbewegung will dokumentiert sein, so verlangt es in diesem Fall der Steuerberater. Um diesem Ansinnen zu genügen, muss Pit die Originalbelege befragen. Die sind aber im Lohnbüro, da vom vergangenen Kalenderjahr. „Bitte sendet mir die Belege 1567 bis 1568 vom 23.11.22, Kopie genügt. Danke!“ – „Hier sind nur die Belege bis Ende September. Ich suche noch mal, aber das sieht schlecht aus.“ – „Danke!“

Und siehe da: Das Gesuchte ist in der Tat beim Kassier bestens aufgehoben. Versteckt sich geschickt in einem Ordner mit dem Rücken-Etikett 2023. Sowas nennt der Fachmann Etikettenschwindel.

In der Waldhort-Rundschau vom Dezember 2019 ist bei den Stellenangeboten in der Rubrik „zeitlicher Aufwand für den Kassier“ zwei bis drei Wochenstunden genannt. Darin nicht enthalten sind die Besuche beim Psychotherapeuten und der häufige Gang zur Apotheke, um die erforderlichen Beruhigungspillen zu erwerben. Ganz zu schweigen von deren Kosten.

Im Aufwand des Kassiers nicht enthalten ist auch folgender Vorgang: Die Lastschriften für Klaras Betreuung werden regelmäßig zurückgegeben. Anschließend muss der Kassier den Vater davon in Kenntnis setzen und ihn auffordern, den Betreuungsbetrag zzgl. Bankgebühren umgehend zu überweisen. Das geht eine Zeit lang schleppend, aber immerhin.

Ab Mai funktioniert das nicht mehr. Auch die erneute Lastschrift prallt ab. Karen hat eine Idee: „Pit, schnapp Dir Stefan. Ihr seid beide deutlich über 1,80 m groß und besucht den Papa in seinem Geschäft. Vielleicht bekommt ihr ja das Geld bar.“

Pit und Stefan sind einverstanden. Beide üben vor dem Spiegel verschiedene grimmige Gesichtsausdrücke, entscheiden sich für den Typ „Mafia-holt-Schutzgeld-ab“ und marschieren los.

Im Geschäft sind gerade nur zwei Kunden. Die beiden stellen sich hinten an, Klaras Papa erkennt die beiden Laien-Mafiosi als Abgesandte des Waldhorts und ahnt, weshalb sie gekommen sind.

Schließlich sind Stefan und Pit an der Reihe. Pit erläutert in knappen Worten, gebündelt zu einem einzigen Satz, sein Begehr. Klaras Papa überlegt kurz, dann greift er in die Hosentasche und zieht ein Bündel 50-€-Scheine hervor. Er blättert den geforderten Betrag auf den Tresen und die beiden Schmalspur-Geld-Eintreiber verlassen zufrieden das Etablissement. Nun ist auch klar, warum das Konto nie gedeckt ist: Die Geschäftseinnahmen landen dort nie, sondern verweilen in der Hosentasche. Das spart Steuern.

Nun muss das Bargeld noch auf das Waldhort-Konto eingezahlt

werden. Dadurch ist natürlich eine Spur gelegt für gewiefte Steuerfahnder. Klaras Papa löst dieses Problem kurze Zeit später, indem er seine Tochter vom Waldhort abmeldet. Schade, denn Klara erlebte im Waldhort etwas, das sie aus ihrem Umfeld kaum kennt: Täglich beobachtete sie Pit in der Küche und Karen als Chefin am Computer.

Verwaltung – die Toolbox

Wie bereits erwähnt: Im Anfang war das Excel-Sheet.

Dessen Komplexität orientiert sich nicht an der des BayKiBiG, also des Bayerischen Kinderbildungs- und -betreuungsgesetzes. Wenn der Vergleich erlaubt ist: Das Excel-Sheet beschreibt die Handhabung eines Ventilators, gebraucht wird aber ein Handbuch für Gebäudeklimatisierung jeglicher Größenordnung.

Diese Tatsache kann Pit kurz nach Inbetriebnahme des Waldhorts nicht leugnen. Weil er gerne bastelt, entsteht im Laufe von 10 Jahren ein Verwaltungsprogramm, das präzise auf die Bedürfnisse des Waldhort-Teams zugschnitten ist. Schriftlich fixierte Anforderungen existieren nicht, weil sie auf Zuruf von Karen umgesetzt und ggf. revidiert, meistens aber ergänzt werden.

Wegen dieses Moving Target genannten Phänomens verzichtet der Entwickler auf Dokumentation. Die würde mehr Zeit in Anspruch nehmen als die Programmierung. Das kennen alle professionellen Entwickler*innen. Deshalb spricht Pit von seiner Arbeit immer als „Dilettieren auf hohem Niveau“.

2013, also kurz nach dem Start des Waldhortbetriebes, werden Daten von Kindern und Eltern gesammelt und erfasst. Es folgen Informationen über die Buchungszeiten jedes Kindes, in welche Schule und in welche Klasse es geht und wie die Lehrerin heißt, wann der Betreuungsvertrag geschlossen und wann er gekündigt wird.

Karen will wissen, welches Kind an welchem Tag zu welcher Uhrzeit Schulschluss hat und ob für das Kind Verpflegungsgeld für diesen Tag fällig ist. Und natürlich braucht sie eine Liste mit den Geburtstagen der Kinder, nein: zwei: Eine nach dem Alter der Kinder und eine nach dem Geburtsmonat im Jahr. Sie muss ja wissen, welche Kinder in den nächsten zwei Wochen Geburtstag feiern, damit sie weiß, wieviel Mehl für die Kuchen benötigt werden.

Und die Vereinsmitglieder müssen nach aktiv und passiv differenziert werden. Ob sie die Mitgliedschaft im Verein kündigen, wenn ihr Kind den Waldhort verlässt oder ob sie weiterhin Mitglied bleiben. Dazu natürlich die entsprechenden Bestätigungsschreiben mit Briefkopf und so. Der für alle Schreiben angepasst wird, wenn der Vorstand wechselt.

Diese eierlegende Wollmilchsau ergänzt Pit um so arbeitsaufwändige „Locken“ wie die Einkommensteuerbescheinigung oder die Vorkontierung aller Ausgaben und Einnahmen für die Einnahme-Überschuss-Rechnung. Dienstpläne, die auch auf die Vergangenheit passen, Tageslisten, die natürlich nur die Kindernamen zeigen, für die ein Betreuungsvertrag vorliegt.

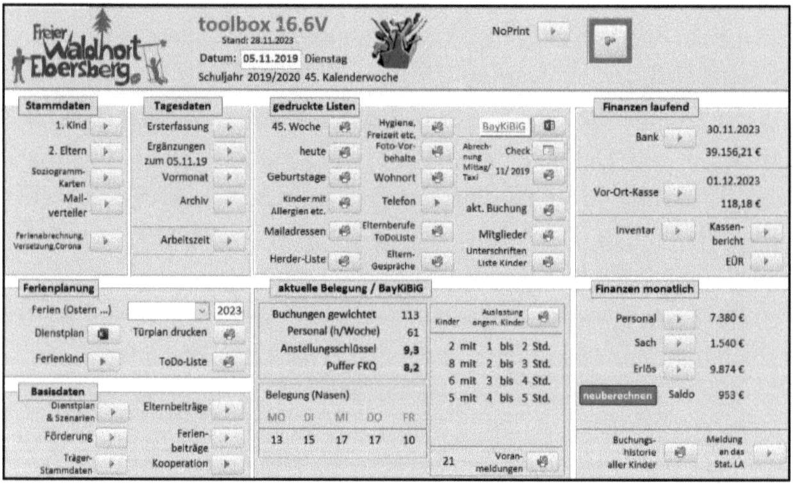

Das Verwaltungsprogramm orientiert sich streng an den Erfordernissen des Teams. Vorstände zeigen wenig Interesse, da eine Schnittstelle zur Bank fehlt bzw. nur rudimentär angelegt ist. Deshalb muss in den Teams anderer Horte immer noch viel Papierkram erledigt werden, der die Zeit am Kind verringert, während der Kassier mit nur zwei Klicks im Monat seinen Job erledigt.

Ok, das ist jetzt eine stark subjektiv geprägte Sicht auf die Toolbox, wie sie seit 2014 heißt. Inzwischen ist sie daten-pflegerisch aufgeteilt auf die drei Arbeitsbereiche Tagesgeschäft, Verwaltung und Finanzen.

Das hat zur Folge, dass die Kosten, die durch Steuererklärungen anfallen, auf ein Minimum reduziert werden, weil ein Entwurf der EÜR, der **E**innahme-**Ü**berschuss-**R**echnung, in der Toolbox integriert ist. Einzig die Lohnbuchhaltung, also nein, an die hat sich das Ein-Mann-Entwicklerteam nicht gesetzt. Es muss schließlich das Rad nicht neu erfunden werden.

Es gibt sogar ein „Handbuch" getauftes Schriftstück, das leider wegen des rasanten Tempos bei der Weiterentwicklung keinerlei Pflege erfährt. Die ist aber auch nicht gefragt, weil sich außer dem treuen Waldhort-Team niemand für die Toolbox interessiert.

Auch das noch!

Was nun kommt, ist charakteristisch für den Ebersberger Waldhort, also kaum direkt übertragbar auf ähnliche oder zu gründende Organisationen der Schulkindbetreuung. Da gibt es erfreuliche Begebenheiten und unerfreuliche, in jedem Fall berichtenswerte.

Zu den erfreulichen Ereignissen zählen Besuche von interessierten Menschen, sei es zu Forschungszwecken oder um sich schlau zu machen, wie ein Waldhort funktioniert. Umgekehrt besuchen Teammitglieder gründungswillige Vereine oder präsentieren auf Kongressen die Arbeit des Waldhorts.

Zu den unvermeidlichen Ereignissen zählt die kleine Auswahl an Knatsch mit Eltern und Vorständ*innen, mit denen wohl jede Elterninitiative im Laufe der Jahre konfrontiert wird.

Als gemischt kann man die Belegprüfung bezeichnen, die die Kita-Aufsicht im Schnitt alle fünf, seit 2023 alle zehn Jahre durchführt. Hat man sie hinter sich, macht sich Erleichterung im Vorstand und im Team breit, im Falle der ersten Prüfung 2016[*)] sogar eine gewisse Freude:

Zur Verabschiedung nach erfolgreicher Prüfung mit nur minimalen Mängeln (vergleichbar etwa kleinerer Mängel beim TÜV wird Pit von der Kita-Aufsicht aufgefordert, sich als pädagogische Ergänzungskraft nachqualifizieren zu lassen, damit seine Arbeit auch im Betreuungsschlüssel Niederschlag findet.

Dazu muss er sich u.a. den BEP, den „Bayerischen Bildungs- und Erziehungsplan“, reinziehen und sich gegen Zertifikat bestätigen lassen, dass er das getan hat.

Das klappt vorzüglich, die Kita-Aufsicht ist beruhigt, dass die

---

*) und bis 2023 der einzigen

Personaldecke des Waldhorts gesichert ist und alle sind zufrieden.

Zu den rundum erfreulichen Ereignissen zählt die Zeit, als Karen und Pit für fünf Monate den Waldhort anderen Profis überließen und nach Canada reisen.

Karen und Pit in Canada

Bis März 2016 ist Stefan halbtags, also nachmittags im Waldhort tätig. Vormittags hat er in einer Kita im Landkreis Wasserburg zu tun und tritt gegen Mittag seinen Dienst in Ebersberg an.

Ab April ändert sich das. Also genaugenommen ändert nicht ES sich, sondern Karen und Pit ändern sein Arbeitsverhältnis. Die beiden haben sich bei der jährlich stattfindenden „International Conference" of the Children&Nature-Networks angemeldet, um den Waldhort in Nordamerika bekannt zu machen. Nebenbei wollen sie auch ein bisschen reisen, und das haben sie von langer Hand vorbereitet. Um ihre physische Abwesenheit auszugleichen, engagieren sie Stefan und die bereits eingearbeitete Isolde, die zu der Zeit drei angehende Profis unterstützen. Allerdings hat er nebenher auch zwei Kollegen bis zur Abschlussprüfung zu begleiten. Insofern läuft diese Zeit für ihn in der Tat unter der Überschrift „Auch das noch!" und zählt zu den ihn herausfordernden Ereignissen.

Karen und Pit verlassen Europa am 7. April 2016, fliegen über Island nach Halifax, Nova Scotia, Canada, wo sie ihren zuvor von Hamburg verschifften Camper in Empfang nehmen.

Ende Mai treffen sie in St. Paul, Minnesota, USA ein, präsentieren den Waldhort und ernten Bewunderung und Erstaunen beim Publikum: „Wie? Ihr finanziert Euch über staatliche Zuschüsse? Die Eltern zahlen nur rund $ 150 monatlich? Bei uns sind das mindestens $ 600!" – Naja, die USA müssen ja auch die größte Militärmaschinerie der Erde am Laufen halten. Sagt Pit natürlich nicht, wir sind schließlich Gäste.

Eine Begegnung der besonderen Art muss erwähnt werden:

Karen trifft Richard Louv. Ein Journalist, der Kinder und Natur zu seinem Lebenswerk erkoren hat, hält bei der „Conference" eine Rede, die sich sinngemäß mit dem „Nature Deficit Syndrome" befasst. Sein

Buch „The Nature Principle“ gehört zu den Standardwerken in Karens Fachbibliothek. Sie hat es extra in Canada gekauft, um ein Autogramm zu ergattern, wissend, dass Richard Louv nach St. Paul kommt. Am 26. Mai 2016 ergattert sie eine persönliche Widmung („To Karen with appreciation for your leadership!“). Da strahlt sie!

Louvs Buch „Last Child in the Woods?“ liegt in deutscher Übersetzung im Waldhort bereit. Lesenswert!

Es ergeben sich internationale Kontakte, die allerdings bis auf eine Ausnahme wieder verloren gehen.

Der mit Adam Bienenstock bleibt. Adam freut sich, als Karen ihn anspricht und seinen Familiennamen korrekt klingen lässt. Sie kommen sofort ins Gespräch.

Wochen (und erneut zwei Jahre) später besuchen Karen und Pit die Familie Bienenstock in Dundas in der Nähe von Toronto. Adam betreibt eine Fabrikation von Kinderspielplätzen aus Naturmaterial, also fast ausschließlich Holz. Überall in Canada sind seine Spielplätze zu finden.

Im Juli sitzen wir bei Adam und Jill auf der Terrasse. Das Gespräch gerät richtig in Fahrt, als das Thema „Fürsorge“ aufkommt:

„Und dann laufen die Eltern gebückt hinter ihrem Sprössling her, Hände vorgestreckt, damit sie, falls das Kind aus dem Ruder läuft oder – schlimm, schlimm – sogar stürzt . . .“ – „. . . Also nicht drei Meter tiefer, sondern aus Kopfhöhe etwa 90 Zentimeter. Das muss unbedingt verhindert werden.“ – „Das könnte ja Hirnschädigungen auslösen, die eine angepeilte Vorstandstätigkeit in einem DAX-notierten internationalen Konzern im Wege stehen." – „Meine Meinung: Helikopter pur."

Fazit: Das Kind darf nicht hinfallen. Nie. Das verhindern die Eltern, verantwortungsvoll, wie sie ihr Verhalten verstehen.

Fazit 2: Das ist eine Erziehung zur Inkompetenz. Denn: Wer nicht hinfällt, lernt nie aufzustehen.

Pit hat diesen Satz in seinem Herzen bewegt und bewahrt. Er setzt sein Wissen ein, um selbst Waldhort-Eltern zu ermuntern, ihren Kindern unter anderem Tragkraft zuzutrauen.

„Du, weißt Du eigentlich, dass es in Deutschland verboten ist, ab der ersten Klasse Kindern den Schulranzen zu tragen, wenn sie selber neben Dir gehen?"

„???"

„Ja, ist verboten."

Ist es natürlich nicht. Der Satz verwirrt aber zunächst die Adressaten.

„Die können das selber. Das Schulranzen-Tragen. Das machen sie jeden Tag, wenn sie das Schulgebäude verlassen und sich zum Bus zum Waldhort begeben. Das kriegen die hin. Die haben sogar Übung darin. Doch welche Botschaft sendet Ihr Euren Kindern, wenn Ihr ihnen den Schulranzen abnehmt? ‚Ihr schafft nicht das, was Eure Klassenkamerad*innen bewerkstelligen, deren Eltern keine Zeit haben, Eure Schulranzen zu tragen.'" Und was sagt Ihr Euch selbst? „Wir sind die guten Eltern, die ihre Kinder von der Last des Alltags befreien." Das tut vor allem den Eltern gut.

Dabei wäre ein „Nein" aus Liebe angesagt. Dass der Schulranzen so unerträglich schwer ist, müssen Eltern nicht verantworten. Diese Last wird den Schulkindern von der Schule auferlegt. Warum sollen die Eltern sie übernehmen? Haben sie nicht schon genug an den Hausaufgaben zu tragen (sic!).*)

So, nun ist aber genug der Beschimpfung.

Während der Reise durch Ost-Canada steht Karen in ständigem Mail- und Telefonkontakt mit dem Waldhort. So erfährt sie am 13. Juli, dass das Taxi-Unternehmen, das die Ebersberger Schulkinder nach der 4. Schulstunde zum Waldhort fährt, dies ab sofort nicht mehr tut. Ersatz muss her! Den übernimmt die Waldhort-Leitung, damit es was wird …

Tim Hortons, der canadische McDonalds für die ältere Generation, bietet kostenlosen Internetzugang. Doch die Suche gestaltet sich schwierig.

Den entscheidenden Hinweis auf ein neues Angebot findet Karen endlich auf der Homepage der Stadt Ebersberg, und schwups! fragt Pit telefonisch an, ob das dort gelistete, frisch angesiedelte Unternehmen bereit ist, unsere 1.-Klass-Kinder von der Schule zum Waldhort zu transportieren.

Es ist bereit. Puh!

Der Auftrag startet mit dem ersten Tag des neuen Schuljahres.

Überhaupt machen Karen und Pit erste Erfahrungen mit der Waldhort-Fernsteuerung im Home-Office, das von den beiden eher als Mobil-Home-Office gelebt wird. Gehälter und Rechnungen werden online bezahlt – ganz wie zu Hause. Eingehende Rechnungen und Lohnabrechnungen kommen per E-Mail und selbst Vorstandssitzungen lassen sich auf diese Weise organisieren.

Es gibt mit einigen Eltern Knatsch (s.u.), der vor dem Ebersberger Amtsgericht ausgefochten werden muss. In diesem Zusammenhang

*) Oder an der Kasse, wo Euch Eltern die geballte Macht der Werbebranche gegenübertritt und NIE im Interesse des Kindes wirkt, sondern ausschließlich der Kapitalverwertung.

muss Stefan vor den Kadi treten. Ausgerechnet am 1. Juli, Stefans 40. Geburtstag! Dass alles gut geht, betrachtet er als Geburtstagsgeschenk.

Kurz vor ihrer Rückkehr am 2. September erhält Karen von der Kita-Aufsicht eine E-Mail, die die erste Belegprüfung[*] ankündigt. Wunschtermin der Mitarbeiterin des Landratsamtes ist Mittwoch, der 13. September. Macht 10 Tage für das Waldhortteam zur Vorbereitung. Nebenher müssen 17 Kinder von morgens 7:45 h bis 18 h betreut werden – es sind noch Ferien. Da passen die Wünsche der Beteiligten noch nicht zusammen.

Karen sagt NICHT: „Wir kommen gerade aus dem Urlaub zurück." Sie gibt vielmehr zu bedenken, dass der Termin in die Phase der Eingewöhnung der neuen Waldhortkinder fällt.

Am Telefon schlägt Frau H. von der Kita-Aufsicht einen Termin in der Folgewoche vor. Also den 20. September. „Oh, bitte nicht, das ist mein Geburtstag!" sagt Karen auf die Gefahr hin, ihre Geburtsurkunde vorlegen zu müssen. Die Ebersberger Kita-Aufsicht ist für ihre gnadenlose Korrektheit berühmt.

In diesem Fall gibt sie sich kooperativ: Sie verschiebt die Belegprüfung um eine weitere Woche.

OK. Das passt.

Mehr zur Reise durch Canada und zur zweiten (kurzen) im Jahr 2018 steht im Reisebericht von Karen und Pit. Ein Exemplar[**] ist immer im Waldhort zum Ausleihen.

---

*) Die Kita-Aufsicht prüft im Auftrag des Sozialministeriums, ob die formalen Voraussetzungen für eine staatliche Förderung einer Kita gegeben sind, anhand von Belegen, die die Kita vorlegen muss.

**) Pit Golle, Ab vom Schuss,
Logbuch einer Reise auf entlegenen Straßen, Ebersberg 2019

Aus Canada bringt Karen das Waltes-Spiel mit, das sie bei den Mi‘kmaq kennenlernt. Auf Goat Island auf Cape-Breton-Island ist dieses uralte Volk der First Nations noch heute zu Hause. Das Spiel besteht aus einem Holzteller und fünf Kniescheiben vom Reh. Ehrlich!

Die haben eine Vor- und eine Rückseite, werden in die Luft geworfen und wieder aufgefangen, eine mystische Handbewegung zaubert ein gutes Ergebnis. Gewinnen kann man Stöckchen, Großmütter und Großväter.

Wenn’s nicht klappen will, helfen abenteuerlich komplizierte Regeln, an deren Klippen selbst Prince Charles bei einem Besuch zerschellt ist.

Hoher Besuch

Karen ist die begnadete Netzwerkerin. Sie pflegt Kontakte, wo immer sie sinnvoll erscheinen. Sei es nach Japan, nach Berlin und Brandenburg, mit der Kita-Aufsicht im Landkreis Rosenheim, mit der AWO Tutzing, sie fährt mit einer Kollegin aus der SOKE (das ist das KKT in Nürnberg – hihihi) nach Schweden, sie berät Gründungswillige in Heidelberg und Bernried usw.

Doch der Reihe nach.

„Was sind das für Papierdinger*) da oben?“ fragt Rebecca und zeigt über die Eingangstür des Waldhort-Gebäudes.

„Das ist ein Geschenk einer Gruppe von Japanern, die uns besucht hat.“ – „Die wollen aber nicht ihre Kinder in den Waldhort schicken, oder?“ – „Nein, die wollen wissen, was wir hier so machen. Also die Kinder, die Erzieher*innen und die Eltern. Die wollen ein bisschen abgucken, um das vielleicht selbst in Japan mal zu machen.“

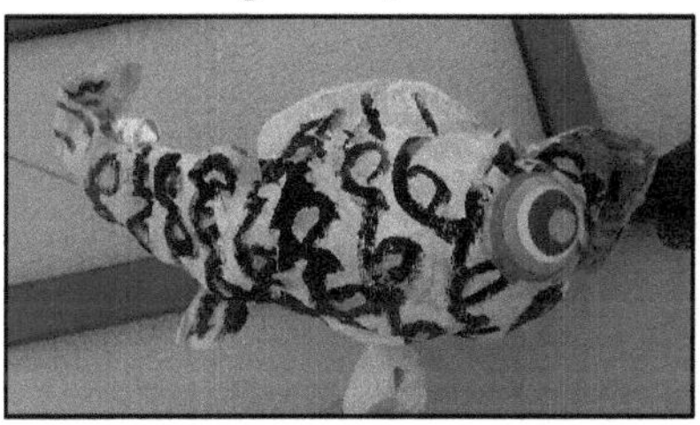

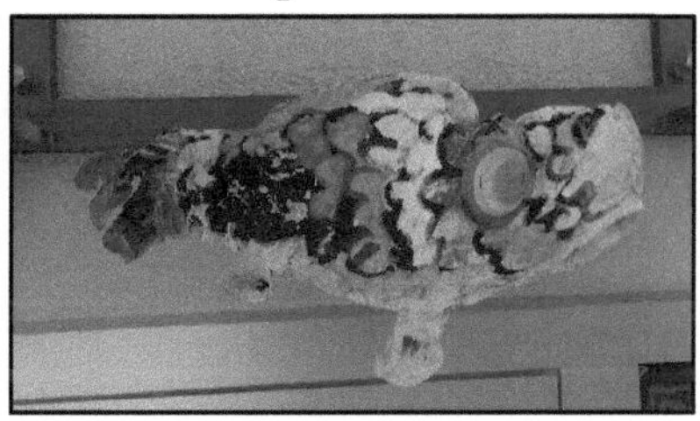

Eine Woche vorher schlägt die mehrköpfige Delegation aus Japan im Waldhort auf. Karen führt sie herum, erklärt, was warum an welcher Stelle im Gruppenraum zu sehen ist und wie so ein Tag im Waldhort abläuft. Sie zeigt die Räume, erklärt den Tagesablauf und geht anschließend mit der Delegation für eine halbe Stunde in den Wald.

Etwas seltsam mutet am Ende des zweistündigen Besuchs an, dass niemand aus der 20-köpfigen Delegation auch nur eine Frage stellt.

---

*) nicht zu verwechseln mit Mao tse-tungs sprichwörtlichem Papier**tiger**

Also alles klar?

„Die sind einfach geplettet“, erklärt der deutsche Counterpart der Delegation. „In Japan denkt man in Bezug auf Kinderbetreuung im Wesentlichen autoritär. Da ruft Euer Konzept nur Kopfschütteln, im besten Fall ungläubiges Staunen hervor.“

Umso wichtiger ist der kulturelle Austausch.

Den gibt es übrigens auch im Austausch mit China. Ein Mitglied im erweiterten Vorstand des Bundesverbandes der Wald- und Naturkindergärten*) lebt in Deutschland, ist in China aufgewachsen und setzt sich für die Organisation der Elterninitiativen in China ein, die an Waldkindergärten im weitesten Sinne arbeiten. Der Vorstand des BvNW hat umgekehrt 2019 China besucht.

Besuch erhält der Waldhort in unregelmäßigen Abständen auch von am Konzept und unserer Arbeitsweise interessierten Menschen und Institutionen. Da kommt schon mal die Kita-Aufsicht aus dem Landratsamt Rosenheim oder auch Nürnberg vorbei, weil in deren Wirkungskreis Waldhort-Gründungsgerüchte zu vernehmen sind. Die Damen vom Landratsamt gehen mit uns in den Wald und sind vom Konzept und seiner Umsetzung angetan. Was die Gründung angeht, bleibt es beim Gerücht.

Auf weniger hohem Niveau treffen sich die Natur-Kitas und die Horte im Landkreis mal in der Sportparkstraße 5, mal reisen die Pädagog*innen zu den anderen Einrichtungen, um sich auszutauschen. Während der Coronazeit finden diese Treffen dank Zoom weiterhin statt, wie auch die Treffen der LAGE.

*) dem Karen seit vielen Jahren angehört. Sie ist Ansprechpartnerin für Fragen aus Bayern, die mit Wald- und Naturpädagogik und der Organisation dafür zu tun haben.

„Ist da der Waldhort Ebersberg? Ich habe von Euch auf der Homepage gelesen. Wir sind dabei, in der Nähe von Heidelberg auch so was aufzustellen und würden Euch gern besuchen. Wann passt das bei Euch?“ Der Termin ist schnell gefixt und die vier Kolleg*innen vom Postillion machen bei uns die Waldhort-Probe aufs Exempel. Umgekehrt laden sie Karen ein, den kurz darauf neu eröffneten Waldhort zu besuchen. Da fährt Pit schon aus Neugier mit und wir bekommen einen Einblick in die Baden-Württembergische Hortfinanzierung und schulnahe Konzeption. Den Waldhortkindern stehen dort zwei Bauwagen auf einem Waldgrundstück zur Verfügung und die Kinder werden von der Schule dorthin transportiert. Der Kontakt schläft leider nach kurzer Zeit wieder ein, da in der Heidelberger Ecke die Hortarbeit in die Schule integriert wird, etwas, das 2023 auch in München modern wird.

Deutlich länger begleiten wir den Waldhort in Bernried. Die Initiative geht von drei Waldkindergarten-Familien aus, die sich von der Gründung bis zur Abrechnung von Karen beraten lassen. Sie kommen nach Ebersberg, wir besuchen sie bei der Gründungsversammlung am Starnberger See und besonders über die pädagogische Leitung entwickelt sich ein intensiver Kontakt. Das ist vor allem der Tatsache geschuldet, dass zwar die Zusammensetzung des Vorstands sich im Laufe der Jahre ändert, die Teamleitung aber konstant bleibt. Von Rafael erfahren wir, wie hart sich der Personalmangel auf die aktiven Pädagog*innen auswirkt.

Die Vernetzung entwickelt sich sehr positiv: Das Team des Waldhorts verbringt sogar einen Teamtag in Bernried samt Mittagessen.

Um es nicht ganz zu verschweigen: Zu hohem Besuch gehören selbstredend die Mitarbeiterinnen der Kita-Aufsicht im Landratsamt Ebersberg. Sie kommt in offizieller Mission, um die Basis unserer Finanzierung aus Steuergeldern zu prüfen.

Im Landkreis ist ein Fall von Subventionsbetrug ans Tageslicht gekommen, bei dem eine Kindertagesstätte über mehrere Jahre den

Betrieb ohne ausreichend qualifiziertes Fachpersonal betrieben hat.

Wenn „unsere“ Kita-Aufsicht zur Belegprüfung erscheint, dann lässt sie sich die Arbeitsverträge und die Qualifizierungsdokumente vorlegen. Hinzu kommt der stichprobenartige Check, ob denn tatsächlich so viele Kinder den Waldhort an so vielen Tagen und Stunden besuchen, wie vom Kassier behauptet und entsprechend Gelder der Staatsregierung zur Finanzierung des Betriebes abgreift. Eine solche Prüfung findet bis 2023 im Durchschnitt alle fünf Jahre statt. Den Waldhort erwischt es 2016, kurz nachdem Karen und Pit von ihrer Reise durch Ost-Canada zurück sind.

Der Waldhort als Forschungsgegenstand

Partizipation, das Thema, das schon eine angehende Erzieherin in ihrer Facharbeit gewählt hat, interessiert offenbar die pädagogische Forschung sowie „Waldpädagogik im Ganztag für Grundschulkinder".

„Wären Sie bereit, an einer Feldstudie teilzunehmen, bei der es um Ganztagsbetreuung von Schulkindern geht? Wir besuchen Sie, also Ihre Einrichtung*), stellen Ihnen und besonders den Kindern Fragen und möchten Sie mit den Kindern am Nachmittag draußen begleiten. Können Sie sich das vorstellen?"

Für Karen kann das nur rhetorisch gemeint sein.

„Und wer sind Sie? Und wie kommen Sie auf den Waldhort?" „Ich bin Ingrid Nentwig-Gesemann, wir arbeiten für DESI (Institut für demokratische Entwicklung und soziale Integration), unterstützt von der Bertelsmann-Stiftung, der Robert-Bosch-Stiftung, vom Bundesverband der AWO und der Mercator-Stiftung." DESI ist ok, die Bertelsmann-Stifung bekommt nur zwei minus. Das ist schließlich so eine Art Under-Cover-Regierung, well-known für relevante Forschung auf dem Gebiet der Pädagogik (. . . Einwurf der Lektorin).

„Wir haben nach ausgefallenen Konzepten der Schulkindbetreuung gesucht, und der Waldhort ist einer von 15 Einrichtungen (!), die uns bemerkenswert und für unser Forschungsgebiet passend erscheint." – Danke für die Blumen!

---

*) Da ist es wieder, das Wort von der Einrichtung. Für alle Nicht-Sozialpädago*innen: Das meint nicht IKEA oder Segmüller, auch nicht das Mobiliar eines besonderen Wohnzimmers. Pit ist immer noch auf der Suche nach dem Menschen, der diese Wortbedeutung derart missbrauchen konnte. - Wikipedia meldet dazu: *ein unbestimmter Rechtsbegriff ohne übergreifende Legaldefinition mit je nach Zusammenhang unterschiedlichem Bedeutungsinhalt*. Pit ergänzt: Ein Nicht-Begriff.

Karen sagt die Teilnahme des Waldhort zu und kurz darauf stehen Iris Nentwig-Gesemann, Bastian Walther und Florian Fried vor der Tür.

Deren Ansatz ist schnell umschrieben: Bislang wurden Feldforschungen bzgl. Kinderbetreuung und -bildung unter Beteiligung von Fachpersonal und den allerorten anzutreffenden Spezialisten betrieben. Die drei wollen in einer qualitativen Studie die Experten zum Thema befragen: die Schulkinder.

Und das machen sie auch. Zwei Tage sind sie Gast im Waldhort, beobachten den Tagesablauf und interviewen die Kinder.

Das Ergebnis liegt in Form des Forschungsberichts seit kurzem auch im Waldhort vor. Zitiert wird aus der Studie[*)] unter anderem in der Fachzeitschrift „Entdeckungskiste“ des Herder-Verlages. Hier ein Auszug:

Im Waldhort „Kleine Füchse“ ist es die Regel, nach der Hausaufgabenzeit mindestens zwei Stunden in den Wald zu gehen. Während des Mittagessens fragte Fachkraft Paula die Kinder: „So, was sind Eure Vorschläge? Wo wollen wir heute hingehen?“ Die Kinder nennen: „Blätterwelt“, „Schlittenberg“, „Sonnenplatz“ und „Matschloch[**)]“. Währenddessen zieht die Fachkraft aus einem Stapel von Karten die jeweils genannten heraus und legt sie auf den Tisch. Auf den Karten kleben die Fotos von den Orten im Wald. Robert (8;2 J.), der „Blätterwelt“ als Vorschlag eingebracht hat, sagt: „Ich verzichte auf Blätterwelt. Die drei sind gut.“

Fachkraft Paula nimmt die Karte mit der Blätterwelt wieder an sich

---

*) Walther, B./Nentwig-Gesemann, I./Fried, F.: Ganztag aus der Perspektive von Kindern im Grundschulalter. Gütersloh: Bertelsmann Stiftung 2021.

**) Genau dorthin sind die beiden Forscher*innen am Nachmittag mitgegangen. Seitdem hat das Matschloch seinen festen Platz in der modernen Pädagogik.

und verteilt rote Muggelsteine. Es wird nichts weiter erklärt, offenbar wissen alle, was es mit den Karten und den Muggelsteinen auf sich hat.

Nach ungefähr einer halben Stunde beginnen die Kinder, die bereits mit dem Essen fertig sind, ihr Geschirr und Besteck in die Spülmaschine der Küchenzeile einzuräumen. Auf dem Weg zur Küche kommen sie an drei Pappkästen vorbei, auf die die Fachkraft bereits je ein Bild mit den drei zur Wahl stehenden Orten gelegt hat und werfen ihre Muggelstein in einen davon. Als Fachkraft Paula später auszählt, hat das Matschloch die meisten Stimmen erhalten.

OK, inzwischen ermittelt meistens ein Kind das Wahlergebnis.

Karen entdeckt den Artikel 2023 und spätestens, als sie das Wort „Blätterwelt" liest, sagt sie zu Pit: „Schon wieder der Waldhort!"

Die nächste Studie befasst sich mit dem Thema „Kinderschutz". Julia Klimszak möchte einige der Besonderheiten des Waldhorts in ihrem neuen Buch näher betrachten. Gefunden hat die Autorin des Buches „Partizipation im Ganztag" den Waldhort, weil sie die obige Studie kennt.

„Du, Karen, kannst Du mir das, was den Waldhort ausmacht, in einer kleinen Sammlung von Stichworten zukommen lassen?" Karen sagt zu und Pit Bescheid, damit er sich um die Stichworte kümmert. Die wiederum sind im Einleitungskapitel dieses Buches zu finden.

Das ist die beste Methode für Sozialwissenschaftler*innen, berühmt zu werden: Zitiert Euch gegenseitig! Pit weiß das, er ist selbst Sozialwissenschaftler.

Kinderschutz fängt (spätestens) bei der Sprache an. Wohl jede*r Erwachsene erinnert sich an Erwachsenensätze wie etwa: „Zieh Deine Jacke an! Mir ist kalt." Ok, da steckt noch ein Hauch von Fürsorge drin. „So gehst Du mir nicht aus dem Haus!" ist strenggenommen eine Feststellung. Jedes Schulkind erkennt darin aber die machtvolle Anweisung, die den Erwachsenen letztlich die empörten Blicke der Nachbarn oder der Lehrkraft ersparen will. Zwei-Wort-Sätzen wie: „Sag Danke!“ beinhalten kulturelle Normen, die es einzuhalten gilt.

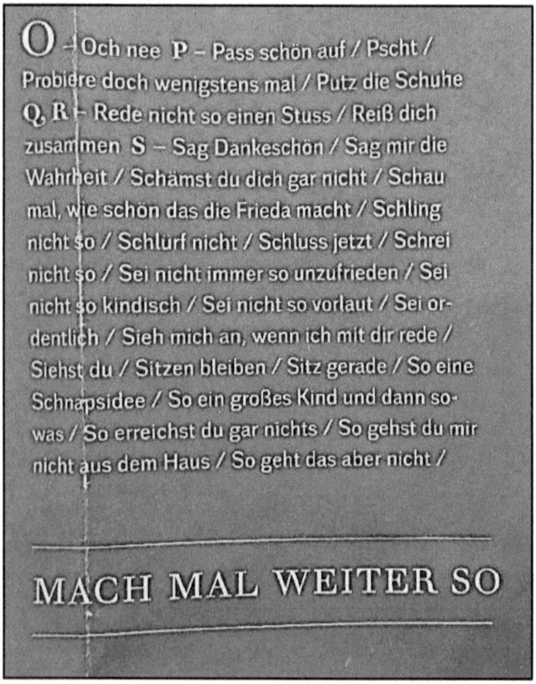

Im Waldhort hängt seit einigen Jahren immer mal wieder an der Tür der Erwachsenen-Toilette ein Plakat, tiefrot der Hintergrund, weiß die Schrift.

Links ein kleiner Ausschnitt.

Gewissermaßen ist das ein Beitrag à la Train-the-Trainer bzw. latente Weiterbildung. Oder andersherum: „Hat man nicht mal auf der Toilette seine Ruhe?“ Dem Plakat entkommt niemand aus dem Team, der mal aufs Örtchen muss. Übrigens auch Eltern nicht.

Das latente Lernen in dieser speziellen Ausprägung hat nach Kenntnis des Autors keine Verdauungsbeschwerden ausgelöst, wohl aber den Einsatz der inkriminierten Sätze[*] beim (neuen und alten) Personal stark reduziert.

[*] Sätze, die jede*r Leser*in aus der eigenen Kindheit erinnert.

Corona

Das Drama begann im Februar 2020 mit der allgemeinen Verunsicherung der Eltern: „Soll mein Kind in den Waldhort kommen? Darf es kommen?“ Und später: „Ist meine Arbeit systemrelevant? Bin ich selbst systemrelevant?“

Was bedeutet dieses Kriterium? Um welches System geht es?

Um diese Fragen im Herzen zu bewegen, steht ab März ausreichend Zeit zur Verfügung. Allerdings nicht für die Eltern, die ihre Kinder zu Hause betreuen müssen.

Das Schuljahr 2019/20 startet der Waldhort in einer Light-Version. Durch den Weggang vieler Kinder zum Schuljahresende kann Gabriel, eine ausgebildete Fachkraft, nicht weiter beschäftigt werden. Die Neuanmeldungen gleichen die sinkenden staatlichen Fördermittel nicht aus. Karen und Pit müssen die kommenden 12 Monate allein wuppen.

Seit September 2019 betreut das Mini-Team 19 Kinder. Mitte März 2020 muss der Waldhort seine Tore bis zum 20. April für Schulkinder schließen.

„Was machen wir heute?“ fragt Pit. Die Stille ist beklemmend, zumal sie bis zum Abend anhält.

Wie es weiter geht, weiß zu dieser Zeit niemand.

„Sonja hat mir eine Maske geschenkt. Hast Du gesehen, was in der Apotheke für OP-Masken verlangt wird?“ Die selbstgenähten greifen um sich. Noch ist von den Skandalen aus CSU-Kreisen im Zusammenhang mit FFP2 und Ähnlichem nicht in Sicht.

Die beiden waldhortkinderlosen Erwachsenen nehmen sich vor, Vieles, das zu erledigen ist, endlich anzugreifen. Hier ein Auszug aus Karens Arbeitszeitprotokoll:

Datum		Grund
16.03.2020	Mo	Mails bearbeitet, Konzeptunterlagen geordnet,Neuanmeldungen
17.03.2020	Di	HA-Konzept lesen , über- und bearbeiten
18.03.2020	Mi	Konzept Ferien, Mittag, Übergänge
19.03.2020	Do	Konzept Personal, Öffnungszeiten, Grundlage, Übergang
20.03.2020	Fr	Konzept, WH-Bücherschrank, Bastelmaterial
23.03.2020	Mo	Konzept Kinderschutz, Inklusion, Bildung, Datenschutz
24.03.2020	Di	Aufräumen Bücherregal, Bastelsachen
25.03.2020	Mi	Neuanmeldungen bearbeitet, Perlen etc. sortiert
26.03.2020	Do	Mails, Lesen Fachliteratur, Aufräumen
27.03.2020	Fr	Konzepttexte mit Pit in Konzeption eingearbeitet
30.03.2020	Mo	Farben, Bastelsachen, Ausbildungsunterlagen
31.03.2020	Di	Ablage alter Unterlagen
01.04.2020	Mi	Ablage, Ordner sortiert und umgeräumt
02.04.2020	Do	Aufbewahrungsmaterial, Mails, Lesen
03.04.2020	Fr	Konzept formatieren und korrigieren
06.04.2020	Mo	Rest Konzeptarbeit, Mails, Portfolio, Abstimmboxen
07.04.2020	Di	Leitfaden, Briefe, Gender
08.04.2020	Mi	Einkauf Acker, Telefonate, Mails, Leitfaden
09.04.2020	Do	Telefonberatung, Leitfaden, Mails, Fachliteratur

Zwischen dem 20. März und dem 20. Juni begrüßen Karen und Pit zwischen zwei und fünf Kinder, deren Eltern als relevant für unser Gesellschaftssystem eingestuft werden.

Pits Resümee nach ein paar Tagen: „Irgendwie sind vier Kinder nicht weniger anstrengend als 21. Die vier brauchen ständig was von mir. Sind 21 da, helfen die sich untereinander.“

Die Beziehung zu den Kindern ändert sich: Sie erzählen den Erwachsenen viel mehr als im Normalbetrieb. Klar: Sie teilen sich die beiden Erwachsenen mit weniger Kindern.

Am Tagesablauf ändert sich wenig:

Wir empfangen die Kinder ab 11 Uhr – sie gehen ja nicht oder im Wechsel mit der anderen Hälfte der Kinder in die Schule. Von dort bringen sie Hausaufgaben mit, die jene Eltern, die einen Drucker zur Verfügung haben, auch zu Papier bringen.

Diese Hausaufgaben werden wie sonst auch erledigt.

Das Mittagessen wird von Karen eingekauft und im Waldhort gemeinsam mit den Kindern zubereitet, nur ganze drei Mal holt Pit aus *Menschig's Suppenbar* zum Beispiel Gemüse-Linsen-Eintopf mit Wiener oder etwas aus dem Curry-Wok.

Susanne, die schärfste Kritikerin der Waldhort-Verpflegung, ist während dieser Zeit voll des Lobes für das Mittagessen.

Anschließend gehen wir raus. Mal ziehen wir zum Acker, sammeln dort Steine aus der Anbaufläche und legen daraus Beetumrandungen an.

„Lass uns mal das Hochbeet befüllen!“ regt Karen an. „Dafür haben wir ja gestern Stöcker im großen, roten Bollerwagen gesammelt. Du erinnerst Dich: Der volle Wagen war gar nicht so einfach nach unten zu bringen, da bist Du zuerst sogar rückwärtsgegangen.“

„Stimmt! Und woher haben wir das Beet?“ fragt Chris.

„Wir haben für uns zu Hause eins bestellt. Geliefert wurden aber zwei. Das hier ist das zweite.“ – „Das ist praktisch!“ urteilt Chris.

In den Tagesnachrichten findet sich in der Kategorie „Kind als Lehrerin“ der Eintrag: Susanne findet gemeinsam mit Karen heraus, um welche Raupe es sich handelt, die wir im Wald gefunden haben. Vorsicht! Die Raupenhaare sind giftig. Das Tier ist sehenswert, schnell ein Foto, damit die Härchen auch gut zu sehen sind.

Susanne feiert ihren Geburtstag: „Ich wünsch mir die Kiesgrube als Platz!“ Warum nicht? Ist eigentlich kein normaler Nachmittagsplatz, wir leben aber eigentlich auch nicht in normalen Zeiten.

Das Feuer für die Würstchen wird nach Waldhortart entfacht. „Hey, Christina, Du bist die neue Hestia!“ Karen erklärt: „Sie hat nicht nur das Feuer in Gang gebracht. Sie hat auch dafür gesorgt, dass es lange brennt.“

Den Ameisenkuchen für das Geburtstagskind backen Friderike und Susanne gemeinsam. Pit stellt nur den Ofen an.

Ende Juni ist Pit als Computer-Trainer online unterwegs. Für ihn kommt Laura für drei Tage in den Waldhort. Ab September ist sie dann bei uns fest angestellt.

Manchmal mag nur ein Kind Paprika zum Snack essen. Doch wenn

Karen für sich die Paprika aufschneidet, essen plötzlich alle mit. „Siehst Du, Laura, da muss man gar nichts sagen. Geht durch Vorleben und Selbertun von ganz allein.“ Weisheit aus 20 Berufsjahren.

„Pit, übernimm bitte morgen den Frühdienst, ich hab‘ einen Termin bei der Physiotherapeutin.“ Da sagt kein Ehemann nein.

Frühdienst fällt nur während der Ferien an, allerdings schon um 7.45 h. Ab 10 Uhr ist Pit dann nicht mehr allein.

„Denk dran, Du musst alle Kinder beim Reinkommen testen.“

Erste Amtshandlung nach Betreten des Gruppenraums: Testmaterial bereitlegen und den Stift zum Beschriften des Testplättchens. Sollte ein Test positiv sein, muss ja klar sein, von welchem Kind die Testprobe stammt.

Gleich morgens kommen acht Kinder und am Test-Tisch herrscht richtiger Andrang. Testflüssigkeit ins Röhrchen, Q-Tip-Lang in die Nase, von der Nase ins Röhrchen, rühren, aufs Testplättchen tröpfeln, Rest zurück in die Verpackung und ab in den Restmüll. All das machen viele Kinder inzwischen selbst.

„Markus, ich brauch Dich noch mal. Dein Test ist ungültig. Du musst noch mal testen.“ Markus testet mit Pits Hilfe, er will ja den armen Jungen nicht ein drittes Mal quälen.

Eine viertel Stunde später schaut Pit auf das Testplättchen. Oops! Erneut zwei rote Striche.

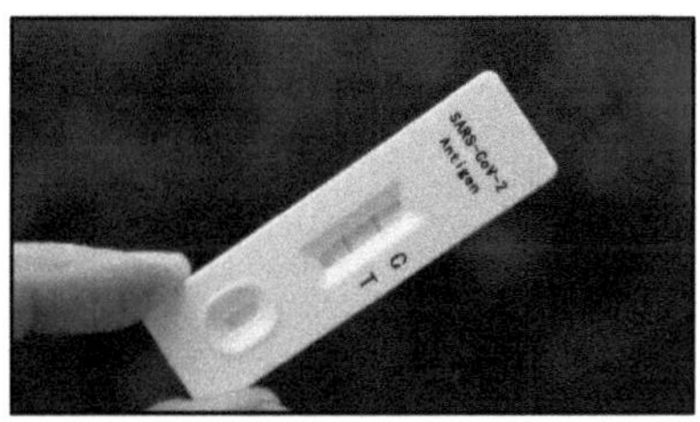

Schon wieder ungültig? Kann doch nicht sein. Pit vergleicht Markus‘ Testergebnis mit der Gebrauchsanweisung. Schließlich bedeutet ein roter Strich bei C „Clear“, einer bei T „Toxic“, so hat er sich das immer gemerkt.

Die privat erdachten Eselsbrücken führen jedoch nicht immer zur

Wahrheit. Die Testverpackung belehrt Pit gnadenlos: Markus ist positiv. Und sein Bruder? Norberts Testplättchen bietet einen roten Strich bei C, sonst nichts. – Anruf bei der Mutter der beiden und Überbringung der positiven Botschaft – sie kommt sofort und nimmt ihre beiden Jungs mit nach Hause.

Seit Markus Ankunft im Waldhort ist eine gute Stunde vergangen. Er hat bereits mit anderen Kindern gespielt. Seuchenalarm? Nein, morgen werden sowieso wieder alle Ferienbetreuten getestet, dann werden wir ja sehen. Und ab Montag testet die Schule wieder.

Und so singen wir bei Geburtstagsfeier mit dem Rücken zum Kreismittelpunkt, tragen Masken im Gebäude, gehen mit den Schüsseln von Kind zu Kind und verteilen Suppe auf die Teller, desinfizieren jeden Abend Türklinken, benutzen Desinfektionsgeräte für die Hände, empfangen abholende Eltern ausschließlich vor dem Gebäude und stellen während der Entwicklungsgespräche große Plexiglasscheiben zwischen die Gesprächsteilnehmer*innen auf.

Knatsch

Knatsch gibt es während der ersten drei Jahre. Knatsch geht grundsätzlich von Eltern aus und dient der Bindung von Energie sowohl bei den Initiator*innen als auch beim Team. Fünf Mal durchlebt das Waldhort-Team so ein Fegefeuer, nicht immer endend mit dem Jüngsten, mehrmals aber vor dem Amtsgericht zu Ebersberg und ein weiteres Mal vor der Kita-Aufsicht im Landratsamt an einem Runden Tisch.

Knatsch 1: Sonja & Kinder

Die Geschwister besuchen den Waldhort nur wenige Monate kurz vor den ersten Sommerferien, die der Waldhort überhaupt erlebt, bis Ende November desselben Jahres. Offenkundig passt diese Familie nicht zum Waldhort-Konzept. Das zentrale pädagogische Element der demokratischen Erziehung wird nicht anerkannt. Wie äußert sich so etwas?

Sonja stellt aus Berichten ihrer Kinder und dem Einblick während eines Kurzbesuches fest, dass das pädagogische Personal im Waldhort seiner Aufgabe – Erziehung – nicht nachkommt:

„Waldpädagogik muss … den achtsamen Umgang mit Mensch und Natur LEHREN und die Umsetzung durch die Kinder PRÜFEN und Gehorsam ABVERLANGEN mit Nachdruck, Engagement und NACHDRÜCKLICHER Führungskompetenz.“ (Hervorhebungen in Sonjas E-Mails)

„Auch die gesamte Haltung mancher Erzieher … die sich anscheinend ausschließlich als Freunde der Kinder und nicht in der (zugegeben leidigen) Rolle des unbequemen Erziehers sehen, hat zu Stress und Entgleisungen geführt, die sich festsetzen, anstatt eliminiert zu werden. Wenn im Beisein eines Betreuers während der Hausaufgabenzeit ein oder mehrere Kinder absichtlich Unruhe stiften …, ist dies sofort zu bemerken und restlos zu unterbinden. … Stattdessen wird beschwichtigt und diskutiert und die Drahtzieherlein lachen sich ins Fäustchen oder spielen perfektes Opfer-Theater …“ – „Eltern bezahlen Geld, das sie hart erwirtschaften und erhalten statt vereinbarter SELBSTVERSTÄNDLICHER kompetenter Leistung zur Selbstherrlichkeit angehaltene Kinder und ALLABENDLICH Hausaufgabenstress. Das ist Vertragsbruch, daher möchte ich mein Geld zurückerhalten.“ (alle Hervorhebungen im Original)

Gesprächsangebote von Karen scheiterten. Karens Einwand bzgl. Hausaufgaben-Disziplin, dass Sonja ja nur eine Minute im Hausaufgabenraum verbracht hatte, konterte sie: „Ich bin schon so viele Jahre erfahrene Therapeutin und sehe in einer Minute, was da los ist."

Auch die Ferienbetreuung laufe eher auf „Kinder-Parken als auf sinnvoll beschäftigen" hinaus. Dieses Urteil fällt sie nach zwei bzw. vier Betreuungstagen. „Ich spreche eine klare Sprache und weiß selbst sehr gut, was möglich und nötig ist an unmissverständlicher, „autoritärer" Klarheit im Umgang mit Schülern . . ."

Das Angebot zu hospitieren scheitert daran, dass Sonja „nur selten ein Auto zur Verfügung" hat.

Andererseits möchte sie das Team mit ihrer Professionalität unterstützen, „um notwendige Änderungen (im Waldhort) herbeizuführen," was allein schon wegen ihrer Wortwahl in der Korrespondenz beim Team auf Ablehnung stößt.

Sie schreibt, sie „hoffe wenigstens auf Einsicht" und droht, dass sie „rechtliche Schritte einleiten bzw. Elternschaft, Zeitungen und Gemeinde über Ereignisse und mein Vorgehen wegen der unerledigten Missstände informieren" werde.

Die Kündigungen der Betreuungsverträge erfolgen fristlos und Lastschriften für Betreuungszeiten und Verpflegung werden rückwirkend abgewiesen. Die Forderungen über mehrere hundert Euro muss der Waldhort gerichtlich einklagen, die fristlosen Kündigungen werden vom Gericht für nicht rechtens erklärt.

Damit hat der Waldhort seine erste Erfahrung mit zahlungsunwilligen Eltern machen müssen. Dass der Gang zum Gericht erfolgreich ist, ändert nichts an der Tatsache, dass derartige Ereignisse sehr viel Kraft kosten und ehrenamtlich geleistet werden.

Knatsch 2: Stefanie, Claudia und Petra

Gegen Ende des ersten Waldhort-Jahres ist klar, Andreas, u.a. erfahrener Leiter von Pfadfindergruppen, wird als Kinderpfleger im Schuljahr 2013/14 das Team erweitern. Bis dahin ruhen die pädagogischen Aufgaben auf Karens und Stefans fachkräftigen Schultern, Isolde ist als Lehrerin für die Hausaufgaben prädestiniert, allerdings nicht glücklich damit.

Das zweite Waldhortjahr startet mit 28 Kindern, davon vier Geschwisterpaaren. Da ist professionelle Unterstützung willkommen.

Eines dieser Geschwisterpaare wird im folgenden Drehbuch über den zweiten Knatsch für den Waldhort-Oskar, Kategorie „wichtigste Nebenrolle". Nennen wir die beiden Claudia und Petra. Den Oskar verleiht Pit an Stefanie, der Mutter der beiden Mädchen.

Hier der Plot, Szene 1, Oktober:

„Ich möchte nicht angespritzt werden, denn ich habe keine Regenhose an!" gibt Andreas den Kindern zu verstehen, die an einem regnerischen Nachmittag pfützenstapfend zum Waldhort zurückkehren. Die Aufforderung wird von Claudia (9) offenkundig und wiederholt ignoriert, bis Andreas laut wird und sie auffordert, seine Hose unterhalb des Knies von grobem Schlammbrocken zu befreien. Damit scheint die Sache für beide erledigt.

Als Mutter Stefanie ihre Kinder kurz darauf nach Hause abholt, berichtet Claudia vom Vorfall – jetzt weinend: „Und dann musste ich mit den Händen Andreas Hose abwischen!" Stefanie, der Männer in Kitas grundsätzlich verdächtig sind, ist empört und beklagt sich bei Andreas, dass er wohl gerne Kinderhände an seiner Hose, also doch sicher bis zum Schritt hoch, spüre. Und ob er sowas in seiner Ausbildung gelernt habe bzw. ob er denn überhaupt für die Tätigkeit im Waldhort ausgebildet sei.

Eltern gegenüber setzt sie sich für Andreas Entfernung aus dem Waldhort ein.

Gesprächsangebote, die zur Klärung führen könnten, lehnt sie ab und kündigt den Betreuungsvertrag für ihre beiden Töchter. Die Kündigung widerruft sie im Mai, als sie erfährt, dass Andreas sich eine neue Stelle sucht.

Seitdem befragt Stefanie täglich ihre beiden Töchter beim Abholen in der Garderobe ostentativ, ob „wieder irgendwas war, denk nach!“

Szene 2, Februar:

Karen arbeitet mit drei Kindern im Hausaufgabenraum, unter ihnen Claudia. Immer wenn Karen sich dem zweiten Kind zuwendet, tritt Claudia gegen den Tisch des dritten Kindes (N.) um zu stören. Karens mehrfach wiederholte Aufforderungen, das zu unterlassen, ignoriert sie. N. beklagt sich fortgesetzt über Claudias Verhalten. Schließlich stellt Karen sich vor Claudia und drückt deren Fuß behutsam von N.s Tischbein, damit N. endlich in Ruhe arbeiten kann. Claudia steht auf, packt ihre Schulsachen und verlässt den Raum.

Es vergehen wenige Minuten. Mutter Stefanie holt kurz darauf ihre Kinder vom Waldhort ab. Karen hört, wie sie den Gruppenraum betritt und geht auf sie zu, um von dem Vorfall zu berichten.

Claudia steht etwas entfernt am Bücherregal und hört zu, was Karen erzählt. Stefanie gerät außer sich, allerdings nicht über das Verhalten ihrer Tochter. Sie lässt weder Karen noch Claudia zu Wort kommen. Schließlich rauscht sie in den Hausaufgabenraum und herrscht die zwei anderen Kinder an ihr sofort zu berichten, was „die Karen wieder gemacht hat“.

Dann Abgang Mutter samt Töchtern.

Im Waldhort-Vorstand wird beschlossen, die Angelegenheit im Gespräch zu klären. Allerdings hat der Vorstand die Rechnung ohne Stefanie gemacht. Terminangebote bis in den April hinein lehnt sie ab.

Szene 3, April:

Im Gruppenraum steht eine Pinwand, an der Bilder der Kinder aus der Ferienzeit hängen.

Claudia zeigt auf die Bilder und fragt in abwertendem Ton: „Was sind denn das für Bilder?“

„Das sind Bilder vom Sams“, erklärt Pit ihr. „Wir haben in den Ferien den Film vom Sams angeschaut, weil wir wegen des Sturms nicht in den Wald durften. Vorher haben alle Kinder ein Bild vom Sams als Eintrittskarte zu der Filmvorführung gemalt.“

Claudia hat die Ferien nicht im Waldhort verbracht. „Die sind aber nicht so toll.“

„Findest Du? Also das Bild von J. ist mir aufgefallen, weil ich finde, dass er das Sams richtig gut gezeichnet hat.“

„Finde ich nicht. Meine Bilder sind viel besser.“

„Von Dir hängt dort kein Bild, weil Du in den Ferien nicht hier warst. Deshalb weiß ich nicht, ob Deine Bilder besser sind.“

„Alle meine Bilder sind viel besser als die von J.“

„Ich kenne gar kein Bild, das Du gemalt hast.“

„Ich kann ja mal welche mitbringen.“

„Ja, tu das. Malst Du viel?“

„Ja, ganz viel und ganz toll.“

„Dann bring doch morgen mal welche mit. Ist schon komisch, dass ich gar kein Bild kenne, das Du gemalt hast.“

Szene 4, eine Woche später:

Pit arbeitet im Hausaufgabenraum. Petra, 2. Klasse, Claudias Schwester, ist mit ihrer Arbeit fertig und bittet Pit um die übliche Korrektur.

„Du, das Wort Motiv ist nicht richtig geschrieben,“ erklärt Pit ihr.

„Dann sag‘ mir, wie es richtig ist!“

„Ich denke, das kannst Du selbst herausfinden. Schau einfach im Duden nach. Wenn Du es nicht findest, sag mir Bescheid.“

„Nein! Du sollst es mir sagen!“

„Nein. Schau, hier ist der Kinderduden, Du findest es unter M. Das

Alphabet siehst Du hier oben an der Wand."

Petra wird sauer: „Du kannst mir doch einfach sagen, wie es richtig ist! – Ich will jetzt nach Hause. Ruf meine Mama an, damit sie mich abholt. Sie hat mir gesagt, ich muss es nur sagen, dann kommt sie."

„Petra, davon weiß ich nichts. Das hat sie sicher zu Dir gesagt, aber nicht zu uns im Waldhort. Es tut mir leid, ich rufe sie jetzt nicht an, da ich sie bei der Arbeit nicht so einfach stören möchte."

Petra wird wütend, hat Tränen in den Augen: „Das sag' ich meiner Mama. Und dann meldet sie uns vom Waldhort ab."

„Dann wird sie das wohl tun."

„Dann habt ihr weniger Geld. Und dann kriegst Du und die Karen weniger Geld."

„Ich bekomme kein Geld", entgegnet Pit.

Er will wissen, wie sie darauf reagiert. Außerdem befindet er sich zu dieser Zeit im passiven Teil der Altersteilzeit und bekommt sein Gehalt von seinem früheren Arbeitgeber.

Petra schweigt, schaut Pit an. „Du kriegst kein Geld?"

„Nein, ich werde von einer anderen Firma bezahlt."

„Dann wird meine Mama nachher mit Dir schimpfen."

„Deine Mama wird mit mir schimpfen. Wäre das denn schlimm?"

„Oh ja. Das ist schlimm."

„Es ist schlimm, wenn Deine Mama mit mir schimpft. Woher weißt Du das?"

„Weil die Mama andauernd mit mir schimpft. Und das ist schlimm."

„Und Du meinst, wenn sie mit mir schimpft, ist das auch schlimm für mich."

„Ja, das ist ganz schlimm für Dich."

Pit hat Stefanie wenige Tage zuvor angerufen und sie gebeten, ihre Tochter abzuholen, weil die auf Krawall gebürstet war. Da hat er aber nur den Krawall der Mutter am Ohr, was er „sich einbilde, sie bei der

Arbeit zu stören!“

Am nächsten Tag sitzt Pit im Hausaufgabenraum und arbeitet, die Kinder sind im Wald. Er hört, dass die Haustür aufgeht, vernimmt Schritte und verlässt kurz darauf seinen Platz, um zu schauen, ob jemand gekommen ist. Niemand im Haus. Aber, ja! Denn Stefanie sitzt nun draußen im Hof.

„Hi, Stefanie! Ich wollte nur nachschauen, ob jemand da ist, weil ich die Tür gehört habe.“

„Hi.“

Pit geht wieder an seine Arbeit. Stefanie kommt hinterher und bleibt in der Tür zum Gruppenraum stehen. „Wir können fei gern miteinander reden, jetzt.“

„Nein, Stefanie, nicht ohne Zeugen.“

„Meine Kinder haben auch keine Zeugen.“

„Doch, da gibt es Zeugen. Ich möchte aber mit Dir nicht ohne Zeugen reden nach dem, was hier läuft. Ist das ok für Dich?“

„Mh.“ Sie geht zum Ausgang und ruft von dort: „Wie man so mit Kindern umgehen kann! Also weißt‘, ich würd‘ mich schämen. Also ehrlich, schama tat i mi.“

Später stellt sich heraus: Pit habe ihrer Tochter Petra vor einer Woche jegliches künstlerische Talent abgesprochen (s. Szene 3).

Finale

Stefanie wird in der Garderobe ausfällig, nachdem ihre Forderung nach einem sofortigen Gespräch mit einem Terminangebot von Seiten des Waldhort-Teams erwidert wird. Sie lässt sich davon jedoch nicht abschütteln. Sie verlangt schriftliche Stellungnahmen. Sie fordert den auf Beruhigung hinarbeitenden Stefan auf, „dann brüll mich doch an oder verprügele mich! Ist ja hier so üblich!“ Sie verkündet ihre Sicht von der gewalttätigen Betreuung im Waldhort. Das tut sie sogar vor Kindern und Eltern in der Garderobe. Schließlich erteilt Stefan ihr Hausverbot.

Daraufhin setzt Karen sich am selben Abend mit der Kita-Aufsicht in Verbindung, da sie sich um die beiden Kinder sorgt. Die Kita-Aufsicht wiederum teilt am nächsten Tag mit, sie habe einen anonymen Anruf erhalten, in dem die grobe Behandlung im Waldhort kritisiert wird.

Es folgen seitenlange Stellungnahmen von Karen, worin unter vielem anderen auch die Dialoge mit Claudia und Petra in die Akten des Landratsamtes eingehen. Eine Gesprächsrunde mit allen Eltern findet Ende April statt.

Übrigens wird zur selben Zeit ein weiteres Kind, Carolin, im Waldhort angeblich misshandelt und zwar durch Pit während der Hausaufgaben. Die/der geneigte Leser*in soll aber mit den Details hier nicht behelligt werden, da der Plot nicht so viel hergibt wie der oben geschilderte.

Eine Besonderheit jedoch soll erwähnt sein: Die Kündigung des Betreuungsvertrages für Carolin erreicht den Waldhort während der wöchentlichen Team-Sitzung, als die Mutter in den Gruppenraum hereinrauscht, Pit lautstark der körperlichen Gewalt an ihrer Tochter beschuldigt, ihr Kind bei der Gelegenheit mündlich abmeldet und alle Habseligkeiten aus der Garderobe mitnimmt.

Mehr dazu im Abschnitt „Knatsch 5, Runder Tisch“.

Knatsch 3: Neuer Vorstand, Wahl am 28.11.2014

Mit dem neuen Schuljahr wird Pits Mitarbeit im Waldhort finanziell untermauert: Er bekommt einen Arbeitsvertrag für die Begleitung der Hausaufgaben und andere Aufgaben. Bezahlt wird er von nun an als geringfügig Beschäftigter. Diesen Vertrag legt Karen ihm in ihrer Eigenschaft als Vorstandsmitglied vor, er unterschreibt und bezieht fortan gut 10 Euro pro Arbeitsstunde.

Im Oktober stoßen die beiden anderen Vorstandsmitglieder (Roswitha und Lydia) auf diesen Vorgang und werfen Karen Kompetenzüberschreitung vor. Korrekt, das hätte sie im Vorstand besprechen müssen.[*)]

Dass Pit mit Beginn des neuen Schuljahres auf der Basis eines Arbeitsvertrags im Waldhort mitarbeitet, betrachten die beiden Vorständinnen als Mauschelei. In einer Mitteilung an die Vereinsmitglieder heißt es: „Es darf auf keinen Fall der Eindruck entstehen, dass der gemeinnützige Verein der Auftragsbeschaffung seines Vorstandes dient. Aus diesem Grund wird die Konstellation mit Karen … als erzieherische Leitung, Vorstand und Ehefrau (??) des Kassenwarts in Personalunion als fragwürdig gesehen und belastet im Innen- sowie im Außenverhältnis den Verein.“

Und weiter:

„Nur durch eine Ämtertrennung von Vorstand und Leitung, sprich Neuwahl von drei neutralen Vorständen, kann die Situation entschärft werden. Ausschließlich aus der Elternschaft gewählte Vorstände können künftig klare Strukturen schaffen, um eine Basis für transparente und vertrauensvolle Zusammenarbeit zu gewährleisten.“ Mit anderen Worten: Karen hat im Vorstand nichts verloren.

[*)] Andererseits haben die Vorstände auch nie darüber geklagt, dass Pit weitgehend kostenlos und ohne Versicherungsschutz im Waldhort arbeitet.

Die vorgeworfene „Verdoppelung“ von Pits Gehalts durch den Arbeitsvertrag ergibt sich aus seiner mehr als verdoppelten Wochenarbeitszeit. Auch wird Pit die Kompetenz für die Hausaufgabenbetreuung abgesprochen. Damit Schlimmeres nicht unentdeckt bleibt, wird Pit als Kassier aufgefordert, die Buchführung der letzten zwei Jahre vorzulegen. Verdächtig ist beispielsweise, dass Karen und Pit beim Mittagessen mit den Kindern am Tisch sitzen und essen. Das läuft ja auf Steuerhinterziehung hinaus, denn sicher hätten die beiden den geldwerten Vorteil bei ihrer Einkommensteuererklärung nicht angegeben. Dass die „aktive“ Teilnahme von Erziehern am Mittagessen in Kitas üblich und den pädagogischen Aufgaben zuzurechnen ist, wird zurückgewiesen wie auch die Erklärung der beiden Beschuldigten, regelmäßig für das Essen sogar bezahlt zu haben. Um das zu prüfen, will Lydia doch sicherheitshalber die Bücher einsehen.

Diese Missstände veranlassen die Vorständinnen Roswitha und Lydia, Neuwahlen für den Vereinsvorstand anzuberaumen, damit Mauscheleien ausgeschlossen werden können, da dann nur Eltern den Vorstand bilden.

Alles zusammen motiviert Roswitha und Lydia darüber hinaus, eine Geschäftsordnung zu erstellen (auf die bis dahin verzichtet wird). Da Lydia seit Kurzem BWL-Qualifikationen vorweisen kann, setzt sie ihr Knowhow gleich um.

Die Geschäftsordnung fällt entsprechend aus. Die Wortwahl entlarvt die Autorinnen: Es ist darin von erster bis dritter Vorsitzender des Vorstands die Rede. Ein Verein hat aber nur genau eine Vorstandsvorsitzende. Eine Hierarchisierung durch Ordinalzahlen (erste Vorstandsvorsitzende) schmeichelt vielleicht der (einzigen) Vorsitzenden, ist aber doppelt gemoppelt wie der „weiße Schimmel“.

Der Knüller dieser Geschäftsordnung findet man am Ende in Abschnitt „Inkrafttreten“: Sie tritt mit Wirkung vom 28.02.2012 in Kraft, unterschrieben von Roswitha und Lydia.

Zu diesem Zeitpunkt ist Vorständin Lydia jedoch noch nicht Mitglied des Vereins, geschweige denn des Vereinsvorstands. Und weiter: Das Papier wird Karen am 26.11.2014 zur Unterschrift vorgelegt. Hätte sie unterschrieben, hätte man ihr vorwerfen können, fortgesetzt gegen eine seit Jahren geltende Geschäftsordnung verstoßen zu haben.

Ach ja: handschriftlich ist auf dem Unterschriftenblatt vermerkt, dass die Geschäftsordnung „durch Mehrheit im Vorstand" am 06.11.2014 beschlossen wurde.

Natürlich verweigern Karen und Pit die Unterschrift unter die Geschäftsordnung. Sie tritt aber trotzdem in Kraft, weil die Mehrheit im Vorstand sie abgezeichnet.[*)]

Kurz darauf erklärt sowohl das Waldhort-Erzieher*innen-Team samt Leitung (Karen) als auch Karen als Vorstand und Pit als Kassier, dass sie mit sofortiger Wirkung geschlossen von allen Vereinsposten zurücktreten und das insbesondere die Angestellten im Team zum nächstmöglichen Zeitpunkt kündigen, falls Lydia und Roswitha als Vorstände im Amt verbleiben. Zur Begründung erklären sie: „Das Vertrauen innerhalb des Vorstandes ist offenkundig zerrüttet." Auf diese Erklärung hin droht Lydia [wörtliches Zitat]: „Ihr werdet diesen Waldhort nicht weiterführen. Dafür werde ich sorgen!"

Die von Roswitha und Lydia gewünschte Neuwahl durch eine außerordentliche (a.o.) Mitgliederversammlung bekommt letztlich erst durch genau diesen Schritt ihre Legitimation. Denn eine a.o. Mitgliederversammlung kann laut Satzung nur eine Viertel-Mehrheit der Mitgliedschaft einberufen. Wenn dem Vorstand sein drittes stimmberechtigtes Mitglied und außerdem sein Kassier abgeht, muss wohl neu gewählt werden, damit der Vorstand beschlussfähig bleibt.

Mit Datum vom 06.11.2014 kündigt das Waldhort-Team fristgemäß

[*)] Pit war nie stimmberechtigt, damit Abstimmungen im Vorstand einer Patt-Situationen aus dem Weg gehen.

seine Arbeitsverträge. In dieser Hinsicht können Karen und Stefan ja auf Erfahrung bauen, als sie gemeinschaftlich die Zauberburg in Unterding verließen. Damit ist der Betrieb des Waldhorts nur noch bis Ende Februar 2015 gesichert. Dieser Umstand lässt jedoch keine Panik bei Roswitha und Lydia aufkommen, sie geben an, für ausreichend Ersatz sorgen zu können.

Die a.o. Mitgliederversammlung kommt zustande. Als Kandidat*-innen für die Vorstandsposten meldet sich die noch amtierende Roswitha, weil sie die Stimmung in der Versammlung nicht richtig einschätzt. Dies, obwohl Lydia ihr dringend davon abrät.

Auch Karen, Stefan und eine Mutter (Paula) kandidieren neben Pit als Kassier.

Gemäß Satzung und um die Wahl formfehlerfrei zu garantieren, beruft die Versammlung eine Rechtsanwältin und Waldhort-Mutter (C.) zur Wahlleiterin.

C. stellt die Frage nach der Stimmberechtigung der Anwesenden und Pit hat die Liste vor sich. Als die Reihe an Roswitha kam, stellt Pit fest, dass sie kein Stimmrecht hat, weil sie nicht einmal eine Vereinsmitgliedschaft vorweisen kann. Lediglich für ihren minderjährigen Sohn liegt das entsprechende Dokument vor. Lydia schüttelt darauf nur den Kopf, wie man denn zweieinhalb Jahre Vorstand sein kann, ohne Mitglied im Verein zu sein. Schließlich hat Lydia das ganze Desaster ja ins Rollen gebracht, weil sie ordentliche Verhältnisse einführen will. Und nun stellt sich raus, dass Roswitha Teil der Unordnung ist.

Pit schaut – wie es so seine Art ist – triumphierend in die Runde. Denn nun wird das Stimmrecht von Lydia aufgerufen und – Pits berühmter Blick geht über das Publikum – und es wird negativ beschieden. Auch Lydia ist nicht Mitglied im Verein, nur ihr Mann.

Auf Karens Intervention hin erteilen die Mitglieder den Familien von Roswitha und Lydia das Einzelstimmrecht. Lydia will nicht kandidieren, sie will sich eine Blamage ersparen.

Das macht aber nichts. Denn die Eltern wollen einen Waldhort mit pädagogischem Personal, die Vorstandsposten kommen erst an zweiter Stelle ihrer Prioritätenliste. Die anderen Kandidat*innen sind ja Pädagog*innen und haben mitgeteilt, dass sie nur ohne Roswitha noch Lydia im Vorstand im Waldhort bleiben.

Damit kann die Wahl durchgeführt werden, sie endet wie erwartet.

Allerdings hat die Geschichte ein Nachspiel[*)]. Die Kita-Aufsicht bedrängen Zweifel, ob denn eine Einrichtung, in der überwiegend Personal den Vorstand stellt, überhaupt arbeitsfähig ist. Denn: wer verfügt eine Abmahnung, falls Karen als pädagogische Leitung abgemahnt werden muss? Ok, wenn die Kita-Aufsicht keine größeren Probleme sieht, dann starten wir erstmal.

[*)] also genaugenommen eines von mehreren – davon wird noch die Rede sein

Knatsch 4: Kündigungen Lydia und Roswitha

Nachdem Roswitha und Lydia ihr Ziel, den Waldhort selbst zu betreiben, verfehlt haben, nehmen sie die Geschichte um Stefanie, Claudia und Petra und Carolin zum Anlass, ihrerseits ihre Kinder abzumelden. Begründet wird der Schritt mit der im Waldhort allgegenwärtigen Gewalt*).

Da den beiden Ex-Vorstandsmitgliedern die finanzielle Lage des Waldhort bekannt ist (die zwar nie rosig, aber solide ist), sind sie von der Idee begeistert, das materielle Fundament des Waldhorts anzusägen. Das funktioniert am besten, indem Betreuungsverträge gekündigt werden.

Damit die Wirkung möglichst sofort eintritt, wählen sie später die Form der fristlosen Kündigung und widerrufen folgerichtig ihre Einzugsermächtigungen. Ersatzweise werden die Kündigungen fristgerecht schriftlich ausgesprochen und die Schreiben an einem Samstag in den Briefkasten des Waldhort geworfen, in der Hoffnung, dadurch einen Monatsbeitrag dem Waldhort vorzuenthalten.

Damit verbunden ist die sofortige Einstellung aller Geldflüsse, auch etwa denen für die Verpflegung. Bei dem Kind von Lydia wird als Begründung mitgeteilt, das Kind habe ja sowieso kaum etwas im Waldhort gegessen, weil es z.B. Kartoffelpüree nur aus Fertigpulver hergestellt und von der Oma angerührt akzeptiert. Weder für die geleistete Ferienbetreuung noch für den (notwendigen) Taxitransport sind die Familien bereit zu zahlen.

Es folgt ein Auszug aus dem Dokument „Die Lydia-Story“, das seinerzeit der Kita-Aufsicht übergeben wurde. Zitat:

„Dem Waldhort-Team wurde in der zweiten Dezemberwoche 2014

*) Pit schafft daraufhin das Wort vom GeWaldhort, das aber aus naheliegenden Gründen in der Öffentlichkeit nicht verwendet wird.

von Vereinsmitgliedern zugetragen, dass Lydia am Montag, 01. Dezember 2014, ihren Sohn in einem anderen Ebersberger Hort für den nächstmöglichen Aufnahmetermin angemeldet hat. Dieser Hort führte zu diesem Zeitpunkt eine Warteliste, da die Kapazitätsgrenze des Horts erreicht war.

Im Hort wurde der jüngere Sohn von Lydia betreut. Da Geschwisterkinder statutengemäß vorzugsweise aufgenommen wurden, rechnete sich Lydia gute Chancen aus, ihren Sohn kurzfristig unterzubringen. Dem stand jedoch zu diesem Zeitpunkt die Auslastung des Hortes entgegen.

Die fristgerechte Kündigung des Waldhort-Betreuungsvertrages für Lydias Sohn wurde zwei Tage vor Weihnachten zum 31. Januar 2015 dem Waldhort persönlich durch den Vater überbracht. Der Waldhort entgegnete der Familie mündlich und schriftlich, dass die Kündigung zu diesem Zeitpunkt erst zum 31. März 2015 wirksam werden kann, da eine 3-monatige Kündigungsfrist im Betreuungsvertrag vereinbart war.

Im Laufe des Februar 2015 erhielt Lydia die Zusage des anderen Hortes für einen Betreuungsplatz für ihren Sohn zum 01. März 2015. Daraufhin zog sie ihre fristgerechte Kündigung gegenüber dem Waldhort zurück und ersetzte sie durch eine fristlose Kündigung zum Monatsende Februar 2015. Über die Gründe für diese Kündigung hüllte sie sich in Schweigen. Auf Anfrage der neuen Vorständin Paula verwies Lydia darauf, ausschließlich Karen diese Gründe zu offenbaren. Auch der Hinweis von Paula, alle Vorstandsmitglieder im Waldhort seien gleichberechtigt und handelten alleinverantwortlich, kann Lydia nicht von ihrer Absicht abhalten, ausschließlich mit Karen über ihre Beweggründe zu sprechen. Bis dahin ist von den später angeführten angeblichen Misshandlungen ihres Sohnes nicht die Rede.

Durch die (unbegründete, in jedem Fall nicht einem Umzug oder einem Schulwechsel geschuldete) fristlose Kündigung versuchte Lydia, sich der Zahlungsverpflichtung gegenüber dem Waldhort zu entziehen, die durch die fristgerechte Kündigung eingetreten war. Sie versuchte, doppelte Betreuungskosten für ihren Sohn für die Zeit zwischen dem 01. März 2015 und dem 31. März 2015 zu vermeiden.“

Unter diesen Umständen kommt der Waldhort nicht um rechtsanwaltliche Unterstützung herum, da die Sache vor Gericht ausgefochten werden muss. Das Verfahren endet im August 2016 in einem für den Waldhort günstigen Vergleich. Damit ist zumindest das Thema durch. Oder?

Knatsch 5: Runder Tisch

Im Juni 2015 gehen bei der Kita-Aufsicht im Landratsamt verschiedene Beschwerden hinsichtlich des Umgangs mit den Kindern im Waldhort ein. Die zuständige Beamtin beruft deshalb einen Runden Tisch ein. Sie lädt die klagenden Eltern, Karen und Paula als Vorständinnen und Kolleg*innen aus Gemeinde und Landratsamt ein, die Vorwürfe in einem „konstruktiven Gespräch" zu klären.

Die Vorwürfe:

1. Aufsichtspflichtverletzung
2. Übergriffe von Seiten des Personals
3. unprofessionelle Hausaufgabenbetreuung
4. illegale Luftbuchungen
5. fehlende Absprachen mit Vorstandsmitgliedern
6. unkooperatives Verhalten
7. fehlende erzieherische Einwirkung bei Mobbing unter Kindern.

Tja, da finden sich ja eine Menge Dinge aus Kapitel Knatsch 1 bis 4 wieder. Entsprechend ist die Runde von Elternseite besetzt: Roswitha und Lydia haben seinerzeit angekündigt, alles zu unternehmen, damit der Waldhort „so nicht mehr weiter existiert". Dazu gehört wohl auch, den Waldhort bei der Kita-Aufsicht zu beschuldigen und andere Eltern zu ermuntern, ihren Beitrag zur Kampagne zu leisten.

Karen und Paula vertreten den Waldhort. Vier Teilnehmer*innen kommen amtlicherseits und erhoffen Klärung.

Die „Tischleitung" stellt zunächst fest, dass sämtliche Elternbefragungen der vergangenen Jahre dem Landratsamt vorliegen, die eine allgemeine Zufriedenheit dokumentieren – natürlich „bis auf das Mittagessen", was dazu geführt habe, andere Caterer auszuprobieren.

Zum Thema *Aufsichtspflichtverletzung* meinen die Kläger*innen, der Waldhort betreibe sein Geschäft mit zu wenig Personal.

Die Zahlen, die dem Landratsamt vorliegen, strafen dies Lügen. Und wenn, dann „wäre es Aufgabe von Roswitha gewesen, dem abzuhelfen.“

Na, dann eben Gewalt:

Ein Kind haut einem anderen eine rein. Stimmt, kommt vor unter Kindern. Hat sogar der Richter während des Verfahrens von „Knatsch 4“ festgehalten. Gut, dass das getroffene Kind vom Personal verarztet wird, also kommt man der Aufsichtspflicht durchaus nach.

Also dann Vernachlässigung:

Ein Kind wird wegen Dehydrierung während eines Ausflugs ohnmächtig. Das kann kein Ausflug des Waldhorts gewesen sein, denn an eine Ohnmacht kann sich niemand aus dem Team erinnern.

Also Übergriffe:

Da war er wieder, der „Tritt“ gegen Claudias Bein während der Hausaufgaben. Erzieher Stefan als Nicht-Teilnehmer am Runden Tisch merkt dazu später im Protokoll an: „Dieser Vorfall fällt in die Vorstandszeit von Roswitha Wenn es eine Misshandlung gewesen wäre, hätte die Vorständin Roswitha entsprechend handeln müssen. Wenn aber die Geschichte am Runden Tisch aufgewärmt wurde, erkenne er (Stefan) darin nur, dass Roswitha ihre Rachegelüste ausleben wollte.“

Dann eben Hausaufgabenbetreuung:

Die Lehrerin aus dem Team, die die Hausaufgaben betreut, wird wiederholt im Laufe des Jahres von Karen abgelöst. Nach einem Jahr ist Pit die meiste Zeit mit der Begleitung der Kinder betraut. Die Kita-Aufsicht legt Pit übrigens in ihrem Runden-Tisch-Fazit nahe, sich nachqualifizieren zu lassen, weil sie ihn für ausreichend erfahren hält.

Die klagenden Eltern am Tisch können den Vorwurf illegaler Luftbuchungen nicht erklären. Sie erheben ihn, weil es da um Staatsgelder geht und Roswitha weiß, dass bei fortgesetzten Luftbuchungen Rückzahlungen drohen (dann hat der Waldhort zu wenig Geld!) oder sogar der Entzug der Betriebserlaubnis (wow! Das wär‘s ja!).

Die 2016 (aufgrund des Runden Tisches?) vorzeitig durchgeführte Belegprüfung ergibt nicht nur keine Beanstandungen, sondern ein Lob seitens der Kita-Aufsicht, was das Finanzgebaren des Waldhorts und die Transparenz angeht.

Fehlende Absprachen:

… also Pits Arbeitsvertrag. Da stellt Stefan die Frage, warum Vorständin Roswitha nicht früher tätig wurde.

Kein Regulativ:

Wenn Eltern nicht bereit sind, im Vorstand mitzuwirken, muss eben jemand aus dem Team den Job machen. Immerhin kommt zu diesem Zeitpunkt ein Vorstandsmitglied aus der Elternschaft und sitzt mit am Runden Tisch.

Unkooperativ, wenn es um die Ängste der Eltern geht:

Wenn bei Eltern schnitzende Kinder Angst auslösen, müssen sie ihr Kind woanders betreuen lassen.

Das Mittagessen hätte Karen alle vier Wochen umstellen können, Zufriedenheit mit dem Mittagessen gibt bekanntermaßen in keiner Kita.

Und wie ist es mit Mobbing?

Mobbing ist das neue Wort für jeden Streit unter Kindern. Streiten will gelernt sein, am besten unter Anleitung, keinesfalls durch Verhinderung.

Und so löst sich ein Vorwurf nach dem anderen in Luft auf. Eigentlich soll der Runde Tisch ein konstruktives Gespräch in Gang setzen. Das wird von allen Kläger-Eltern in den Wind geschlagen. Positives hat der Waldhort für sie nicht zu bieten.

Es sitzen fünf Kläger-Eltern am Tisch, davon ein Vater, der während der Zeit der Betreuung seiner Töchter fast nicht in Erscheinung tritt. Karen hat sich die Mühe gemacht, den SMS-Verkehr zwischen der Familie und dem Waldhort aufzulisten. Von 64 SMS-Nachrichten kommt eine von ihm, 63 von der Mutter.

Die Auflagen der Kita-Aufsicht lassen sich schnell erfüllen: Fortbildungsnachweise liegen bereits in Überzahl vor, Zuständigkeiten bzw. ein Organigramm sind schriftlich fixiert, Leitlinien und Dienstanweisungen werden dem Landratsamt zugesendet. Die Beschwerden der klagenden Eltern in schriftlicher Form werden nie nachgereicht, aber auch nicht konkret von der Kita-Aufsicht verlangt. Überhaupt fehlen Auflagen an die Eltern-Teilnehmer*innen des Runden Tisches, etwaige rufschädigende Äußerungen zu unterlassen.

Dass Karen seit der letzten Mitgliederversammlung zur Vorsitzenden des Vorstands gewählt ist, kommentiert jener „seltene" Vater mit den Worten: „Na, da hat man ja den Bock zum Gärtner gemacht."

So viel vom Bock.

Direkt anschließend versendet das Landratsamt allen Teilnehmer*innen des Runden Tisches ein Protokoll mit der Bitte um Korrekturen bzw. Ergänzungen.

Lydia stellt ein halbes Jahr danach fest, dass das Protokoll nicht ihrer Erinnerung entspricht und verlangt entsprechende Änderungen, die die KiTa-Aufsicht wegen der verstrichenen Frist verweigert.

Lydia begründet ihren zu spät vorgebrachten Wunsch nach Änderung „mit schwerer Krankheit während der Zeit zwischen Juli 2015 und Januar 2016." Diese Krankheit habe es ihr verwehrt, das Protokoll zu lesen und zu einem früheren Zeitpunkt auf dessen Ergänzung hinzuwirken.

Diese Aussage erscheint unglaubwürdig, da namentlich bekannte Mitarbeiter*innen von Lydias Arbeitgeber ihre monatelange Abwesenheit – die an sehr wirksamer Stelle des Hauses ihren Dienst versieht – in Abrede stellen." (entnommen dem Dokument „Die Lydia-Story" im Waldhort-Archiv).

1953 – krönender Abschluss – oder: Etwas Historisches

Es folgt ein Zeitdokument der Sonderklasse. Worum es geht, steht im Titel des Berichts. Dem ist zu entnehmen, dass in der Pädagogik und hier speziell in der Kinderbetreuung in Erholungsheimen gewisse Fortschritte während der vergangenen 70 Jahre nicht zu leugnen sind.

Die Autorin des Berichts hat übrigens Karens Berufswahl auf dem Gewissen. Durch ihre spätere Tätigkeit als staatlich geprüfte Erzieherin konnte sie ihrer Nichte im Rahmen eines Praktikums eine konkrete Vorstellung von diesem Beruf vermitteln.

Bericht über mein Praktikum im Kindererholungsheim Lüding
Bad Sachsa (Harz), vom 15.7. bis 5.8.1953
Von Gisela, Jahrgang 1936, damals 17 Jahre alt

Das Kindererholungsheim, in dem ich tätig war, liegt etwas außerhalb des Kurortes Bad Sachsa. Die großen Wälder, die Bad Sachsa umgeben, konnten wir vom Heim aus in zehn Minuten erreichen.

In dem Heim hatten sechzig Kinder im Alter von vier bis zwölf Jahren Aufnahme gefunden. Der größte Teil der Kinder war zu einer sechswöchigen Kur von der Kinderfürsorge der Oberpostdirektion hierher verschickt worden. Die übrigen weilten auf persönlichen Wunsch ihrer Eltern hier. Für die Kinder standen neun Schlafräume mit je fünf bis zehn Betten, ein Waschraum, ein Duschraum und eine Liegehalle zur Verfügung. Das Essen wurde in einer großen Glasveranda eingenommen, in der manchmal auch gespielt wurde.

Die Kinder waren in drei Gruppen zusammengefasst. Die acht- bis zwölfjährigen Jungen, die gleichaltrigen Mädchen und die vier- bis siebenjährigen Jungen und Mädchen bildeten je eine Gruppe. Zwei Gruppen wurden von je einer Kinderpflegerin und die Gruppe der großen Jungen von einer Kindergärtnerin betreut. Die Kindertanten waren achtzehn bis zwanzig Jahre alt.

Die Inhaberin dieses Privatkinderheimes ist eine Jugendleiterin.

Leider bekam ich keine eigene kleine Gruppe zugeteilt, sondern musste einmal hier und einmal dort helfen. Aus diesem Grund war es natürlich schwierig für mich, alle Kinder genau kennenzulernen. Nur wenn eine Kindertante ihren freien Nachmittag hatte, musste ich sie vertreten.

Doch schon nach den ersten Tagen merkte ich, wie verschieden die Kinder waren. Einige fielen mir auch besonders auf. Hatte ich ab sechs Uhr Wache, so ging ich den Flur vor den Schlafzimmern auf und ab. Dann merkte ich, dass einige Kinder schon erwacht waren. Doch während der vierjährige Uwe sich still mit seinem Bettzipfel oder dem Tapetenmuster beschäftigte, hatte die gleichaltrige Regine bald die übrigen Kinder, die im Zimmer schliefen, aufgeweckt. Sie brauchte jemand, mit dem sie sich unterhalten konnte. Sich still allein zu beschäftigen war ihr viel zu langweilig.

Beim Waschen plapperte sie in einem fort. Vor Begeisterung steckte sie beide Arme bis an die Ellbogen ins Wasser, sodass es an den Seiten des Waschbeckens überplanschte. Sie vergaß dauernd, dass sie sich in einem Heim befand, in dem sie nicht laufen und sprechen durfte. Sie hopste im Bett herum, raste den Flur entlang, sang und unterhielt sich im Waschraum.

Da all dies verboten war, musste sie sehr oft ermahnt werden. Dann erschrak sie sichtlich und war sofort ruhig. Doch schon nach kurzer Zeit hatte sie die Ermahnung vergessen und tat, unbekümmert um die Heimordnung, was ihr gerade einfiel. Eigentlich tat sie nichts Ungehöriges. Sie war nicht ungezogen, sondern nur ein bisschen wild und lebhaft.

Ich glaube bestimmt, dass ihre Mutter sich an ihrem niedlichen Geplapper erfreut hätte und froh ist, dass sie eine so muntere und gesunde Tochter hat. Die Sachen, für die sie im Heim bestraft wurde, waren ihr zu Hause wohl erlaubt. Im Heim jedoch haben alle das gleiche Recht. Wenn Regine sich im Waschraum unterhalten dürfte, dürften die anderen es auch. Bei sechzig Kindern würde dann ein schöner Lärm entstehen!

Während die flinke Regine ihre Zahnputzbecher schnell ausgetrocknet hatte, wischte die fünfjährige Ingrid lange Zeit sinnend an ihrem Becher herum, obwohl er längst trocken war. Sollten die Kinder gekämmt werden, so war Regine als erste zur Stelle. Hatte sie es einmal nicht mehr geschafft, so drängelte sie sich vor. Ingrid dagegen kramte verträumt in einer Ecke herum oder guckte aus dem Fenster. Wenn alle Kinder schon gekämmt waren und wir das Zimmer verlassen wollten, kam sie an und musste noch gekämmt werden. Außerdem vergaß sie dann, ihren Kamm mitzubringen. Immer war sie die Letzte. Ich hatte aber trotzdem nicht den Eindruck, dass sie träge oder stumpfsinnig war, sondern mir schien es, dass sie stets mit ihren Gedanken weit weg war. Sie war nie mit den Gedanken bei jener Sache, mit der sie sich beschäftigen sollte. Vielleicht konnte sie sich den anderen Kindern nicht so recht anschließen, weil sie es nicht gewohnt war, mit anderen Kindern zusammen zu sein. Sie hatte keine Geschwister und wird wohl zu Hause immer allein spielen und sich mit sich selbst beschäftigen.

Die Kinder, die Geschwister hatten, waren viel selbständiger und hilfsbereiter als die anderen. Mit dem Waschen waren sie so schnell fertig, dass sie noch eines von den kleineren Kindern abseifen konnten. Beim Spielen ließen sie die übrigen Kinder selbstverständlich mitspielen. Die Kinder, die keine Geschwister hatten, besonders die Jungen, wollten unbedingt allein mit dem Spielzeug spielen, mit dem auch mehrere zur selben Zeit spielen konnten. Die Geschwister, die zusammen im Heim waren, hielten fest zusammen. Wenn einer bestraft wurde, weinte auch der andere. Einer trat für den anderen ein. Ich glaube kaum, dass sie es in diesem Maße auch zu Hause getan hätten.

Immer merkte man den Kindern an, in welcher Umgebung (Umwelt) sie aufgewachsen und wie sie erzogen worden waren. Jens und Heinz-Georg besaßen sehr reiche Eltern, die ihren Söhnen wohl alles erlaubt hatten. Wenn sie das Essen nicht mochten, fingen sie an zu heulen oder spuckten es wieder aus. Auf dem Schützenfest freuten sich noch die achtjährigen Kinder über das Kinderkarussell und fuhren begeistert mit. Doch den beiden Jungen ging es viel zu langsam, obwohl sie erst sechs Jahre alt waren. Sie erzählten den anderen Kindern, in welch schnellen Karussells sie auf dem Hamburger Dom*) gefahren wären. Immer gaben sie an. Fuhren sie mit dem Bus, so fuhr er ihnen auch zu langsam. Ihr Vater wäre immer mit „80 Sachen“ gefahren, behaupteten sie. Staunten die Kinder über die hohen Berge, meinten sie, das wären bloß kleine Hügel, auf die sie in fünf Minuten hinaufkämen. Außerdem hätten sie schon viel höhere gesehen. Nichts konnte ihnen imponieren. Sie erkannten jedes Auto von weitem und unterhielten sich in altklugem Ton über

*) Jahrmarkt mit vielen Fahrgeschäften auf dem Heilig-Geist-Feld, dem Gelände des 1806 abgebrannten Hamburger Domes

Autorennen. Da sie von den übrigen Kindern, allein schon wegen ihrer schönen Kleidung, bestaunt wurden, reizte es sie, immer noch mehr anzugeben.

Einige Kinder wollten immer gelobt werden. Beim Turnen schrien sie dauernd: „Guck mal, Tante Gisela, guck mal zu mir! Mach ich es so richtig?“ Dabei wussten sie genau, dass sie es richtig machten, sonst hätte ich sie ja aufgerufen. Sie wollten es bloß vor den anderen Kindern bestätigt haben, wie gut sie es machten. Während einige Kinder die schwierigsten Übungen immer wieder versuchten, behaupteten andere von vornherein, sie könnten es nicht. Sie wollten es gar nicht erst versuchen. Ich glaube, dass die meisten es aus Trägheit nicht versuchen wollten. Vielleicht hat einer auch nicht genug Zutrauen zu sich selbst gehabt.

Auf den Spaziergängen zeigten sogar die zehnjährigen Jungen noch eine große Fantasie. Ein langer Grashalm war für sie eine Radioantenne und ein größeres Blatt galt als Kopfbedeckung. Während die Jungen im Wald gleich auseinanderstoben, hakten die Mädchen sich bei mir ein und erzählten von zu Hause. Mit ihnen musste ich immer etwas spielen. Allein brachten sie kein Gesellschaftsspiel fertig.

Besondere Erziehungsschwierigkeiten hatte ich nicht. Die Kinder gehorchten eigentlich immer. Waren sie einmal besonders unruhig, so drohte ich, ihnen abends nicht Gute Nacht zu sagen. Da die Kinder sehr anhänglich waren und ihnen viel daran lag, dass ich abends noch an ihr Bett kam, waren sie sofort still. War ein besonders Frecher in der Gruppe, der auf Ermahnungen nicht reagierte, wurde er für einige Stunden ins Bett geschickt oder vom Spaziergang ausgeschlossen. Hinterher war er dann bestimmt artig. –

Das Essen und Trinken im Heim waren gut und reichlich. Die Sauberkeit war tadellos, z.B. wurde jedes Waschbecken gründlich ausgeseift und ausgespült, wenn ein Kind sich darin gewaschen hatte.

Leider wurde auf die Erziehung der Kinder kein besonderer Wert gelegt. Zwar mussten die Kinder beim Essen ordentlich sitzen und die Löffel richtig anfassen, doch das war auch alles. Vielleicht ist es ja im Erholungsheim immer so. Man will wohl den Eltern die Erziehung allein überlassen. Doch ich finde, wenn die nicht anwesend sind, müssen es andere übernehmen, die Kinder zu erziehen. In diesem Heim war die Hauptsache, dass die Kinder zunahmen. Jede Woche wurden sie auf die Waage gestellt. Hatten sie nicht genug zugenommen, mussten sie länger als die übrigen Kinder in der Liegehalle bleiben. Am schlechtesten nahmen die großen Jungen zu. Deshalb mussten sie fast den ganzen Tag lang liegen, obwohl sie vollkommen gesund waren. Um viertel nach sieben Uhr standen die Kinder auf. Um neun Uhr waren wir mit dem Kaffeetrinken fertig. Während die großen Mädchen und die kleine Gruppe dann eine Stunde lang spazieren und eine Stunde lang liegen mussten, verbrachten die großen Jungen beide Stunden in der Liegehalle. Halb zwölf gab es Mittag. Danach mussten alle Kinder wieder ins Bett und von etwas eins bis drei Uhr Mittagschlaf halten. Nach dem Kaffeetrinken turnten die großen Jungen eine viertel Stunde lang und blieben dann von etwa halb fünf bis sechs Uhr in der Liegehalle. Die anderen beiden Gruppen brauchten auch nachmittags nur eine Stunde lang zu liegen. Um viertel nach sechs Uhr gab es Abendbrot und um halb acht Uhr lagen alle Kinder im Bett. Dies war der gewöhnliche Tagesablauf, von dem nur ganz selten abgewichen wurde.

Meiner Anschauung nach müssen gesunde Kinder, besonders große Jungen, sich auch einmal austoben können. Dazu wäre in den Wäldern gute Gelegenheit gewesen. Es war den Kindern nur erlaubt, auf den Spaziergängen zu sprechen. Da die Jungen aber fast nur sonntags spazieren gehen durften, durften sie eigentlich tagelang nicht sprechen. Natürlich versuchten nun die Kinder dauernd, in der Liegehalle und in den Betten zu flüstern. So mussten die Kindertanten immer „Polizei" spielen und zur Ruhe mahnen. Nach meiner Ansicht verlangt man zu viel von den Kindern, wenn sie tagelang nicht sprechen sollen. Da mir die Kinder leidtaten, hatte ich einmal meiner Gruppe erlaubt, sich leise zu unterhalten. Das bemerkte jedoch zufällig die Leiterin und war nun der Meinung, dass ich nicht imstande war, die Kinder in Ruhe zu halten. Die Kinder zählten die Tage bis zu ihrer Abreise. Ich glaube, dass das auch nicht die richtige Erholung ist. Es müsste so sein, dass die Kinder sich wohlfühlen und gern ihre Ferien im Heim verleben. Die paar Pfunde, die sie durch die Milchsuppen zugenommen haben, nehmen sie doch wieder ab, wenn sie zu Hause umherlaufen. Sie sollten lieber durch die Luft und innerlich durch ein fröhliches Zusammenleben mit anderen Kindern gekräftigt werden. Doch von Fröhlichkeit war hier nichts zu merken. Nie durften die Kinder Freispiele machen.

Meiner Meinung nach sollte man den Kindern auch nicht alle Arbeit abnehmen. Nur damit es schneller ging, wurden auch die größeren Kinder noch angezogen, gewaschen und gefüttert.

In diesem Heim waren die Kindertanten nur da, um für das körperliche Wohl und für Ruhe zu sorgen. Wenn ich nicht schon immer den Wunsch gehabt hätte, Kindergärtnerin zu werden, hätte ich in diesem Heim keine Lust bekommen, diesen Beruf zu ergreifen. Beinahe hätte man mir die Lust, die ich sonst dazu gehabt habe, dort genommen. Aber ich will mich von diesem einmaligen Erlebnis nicht bestimmen lassen und wahrscheinlich doch Kindergärtnerin werden. Denn mit den Kindern hatte ich bald Freundschaft geschlossen und ihr Vertrauen gewonnen. Wenn ich ihnen abends gute Nacht sagte und sie mir noch etwas ins Ohr flüsterten und mich umarmten, wurde ich wieder froh.

Einen Gewinn habe ich insofern von dieser Zeit gehabt, dass ich gelernt habe, in einer Umgebung, die mir nicht gefiel, auszuhalten. Ich war einmal auf mich alleine angewiesen und musste sehen, wie ich die Schwierigkeiten, die sich mir entgegenstellten, meistern konnte.

Der Bericht fand sich im Nachlass von Karens Mutter.

Say good-bye to it all?

Ende August 2023 scheidet Pit aus dem pädagogischen Team des Waldhorts aus.

Angekündigt hat er seinen Ausstieg bereits zwei Jahre zuvor. Allerdings war seine Ankündigung immer mit der Niederlegung des Amts als Kassier verbunden. Die hat er nicht wirklich glaubwürdig vertreten. Das lag zum einen daran, dass niemand aus der Elternschaft bereit war, den Job zu übernehmen, zum anderen hat Pit sich auf Grund der ihm bekannten Weigerung der Eltern, das Amt des Schatzmeisters, wie es etwas großspurig auch heißt, zu übernehmen, den Job wiederholt bis zur nächsten Vorstandswahl kommissarisch weitergeführt. – Die Länge dieses Satzes mit Nebensätzen mindestens dritten Grades spiegelt vielleicht seinen inneren Konflikt wider.

Doch mit dem Ende des Jahres 2023 geht auch seine Rolle an seine Nachfolge. Karen wird die Geschäfte für den Waldhort leiten und meint: „Glaub ja nicht, dass Du ab dem 2. Januar nichts mehr zu tun hast für den Waldhort. Wer, wenn nicht Du, kennst sich mit den Förderrichtlinien und ihrer Ausgestaltung aus? Wer hat die Toolbox entwickelt und kann den Support leisten?“

Und so bleibt wohl nicht nur sein Gesicht dem Waldhort-Team noch etwas länger in Erinnerung.